本书为国家社科基金青年项目"城市居民家庭贫困脆弱性及其消减研究"（12CSH094）的最终成果，同时受浙江工业大学基本科研业务费优秀青年学者专项资助、浙江省舆情研究中心资助。

本书使用数据主要来自研究者的抽样调查截面数据。部分数据来自北京大学"985"项目、北京大学中国社会科学调查中心执行的中国家庭追踪调查（CFPS）。

城市居民家庭贫困脆弱性及消减研究

祝建华 著

Research on the Vulnerability to Poverty of Urban Households and Its Reduction

中国社会科学出版社

图书在版编目(CIP)数据

城市居民家庭贫困脆弱性及消减研究 / 祝建华著. —北京：中国社会科学出版社，2021.3（2024.8 重印）

ISBN 978-7-5203-8104-8

Ⅰ.①城… Ⅱ.①祝… Ⅲ.①市民—贫困问题—研究—中国 Ⅳ.①F126

中国版本图书馆 CIP 数据核字（2021）第 053138 号

出 版 人	赵剑英
责任编辑	宫京蕾
责任校对	秦 婵
责任印制	郝美娜
出　　版	中国社会科学出版社
社　　址	北京鼓楼西大街甲 158 号
邮　　编	100720
网　　址	http://www.csspw.cn
发 行 部	010-84083685
门 市 部	010-84029450
经　　销	新华书店及其他书店
印刷装订	北京君升印刷有限公司
版　　次	2021 年 3 月第 1 版
印　　次	2024 年 8 月第 3 次印刷
开　　本	710×1000　1/16
印　　张	16.75
插　　页	2
字　　数	292 千字
定　　价	98.00 元

凡购买中国社会科学出版社图书，如有质量问题请与本社营销中心联系调换
电话：010-84083683
版权所有　侵权必究

目 录

第一章 导 论 …………………………………………………… (1)
  第一节 研究缘起 ………………………………………………… (1)
    一 问题的提出 ……………………………………………… (1)
    二 研究意义 ………………………………………………… (3)
  第二节 国内外研究现状 ………………………………………… (5)
    一 国外研究现状 …………………………………………… (5)
    二 国内研究现状 …………………………………………… (16)
    三 简要评述 ………………………………………………… (29)
  第三节 研究思路与方法 ………………………………………… (31)
    一 研究思路 ………………………………………………… (31)
    二 研究方法 ………………………………………………… (34)

第二章 贫困脆弱性的分析框架 ………………………………… (35)
  第一节 贫困脆弱性的概念 ……………………………………… (35)
    一 贫困脆弱性概念的发展与定义 ………………………… (35)
    二 贫困脆弱性概念的分解 ………………………………… (36)
  第二节 贫困脆弱性的分析框架 ………………………………… (40)
    一 贫困脆弱性的二维分析框架 …………………………… (40)
    二 贫困脆弱性的三维分析框架 …………………………… (42)
    三 贫困脆弱性的四维分析框架 …………………………… (43)
  第三节 贫困脆弱性的测量 ……………………………………… (46)
    一 预期贫困的脆弱性 ……………………………………… (47)
    二 低期望效用的脆弱性 …………………………………… (49)
    三 风险暴露的脆弱性 ……………………………………… (50)

第三章 城市居民家庭贫困脆弱性的识别 (52)
第一节 相关数据选择与变量处理 (52)
一 数据来源 (52)
二 相关变量选择 (60)
第二节 贫困脆弱性的实际测度 (69)
一 贫困脆弱性测度模型的建立 (69)
二 贫困脆弱性的实际测度与计算 (71)
小 结 (84)

第四章 城市居民家庭贫困脆弱性的影响因素 (87)
第一节 基于CFPS追踪调查数据的分析 (87)
一 自变量的处理 (87)
二 多元回归分析结果 (88)
第二节 基于2013年截面调查数据的分析 (95)
一 自变量的处理 (95)
二 多元回归分析结果 (97)
小 结 (105)

第五章 城市居民家庭贫困脆弱性的比较分析 (107)
第一节 城市居民家庭生存的脆弱性 (108)
一 收入与支出层面的劣势 (108)
二 就业层面的生存脆弱性 (111)
三 医疗层面的脆弱性 (116)
四 住房层面的脆弱性 (121)
第二节 城市居民家庭发展的脆弱性 (123)
一 教育的发展脆弱性 (123)
二 社会关系的脆弱性 (127)
三 社会保障层面的脆弱性 (131)
第三节 城市居民家庭的风险、行动与关键事件 (133)
一 城市居民家庭的潜在风险 (134)
二 城市居民家庭风险认知与行动 (137)
小 结 (146)

第六章 消减城市居民家庭贫困脆弱性的政策理念、目标与原则 (149)

第一节 消减贫困脆弱性政策设计的理念 (149)
一 上游干预的理念 (149)
二 社会保护的理念 (155)

第二节 消减贫困脆弱性政策设计的目标 (163)
一 满足生存需要 (163)
二 缓解风险冲击 (166)
三 提升家庭能力 (169)
四 改善家庭行动 (172)

第三节 消减贫困脆弱性政策设计的基本原则 (174)
一 政府主导原则 (174)
二 多元主体参与原则 (176)
三 可持续原则 (179)
四 协调性原则 (182)

第七章 消减城市居民家庭贫困脆弱性的具体政策设计 (184)

第一节 事后补偿的应对型政策设计：社会救助兜底保障机制 (184)
一 构建社会救助兜底保障机制的必要性 (185)
二 兜底保障的含义 (186)
三 兜底保障的总体目标 (187)
四 构建社会救助兜底保障体系的路径 (189)

第二节 风险缓解与能力提升的政策设计：家庭子女补贴制度 (201)
一 建立家庭子女补贴制度的必要性 (201)
二 国外子女津贴制度及其作用 (203)
三 国外家庭子女津贴制度对中国的借鉴意义 (205)
四 家庭子女补贴制度的具体设计 (207)

第三节 行动改善的缓冲型政策设计：助推机制的构建 (211)
一 构建助推机制的必要性 (211)

二　家庭行动的典型误区 …………………………………（212）
　　三　主要助推工具及行动改善 …………………………（216）
第八章　结论与研究展望 ……………………………………（222）
　第一节　研究主要结论 ……………………………………（222）
　第二节　研究不足及展望 …………………………………（228）
　　一　研究的数据问题 ……………………………………（228）
　　二　有关收入的测量问题 ………………………………（229）
　　三　贫困脆弱性的精准识别 ……………………………（230）
　　四　影响贫困脆弱性的路径分析 ………………………（231）
　　五　如何应对新的风险冲击值得关注 …………………（231）
　　六　消减贫困脆弱性的机制有待进一步深入 …………（231）
附录Ⅰ　调查问卷 ……………………………………………（234）
附录Ⅱ　个案访谈资料的编码 ………………………………（246）
附录Ⅲ　贫困脆弱性计算部分程序代码 ……………………（247）
参考文献 ………………………………………………………（250）
后　记 …………………………………………………………（261）

第一章

导 论

第一节 研究缘起

一 问题的提出

全球化的浪潮席卷全球，几乎所有的国家、地区、组织与个人都深陷其中，全球化让资源在全世界范围内寻求最佳配置的同时也给生活其中的人们带来更多更大的冲击。全球化带来的开放性尤其让城市的发展变迁更为迅速与快捷，多元文化的冲击与多维度的风险接踵而来。在这一过程中大量高新技术的应用，一方面大幅度推动了社会生产力的发展与进步，极大地改善了人们的日常生活，从航空航天技术、核能应用、生物技术到网络信息技术，从遥感卫星到智能手机等，高科技带来翻天覆地的变化，尤其近几年来大量高科技的应用，更是在极短的时间内改变着人们的生活方式、消费习惯、沟通方式，影响着人们的经济、社会、文化以及精神领域。人类亦开始反思这种高科技带来的变化，探寻着人类的发展路径和未来可能出路。伴随着全球化与高科技的应用，整个社会已经进入乌尔里希·贝克（Ulrich Beck）所言的风险社会。高科技是把双刃剑，在促进人类社会快速发展的同时也带来了无穷的风险，生物技术的滥用、核污染、实验室病毒等无一不存在着给人类生活带来灭顶之灾的可能性。此外，自然灾害频发、人为事故层出不穷、金融危机、环境污染、气候变化、难民潮、恐怖主义威胁、全球性的老龄化危机、失业风险等，都是人类面临的实实在在的风险冲击。2020年一场突如其来的新冠肺炎疫情更是给全世界人民带来巨大的冲击，直接导致死亡、健康受损、失业、贫困、经济下滑甚至社会发展停滞。

毫无疑问，中国并不是这波浪潮中的飞地，中国的城市与农村也无一不打上了这种烙印。全球化、高科技、高风险的特征在中国的城市中体现得尤其明显。据国家统计局2012年统计数据显示,到2011年年末,中国大陆总人口为134735万人,其中城镇人口69079万人,占总人口比重达到51.27%,首次超过农村人口比重。① 2019年年末全国大陆总人口140005万人,比上年年末增加467万人,其中城镇常住人口84843万人,占总人口比重(常住人口城镇化率)为60.60%。② 按照这种趋势发展,我国城市的容纳力、环境、就业、消费、社会管理等面临巨大挑战。与此同时,近几年来,CPI持续高位运行,房价居高不下,老龄化进程加快,城市居民的教育负担加重,医疗支出大幅度增加,老龄化速度加快,养老问题日趋严重,所有的这些都形成巨大风险冲击。

近而观之,风险与不确定性成为中国社会各个阶层的核心忧虑。某些农村地区由于土地贫瘠化、环境污染、气候变化、自然灾害等会导致生产活动受损、中断或停止,甚至危害到居民的健康,许多贫困家庭因为重病、重残、年老、长期慢性病折磨等,存在丧失劳动力的风险;青少年失学降低了人力资本,永久削弱了其脱贫能力;疾病及营养不良影响健康,体质下降,导致劳动技能退化或丧失。而快速老龄化,教育、医疗、养老负担较重,进一步消减了农村贫困家庭的自我发展能力,一些家庭面临人力资本匮乏的风险。部分家庭由于经济上的贫困,社会交往的不足,社会关系网断裂,面临社会排斥风险。同时由于各种原因,无法通过生产扶持、就业发展、搬迁安置等支持与发展性措施帮助其摆脱贫困,许多社会支持呈现无效状态,面临社会支持不足的状态。贫困群体由于自身收入低下,资本储备不足,缺乏应对风险的能力。面对高速变迁和充满不确定性的未来生活,很多人生活压力巨大,生活质量较差,陷入多维度贫困境地。例如,在面对新冠疫情这类突发公共卫生事件的冲击时无法选择合理的行动来应对风险、改变生存与生活状态,缺乏行动选择的自由,很多家庭面临着失业以及基本民生难以保障的风险冲击。概言之,全球化、高科技、高风险的社会特征增加了城市生活的不确定性。在各种风险的冲击下,人们的未来生活充满着不可知性,人们对自身的生存和发展充满着不

---

① 李禹谡:《占比51.27% 中国城镇人口已超农村》财新网,http://economy.caixin.com/2012-01-17/100349536.html.,2012年1月17日。

② 国家统计局:《中华人民共和国2019年国民经济和社会发展统计公报》,http://www.stats.gov.cn/tjsj/zxfb/202002/t20200228_1728913.html,2020年2月28日。

可控性，不确定性大幅度提升。①

巨大的风险冲击极大地考验着城市居民的风险管理与风险应对能力。这些风险同时削弱了城市居民家庭的风险抵御能力，部分家庭随时会陷入贫困或贫困恶化，其贫困脆弱性问题值得关注。从以往反贫困的研究和政策设计来看，较多地关注之前和当前的生存、生活状态，对未来的状况缺乏必要的预判，导致一些社会政策设计过于滞后，被动回应，效率不高，缺乏可持续性。城市居民最低生活保障制度的评估给我们的结论是，现有的社会救助体系更多的是一种应急型的被动回应，②缺乏积极主动的提前干预，关注的群体只能是已经陷入贫困的群体，制度的成本较高，对那些可能贫困但还没有贫困的群体关注不多，尤其在风险与不确定性急剧增大的社会形势下，更需要对这类群体给予足够多的关注。而贫困脆弱性给我们提供了一个全新的视角，要求关注城市居民家庭未来的状态，对其未来陷入贫困的概率与可能性进行预测，这就为前瞻性的社会政策设计提供了可能。因此，本研究试图通过分析城市居民家庭遭受的风险冲击及其抵御机制，进行贫困脆弱性识别，提出消减贫困脆弱性的综合性回应体系，实施上游干预与社会保护。

二 研究意义

（一）理论意义

人们对贫困问题的认识，尤其是对贫困类型的区分，主要经历了从经济贫困、能力贫困、权利贫困的过程，研究贫困的视角经历了从绝对贫困到社会排斥的过程。按照家庭和个人的经济状况来定义贫困是为经济贫困，也叫收入贫困，或称为物质贫困，它通常是从生物学角度上人对消费品的最低生存需要来定义和度量的。迄今为止，各个国家和国际组织都是按照这个思路来讨论贫困问题的。收入贫困通常还可以分为绝对贫困和相对贫困。阿马蒂亚·森（Amartya Sen）提出了"能力贫困"的概念，认为贫困的实质不是收入的低下，而是可行能力的贫困。权利贫困是指一批特定的群体和个人应享有的政治、经济、文化权利和基本人权的缺乏导致

---

① 祝建华：《提升低保兜底扶贫的风险应对能力》，《中国社会科学报》2018年3月16日第6版。

② 祝建华：《城市居民最低生活保障制度的评估与重构》，中国社会科学出版社2011年版，第149页。

的贫困。"社会排斥"由法国学者勒内·勒努瓦（Rene Lenoir）于1974年提出，指在多元并且变迁的因素下导致人们被当前社会中的交易活动、服务及其权利所排斥，其中贫穷是最明显的现象之一，同时也指在住房、教育、健康及接近服务上的权利被不适当的处置。[①]

无论是绝对贫困还是社会排斥，较多的是一种对社会群体生活状态的事后判断，而根据这种判断采取的反贫困的措施往往也是较为滞后的，更多地表现为事后补救，最后往往表现为效果不佳而成本很高，政策措施缺乏前瞻性。在这个意义上讲，迫切需要一种事前预防的判断，需要采取前瞻性的政策来对贫困者或可能陷入贫困的群体进行早期的干预，贫困脆弱性的分析刚好满足这一需求。因此，从理论上来看有利于进一步弥补贫困研究的局限性，拓宽贫困研究的理论视野。此外，纵观国内外有关贫困脆弱性自身的研究，其分析框架较多的局限在"风险—能力—后果"的三维分析框架，本研究试图将"行动"研究引入其中，在国外贫困脆弱性三维分析框架基础上提出"风险—能力—行动—后果"的四维分析框架，对贫困脆弱性进行多维度、多主体的分析，改进贫困脆弱性的研究方法，将进一步深化脆弱性的研究，扩展了贫困脆弱性研究的框架与维度。

（二）现实意义

在实践意义上，脆弱性分析的预测性、前瞻性与动态性的特点能弥补传统贫困研究的静态缺陷，识别可能贫困的主体以及贫困的概率，针对当前和未来可能贫困的家庭进行差别性政策设计，尤其是对处于贫困边缘但具有高脆弱性的家庭的识别，有助于提高政策瞄准率。这是一种事前判断，采取的政策措施更多的也是一种事前预防措施，政策成本可能会更低，但实际的效果在一定程度上要优于事后补救的措施。因此，在高风险社会的背景下对城市居民家庭的贫困脆弱性进行系统分析，这对实施上游干预与社会保护，制定前瞻性扶贫政策，并在多主体参与前提下构建系统、动态、综合的回应体系来消减贫困脆弱性都具有重要的应用价值。

[①] 祝建华：《城市居民最低生活保障制度的评估与重构》，中国社会科学出版社2011年版，第6—9页。

第二节 国内外研究现状

一 国外研究现状

(一) 贫困脆弱性的概念

脆弱性最早源于生态学领域,尤其是在灾害管理和环境科学中有着广泛的涉及。起源于20世纪80—90年代的灾害研究,主要有两个维度:自然风险与社会脆弱性。自然风险主要是测量某一地区遭遇外部冲击的强度与深度等,例如地震、洪水、干旱、台风、飓风等,但由于这些数据一般很难精确地获取,存在一定的局限性;社会脆弱性主要是从宏观层面,将脆弱性看成与个人和家庭结构特征相联系的风险。家庭由于面临不确定的干旱、洪涝、冰雹等自然灾害风险,引起家庭在收入以及资产状况等方面的变化,随之降低家庭的收入或消费水平,导致家庭陷入贫困的状况。

有关脆弱性的概念的理解尚未形成统一的认识,故有着多种解释。Timmermann在1981年首先提出了脆弱性的概念,认为脆弱性是"系统对可能发生的危险事件的不良反应程度,并将其与恢复力,即系统吸收和从危险事件中恢复的程度联系起来"。[1] Mitchell等认为脆弱性是一种损失的可能性。[2] 在气候变化研究相关的文献中,脆弱性可从两个角度加以理解,其一,特定气候事件导致系统的损失,这种损失可能是潜在的,可以用金钱、人员伤亡、生产或生态系统遭受破坏等指标来进行衡量;[3] 其二,面临风险冲击之前系统自身内部存在的状态,这种状态是表现为能力不足或脆弱的。[4] 联合国国际减灾战略将脆弱性定义为由于自然、环境、

---

[1] Timmermann P., "Vulnerability. Resilience and the Collapse of Society: A review of models and possible climatic applications." *Environmental Monograph*, Vol. 21, NO. 3, 1981, pp. 164-173.

[2] Mitchell J., Devine N., Jagger K., "A conceptual model of natural hazards." *Geographical Review*, Vol. 79, NO. 4, 1989, pp. 391-409.

[3] Jones R., Boer R., "Assessing current climate risks", in Lim B et al, eds., *Adaptation policy framework: developing strategies, policies and measures*, Cambridge University Press, 2005, pp. 91-117.

[4] Allen K., "Vulnerability reduction and the community-based approach", in Pelling (ed.), *Natural Disasters and Development in a Globalizing World*, 2003, pp. 170-184.

经济、社会等因素导致社会群体对灾害冲击造成的影响更加敏感的一种状态。① 脆弱性更注重前瞻性和预测性，不仅包括在特定灾害和风险条件下可能受到的伤害，还包括在各种灾害和风险条件下对不同群体造成的影响。② 有研究者把脆弱性研究分为三种类型：其一，脆弱性是一种暴露性，即是人或地区陷入危险的自然条件；其二，把脆弱性看成是社会因素，衡量其对灾害的抵御能力（恢复力）；其三，把可能的暴露与社会恢复力在特定地区结合起来，脆弱性是因为暴露与环境、社会变化冲击和缺乏适应能力而容易受到伤害的一种状态。③

脆弱性分析之后扩展到健康营养学、经济学、社会学等众多领域，在 Robert Chambers 提出脆弱性的"外部—内部"分析框架后，开始运用于发展研究。④ 在贫困问题上引入风险和脆弱性可追溯到阿玛蒂亚·森对饥荒问题的分析。脆弱性在许多有关贫困的研究中被讨论。在一些文献中，脆弱性被用于贫困的测量中，主要是表达一种离清晰的贫困或不贫困远近的生活状态，与贫困的状态越近，越脆弱。这种定义不同于以往的有关脆弱性的定义，一般认为脆弱性是指陷入贫困的可能性。一些研究者认为脆弱性是处于贫困与不贫困之间的一种状态。⑤ 更多的研究认为脆弱性是指未来陷入贫困的可能性，是一种事前的预测而不能直接观察到。对脆弱性的理解主要包括以下几个核心要点：（1）脆弱性是一种前瞻性的判断，是一种对福利水平在未来可能遭受的损失的事前解释；（2）这种未来的损失主要是由于家庭的不确定性引起的；（3）脆弱性的程度取决于风险的特征和家庭应对风险的能力；（4）脆弱性并不是立刻产生，也不是长期固定的，是随着时间的变化而出现不同的状态；（5）所有的人

---

① UN/ISDR. Living with Risk, *A Global Review of Disaster Reduction Initiatives*, United Nations Publication, 2004.

② Cannon, T., Twigg, J. and Rowell, J., "Social vulnerability, sustainability livelihoods and disasters", *Report to DFID Conflict and Humanitarian Assistance Department and Sustainable Livelihoods Support Office.*, Available from http://www.livelihoods.org/info/doc/vulnerability.doc. 2003.

③ Cutter S. L., Boruff B., Shirley W. L., "Social vulnerability to environmental hazards", *Social Science Quarterly*, Vol. 84, NO. 2, 2003, pp. 242-261.

④ Robert Chambers and G., *Conway Sustainable Rural Livelihoods: Practical Concepts for the 21st Century*, IDS Discussion Paper 296. Brighton, England: Institute of Development Studies, 1992.

⑤ Mozaffar Qizilbash, "A note on the measurement poverty and vulnerability in south African context." *Journal of International Development*, December 2002, pp. 757-772.

都可能是脆弱的，但贫困群体由于收入低下、资产缺乏，无法及时应对风险，可能更脆弱。不管是穷人还是非穷人都可能变脆弱，但穷人或接近贫困的人由于资产的限制和无法对风险作出有效的反应而更趋于脆弱。[1]

世界银行于2001年正式提出了"贫困脆弱性"这一概念，认为贫困脆弱性是"度量应对冲击的复原——冲击导致未来福利下降的可能性"，这是一个动态、前瞻性的概念，测量脆弱性主要是围绕收入或支出或其他福利指标的变动性来进行。[2] 世界银行的定义表明了脆弱性包括两个方面，即受到的风险和抵御冲击的能力，一般来说，当受到的风险相同时，抵御能力强的脆弱性低，抵御能力弱的脆弱性高。从脆弱性的角度考察贫困有助于深刻分析贫困的历史成因以及今后的发展变化趋势，即能够动态地考察贫困问题，做出前瞻性的政策建议。Jamal等认为风险和脆弱性应该作为贫困概念的组成部分，因为传统的贫困测量忽视了家庭福利的几个重要的维度。考察家庭福利最好能够同时考虑家庭人均支出和家庭面临的风险。脆弱性通过区别事前贫困预防干预和事后贫困减轻干预，有利于设计出较好的风险管理和反贫困政策。[3]

从当前的研究来看，有关贫困脆弱性的概念大致可以分为以下几类：

其一，侧重于风险或概率方面的讨论。将一段时期内个人或家庭陷入贫困的风险或概率定义为脆弱性。Mansuri and Healy 也将贫困脆弱性定义为一个家庭在未来的 t 个时间段内遭受至少一个时间段的贫困的概率。[4] 即家庭在 t 时的贫困脆性为它在 $t+1$ 时期陷入贫困的概率。[5] Milcher 认为

---

[1] Alwang, J., Siegel, P. B. and Jorgensen, S. L., Social Protection and Labor Policy and Technical Notes 23304, *Vulnerability: A View from Different Disciplines*. The World Bank, Washington, D. C., 2001, pp. 1-60.

[2] World Bank. *World development report* 2000—2001: *Attacking Poverty*, New York, Oxford University Press, 2001, pp. 19-20.

[3] Jamal H., *Assessing Vulnerability to Poverty: Evidence from Pakistan*, Social Policy and Development Centre Research Report No. 80, 2009, pp. 1-20.

[4] Mansuri, G., Healy, A., "Vulnerability prediction in rural Pakistan", IFPRI-World Bank Conference on Risk and Vulnerability: Estimation and Policy Implications, Washington, D. C., 2002.

[5] Chaudhuri, S., J. Jalan, and A. Suryahadi, *Assessing Household Vulnerability to Poverty: A Methodology and Estimates for Indonesia*, Department of Economics Discussion Paper No1 01022521, New York: Columbia University, 2002.

贫困脆弱性是个人或家庭在不远的人均消费支将来陷入贫困的概率。[1]脆弱性被视为贫困和风险的组合，"未来贫困的威胁"。[2]突出了脆弱性概念的核心即风险。不难看出，这一类观点的重心在于结果，而不是过程，主要是由于数据等局限性，较多地侧重于结果标准和货币收入层面的测量。

其二，福利损失论。这类研究从效用的视角度量脆弱性，认为脆弱性是风险和冲击的福利损失，即不考虑贫困脆弱性时，某特定水平的消费给家庭带来的效用与实际消费的期望效用之差。[3]

第三类是能力论。这一类研究突出家庭有效面对风险和冲击的能力，以保持较为稳定的福利水平。贫困脆弱性即家庭平滑消费的能力，通过考察家庭在应对冲击时随时间变化的消费。[4]这类观点较多地关注风险与风险响应的过程。这在风险管理、危机管理、可持续生计等领域的文献有较多的涉及。甚至在最初的环境科学以及灾害管理的研究中，也是强调个体或群体所拥有的抵御自然灾害风险的能力。

总结来看，有关贫困脆弱性的概念各个学科从不同的研究视角给出了相应的定义，在灾害管理、环境科学、食品安全、营养健康、经济学、危机管理、社会学等领域，围绕贫困脆弱性的概念、风险、能力、损失、概率、不确定性等是其中最为核心的关键词。社会学把脆弱性定义为在变化的环境面前个人、家庭或社区福利的不安全，利用家庭特征而非单一的经济结果测度来识别脆弱性群体，将儿童、女性户主家庭、老年人和残疾人识别为脆弱群体，强调家庭社会资本、家庭资产等组成的抵御风险的能力，强调贫困脆弱性是多种因素综合的产物，因此主张采用综合性视角来理解贫困脆弱性。这无疑给我们启示，在制定消减贫困脆弱性的公共政策时应该进行多维度的评估，建立立体型的分析框架。

---

[1] Milcher, Susanne, "Household vulnerability estimates of Roma in southeast Europe." *Cambridge Journal of Economics*, Vol. 34, No. 4, 2010, pp. 773–792.

[2] Cesar Calvo, "Vulnerability to multidimensional poverty: Peru, 1998—2002." *World Development*, Vol. 36, No. 6, 2008, pp. 1011–1020.

[3] Ersado L., Policy Research Working Paper 4010, *Rural Vulnerability in Serbia*, The World Bank, Washington, D. C., 2006, pp. 1–19.

[4] Dercon Stefan, Pramila Krishnan, "Vulnerability, Seasonality and Poverty in Ethiopia." *Journal of Development Studies*, Vol. 36, No. 6, 2000, pp. 25–53.

(二) 贫困脆弱性的分析框架

Chambers and Ellis 认为,脆弱性分为外部与内部两个维度,外部维度是指个体面临的风险、冲击与压力,内部维度是指个体缺乏应对这些风险的防御机制。[1] Watts and Bohle 认为风险的暴露性是脆弱性的外部维度,能力和潜力则是内部维度。[2] 脆弱性的这一内—外部分析框架广为流行,综合了家庭遭受的风险冲击及其抵御能力,对家庭的负面冲击有着特定的和系统性的特征,特定的冲击包括失业、疾病与死亡等,系统性的冲击包括战争、干旱与政治动荡等因素。

Moser 同样运用了二维框架,但引入了灵敏度与弹性的概念。认为脆弱性不仅要分析面临的威胁还要分析对不利环境的恢复能力,也就是抵抗性。抵抗性对个人、家庭和社区而言是一种财富。抵抗性越强,越不具有脆弱性。[3]

世界银行的报告将脆弱性分解为两个维度,风险暴露和应对,并根据风险暴露与应对能力的两两交叉,风险暴露高—应对能力低的家庭为高脆弱性家庭,风险暴露高—应对能力高以及风险暴露低—应对能力低的家庭为低脆弱性家庭,风险暴露低—应对能力高的则为极低脆弱性家庭。[4] Alwang 等将脆弱性分为三种维度:风险、风险管理的选择以及福利丧失的后果,侧重于分析家庭在面临风险冲击时所作出的风险管理选择,以及在风险与风险管理选择相互抵消之后所出现的福利损失结果,根据这种福利损失的状态来预测或判断家庭是否具有脆弱性。[5]

总体来看,有关贫困脆弱性的分析框架较多地侧重于对风险冲击与事后结果的分析,部分原因在于有关家庭的当前状态的数据比较容易获取,

---

[1] Chambers, R. *Vulnerability, Coping and Policy*, IDS Bulletin, 1989, pp. 1-7.

[2] Watts, M., G. B. Hans, "The Space of Vulnerability: the Causal Structure of Hunger and Famine." *Progress in Human Geography*, Vol. 17, No. 1, 1993, pp. 43-67.

[3] Moser, C., "The Asset Vulnerability Framework: Reassessing Urban Poverty Reduction Strategies." *World Development*, Vol. 26, No. 1, 1998, pp. 1-19.

[4] Sharma, M., I. Burton, M. Van Aalst, M. Dilley, and G. Acharya, *Reducing Vulnerability to Environmental Variability: Background Paper for the Bank's Environmental Strategy*. The World Bank, Washington, 2000.

[5] Alwang, J., Siegel, P. B. and Jorgensen, S. L., Social Protection and Labor Policy and Technical Notes 23304, *Vulnerability: A View from Different Disciplines*. The World Bank, Washington, D. C., 2001, pp. 1-60.

而关注家庭的生存环境（风险冲击）、风险抵御机制（能力与行动）以及结果的预测分析则由于长期的面板数据难以获取，虽然提出了相应的分析框架，但在实际的应用中存在一定的局限。

（三）贫困脆弱性的测量

贫困脆弱性的测量与对贫困脆弱性概念的界定密切相关，存在各种测量方法，在这方面的研究中尤其是以经济学，特别是计量经济学的研究居多。在对贫困脆弱性的定义中，较多地围绕着风险、未来福利损失以及贫困的概率等展开，因此，对贫困脆弱性的测量也大致从这些角度进行测度。

贫困脆弱性的测度，较多的是基于某一个国家与地区的实证调查基础上的研究。Glewwe 和 Hall 对秘鲁某地区的研究，就是利用多元线性模型计算出未来家庭福利水平的期望，同时用家庭可能遭遇到的风险衡量其贫困脆弱性。Ethan Ligon 和 Laura Schechter 开始研究贫困和脆弱性的区别与联系，然后把造成贫困的风险冲击分解成环境特征的冲击，家庭特征的冲击和偶然因素造成的冲击。[①] Dercon 和 Krishnan 采用体现家庭遭受的共同或特殊冲击的家庭相关特征为自变量对家庭消费及其变动进行回归，用回归系数来反映脆弱性的大小。[②] Cafiero & Vakis 根据风险型贫困线计算贫困值以测度脆弱性，将风险暴露加入贫困测度中，重新定义了风险型贫困线，据此计算贫困指标作为脆弱性测度值。[③]

在众多的测度方法中，以下三种较为典型，即预期的贫困脆弱性（Vulnerability as Expected Poverty, VEP）、低期望效用脆弱性（Vulnerability as Low Expected Utility, VEU）、风险暴露脆弱性（Vulnerability as Uninsured Exposure to Risk, VER）。[④]

首先是预期的贫困脆弱性。指个人或家庭在将来陷入贫困的可能性或

---

① Ligon, E. & L., "Schechter. Measuring Vulnerability." *The Economic Journal*, No. 3, 2002, pp. 95-102.

② Dercon Stefan, Pramila Krishnan., "Vulnerability, Seasonality and Poverty in Ethiopia." *Journal of Development Studies*, Vol. 15, No. 2, 2000, pp. 25-53.

③ Cafiero, R. Vakis, "Risk and vulnerability considerations in poverty analysis: Recent advance and future directions", World Bank, No. 5, 2006, pp. 51-70.

④ Hoddinott, J., Quisumbing, A., "Methods for Microeconometric Risk and Vulnerability Assessments", Social Protection Discussion Paper 0324. World Bank, Washington, D. C., 2003, pp. 111-134.

概率。Chaudhuri 等人对印尼的贫困脆弱性的研究,[①] Mc Cullouch 和 Calandrino 等人对中国四川农村贫困脆弱性的研究,[②] Alwang 等利用面板数据的预测,[③] 都是基于这种农村家庭未来陷入贫困的概率的实际测度。

其次是低期望效用脆弱性。这在经济学里面使用较多,效用函数最初就是为反映风险偏好而设计的,因此被广泛地用来测度与风险相关的脆弱性。Gaiha 等认为在给定的均衡消费的效用水平和该水平之上则家庭就不是脆弱的,该均衡消费效用水平与期望消费的效用之差就是期望效用脆弱性。这里给定的均衡消费就是贫困线。[④] 这方面的测量亦可见于 Ligon 和 Schechter[⑤] 以及 Kamanou 与 Morduch 等人的研究,强调贫困的期望值与实际贫困值之间的差来度量贫困脆弱性。[⑥]

最后是风险暴露脆弱性。是估计由于风险打击而产生的事后的福利损失。这种方法并不直接估计总的脆弱性,而是通过估计消费对由于风险打击产生的收入变化的敏感程度来判断脆弱性。风险打击导致的收入变化越大则消费对于收入风险的脆弱性越高。[⑦] 但是这种方法没有考虑到贫困线的因素,很多时候会出现难以解释的现象。

在上述三种方法中,第一种是目前较为主流的测量方法,考虑到风险冲击对未来的影响,具有动态性的特征,后面两种方法则是相对静态的测量方法,较多的是对家庭目前拥有的抵御风险的能力进行测度,或者计算

---

① Chaudhuri, S., J. Jalan, and A. Suryahadi, Department of Economics Discussion Paper No1 01022521, *Assessing Household Vulnerability to Poverty*: *A Methodology and Estimates for Indonesia*, New York, Columbia University, 2002.

② Mc Culloch N. and M. Calandrino, "Vulnerability and Chronic Poverty in Rural Sichuan." *World Development*, Vol. 31, No. 3, pp. 611-628.

③ Alwang, J., Siegel, P. B. and Jorgensen, S. L., Social Protection and Labor Policy and Technical Notes 23304, *Vulnerability*: *A View from Different Disciplines*. The World Bank, Washington, D. C., 2001, pp. 1-60.

④ Gaiha Raghav and Katsushi Imai, *Measuring Vulnerability and Poverty Estimates for Rural India*, Research Paper No. 2008/40. United Nations University, UNU-WIDER, 2008.

⑤ Ligon, E. & L. Schechter, "Measuring Vulnerability." *The Economic Journal*, No. 3, 2002, pp. 95-102.

⑥ Kamanou G., Morduch J., *Measuring Vulnerability to Poverty*, Discussion Paper No. 2002/58, World Institute for Development Economic Research, 2002.

⑦ Gaiha Raghav, Katsushi Imai, *Measuring Vulnerability and Poverty Estimates for Rural India*, Research Paper No. 2008/40. United Nations University, UNU-WIDER, 2008.

事后的福利损失,尤其是一些基于某一国家或地区的数据分析上的研究,由于动态的面板数据难以获取的缘故,更多的还是对过去或当前的状态的分析,对未来的贫困的可能性关注度不够。

除此之外,有关贫困脆弱性的测度,还有其他的一些方法。比如,根据风险型贫困线计算贫困值以测度脆弱性,其目标在于重新确定一种风险型贫困线,充分考虑各种风险暴露以及每个家庭的保险成本,计算相对于风险型贫困线的传统贫困指标作为脆弱性测度。[1] 不难发现,上述脆弱性的测度方法更多地集中在对收入、消费、风险、福利的关注,有一些研究则对收入和消费之外的福利指标给予更多的考量,例如资产、食品、健康、教育等因素,涉及人力资本投资等领域,如由于家庭遭受突发的经济风险冲击导致小孩辍学,影响到家庭的长期人力资本投资,这样的家庭可能是脆弱性家庭。[2] 如 Jadotte 等人通过对海地的脆弱性的分析,认识到教育、性别等因素对贫困脆弱性的影响,认为通过回归分析能够更清晰地分析贫困脆弱性。[3]

在对贫困脆弱性的测量中,数据十分关键。脆弱性分析需要长期的面板数据,对家庭状况的分析也需要综合性的数据,但这些往往很难获取。最近几年,大量有关脆弱性的实证分析的文献出现,当时由于缺乏大数据以及面板数据的局限性,与脆弱性的分析相比,贫困的分析依然占据主导地位。一些研究者提供了一个较为有效的运用短期面板数据或横剖数据对脆弱性进行实证分析的方法。[4] 对家庭贫困状况的观察是事后测量,防止陷入贫困比缓解贫困更为重要,这就是贫困脆弱性的意义所在。也有研究者提出通过截面数据对贫困脆弱性进行分析也是可取的,其运用印尼

---

[1] Cafiero, R. Vakis, *Risk and Vulnerability Considerations in Poverty Analysis: Recent Advance and Future Directions*. World Bank, No. 5, 2006, pp. 51–70.

[2] Jacoby, H., E. Skoufias, "Risk, Finacial Markets, and Human Capital in a Developing Country." *Review of Economic Studies*, Vol. 64, No. 2, 1997, pp. 311–335.

[3] Jadotte E., "Vulnerability to Poverty: A Microeconometric Approach and Application to the Republic of Haiti." Working Papers wpdea1004, Department of Applied Economics at Universitat Autonoma of Barcelona, 2010, pp. 1–45.

[4] Isabel Gunther and Kenneth Harttgen, "Estimating Households Vulnerability to Idiosyncratic and CovariateShocks: A Novel Method Applied in Madagascar." *World Development*, Vol. 37, No. 7, 2009, pp. 1222–1234.

1998 年的横剖调查数据的分析证实了这一观点。① 当然，如果能够获得精确的面板数据，测量脆弱性的准确性会比较高。

（四）有关贫困脆弱性的实证研究

贫困脆弱性的实证研究涉及领域较为广泛，不同的学科以及不同的研究机构都有不同的阐述，多以某一国家或地区的实证调查数据为基础的分析，涉及对贫困脆弱性概念、框架的讨论，对贫困脆弱性的实证测度以及评估，同时一些研究在此基础上还提出了应对和预防的具体措施。概括来看，主要集中在以下几个方面：

1. 借助家庭层面的数据分析，对贫困脆弱性的概念、框架等进行实际评估，提出了新的研究路径，对脆弱性的影响进行了较为清晰的实证研究。尤其是将外在的风险冲击，家庭内部的低收入、低资本、获取信息能力低、先天缺陷、社会支持不足、缺乏资源等结合起来分析，找出导致家庭贫困脆弱性的外部、内部、宏观与微观层面的原因。② 研究的对象多是世界上非常贫困的国家和地区，例如海地，③ 或者是经常遭受金融危机等各类风险冲击，社会治理相对落后，政局不稳，经济发展相对迟缓的国家和地区，例如东南亚的泰国、印尼等，④ 以及撒哈拉沙漠以南的一些国家和地区。在对贫困脆弱性外部因素的分析中，尤其强调不可预测的异质性因素的冲击，并根据影响力的高低将贫困脆弱性家庭分为高脆弱性家庭和低脆弱性家庭。⑤ 对中国的沿海农村的贫困脆弱性的研究也值得关注，强调多样性的影响因素，尤其是教育因素对脆弱

---

① Chaudhuri, S., J. Jalan, and A. Suryahadi, "Assessing household vulnerability to poverty: A methodology and estimates for Indonesia." *Department of Economics Discussion Paper No.* 1 01022521, New York: Columbia University, 2002.

② Chaudhuri, S., "Assessing vulnerability to poverty: concepts, empirical methods and illustrative examples." *Columbia University Department of Economics*, Discussion Paper, June 2006.

③ Echevin D., "Characterizing poverty and vulnerability in rural Haiti: a multilevel decomposition approach." *Journal of Agricultural Economics*, Vol. 65, No. 1, 2014, pp. 131-150.

④ Pritcheet, L., A. Suryahadi and S. Sumarto, "Quantifying vulnerability to poverty: a proposed measure, applied to indonisia", Policy research working paper No. 2437, the World Bank, Washington, D. C., 2000.

⑤ Thitiwan Sricharoen, "A Quantitative Assessment on Vulnerability to Poverty and Risk Management of Rural Farm Household in Northeastern of Thailand." *International Journal of Trade, Economics and Finance*, Vol. 2, No. 4, 2011, pp. 331-340.

性的影响。① 尤其值得注意的是，很多研究已经注意到社会保障制度与贫困脆弱性的关系，良好的社会保障制度能够给家庭提供正式的社会支持，能够提供社会保护，相反，如果社会保障制度缺失，贫困脆弱性自然会加深。②

2. 对贫困与脆弱性进行了有效区分。这种区分是基于数据分析和预测上的。尤其是对一些贫穷国家和地区居民生活状况的测量方法和视角的改变，更是进一步凸显了脆弱性研究的实际意义。脆弱性不仅意味着风险，还意味着一种贫困的概率和可能性，将风险与贫困提到同等重要的地位，③ 由此提出事前保护比事后消除贫困更加重要，也更有效。④ 这一思路也影响到世界银行的项目决策，世界银行的预防、减轻与应对的框架由此而来。⑤ 为了进一步区分贫困与脆弱性，一些研究将长期贫困与贫困脆弱性进行类比，发现两者极其相似，对长期贫困的缓解能够在一定程度上减少脆弱性。⑥

在这些有关贫困脆弱性的研究中，截面数据、面板数据以及个案访谈的数据都有应用，较多地集中于某一个地区，尤其以东亚以及撒哈拉沙漠以南地区的国家与地区的实证分析为主。部分研究不仅对贫困脆弱性的概念进行了界定，并给出了相应的分析框架，同时结合实证数据的分析，提出了相应的应对措施。⑦ 这些研究涉及面广，研究学科综合，其中的分析框架尤其值得借鉴。

---

① Zhang, Y. and G., Wan, "An empirical analysis of household vulnerability in rural China." *Journal of the Asia Pacific Economy*, Vol. 11, No. 2, 2006, pp. 196–212.

② Angelillo N., "Vulnerability to poverty in China: a subjective poverty line approach." *Journal of Chinese Economic & Business Studies*, Vol. 12, No. 4, 2014, pp. 315–331.

③ Ligon, E. & L. Schechter, "Measuring Vulnerability." *The Economic Journal*, No. 3, 2002, pp. 95–102.

④ Mozaffar Qizilbash, "A note on the measurement of poverty and vulnerability in the south African context." *Journal of International Development*, Vol. 12, No. 14, 2002, pp. 757–772.

⑤ Holzmann Robert and Jorgensen Steen, "Social Risk Management: A New Conceptual Framework for Social Protection, and Beyond." *International Tax and Public Finance*, No. 8, 2001, pp. 529–556.

⑥ McCulloch, N. and M. Calandrino, "Vulnerability and chronic poverty in rural Sichuan." *World Development*, Vol. 31, No. 3, 2003, pp. 611–628.

⑦ Stephan Klasen, Hermann Waibel, *Vulnerability to Poverty: Theory, Measurement and Determinants, with Case Studies from Thailand Vietnam*, Palgrave Macmillan, 2013.

(五) 缓解贫困脆弱性的研究

贫困脆弱性是一种未来状况的预测，从数据的测度来看，贫困脆弱性的指数有高有低，指数越高，越脆弱，陷入贫困或贫困恶化的概率越高。因此，应对贫困脆弱性的主要做法就是通过一定的途径来缓解贫困脆弱性，降低陷入贫困的概率。从当前的研究来看，主要集中定位于特定的目标对象，依据影响脆弱性的特定因素来采取相应的缓解措施，一些综合性的方案也被纳入具体实施的范畴，尤其注重风险的预防以及应对能力的提升。

1. 针对特定对象的缓解措施。在一些特定的对象中，例如残疾人、儿童、单亲家庭成员以及老年人等，都被看作是脆弱性群体，那些生活在交通不便、生活条件差的地区的人，例如印度等部分国家和地区的农村人，可能更加脆弱，其收入来源更为狭窄，收入更低，没有足够的资产，缺乏增加财富的有效手段以及应对风险的能力等。[1] 在一些发展中国家的农民遭遇的风险更多，自然灾害、高税收、疾病威胁等，宏观与微观的因素都有，部分研究者主张通过小额信贷为农民提供社会保护，尤其是帮助农村中的妇女提升自我发展的能力，改善家庭的生活状况。[2]

2. 依据风险冲击的形式设计的缓解措施。这些研究主要认为人们遭遇冲击的性质以及应对方式是政府和组织在制定政策缓解贫困脆弱性过程中主要考虑的因素。[3] 尤其是要关注风险冲击与收入及消费的变化，也就是说，如果风险冲击平滑了消费，降低了未来消费水平和收入水平，则贫困脆弱性会比较高，这种情况尤其在发展中国家

---

[1] Zimmerman, F. J., and Carter, M. R., "Asset smoothing, consumption smoothing and the reproduction of inequality under risk and subsistence constraints." *Journal of Development Economics*, Vol. 71, No. 2, 2003, pp. 233–260; Carter, M. R., and Barrett, C. B., "The economics of poverty traps and persistent poverty: An asset–based approach." *Journal of Development Studies*, Vol. 42, No. 2, 2006, pp. 178–199.

[2] Amit Kundu, "Effectiveness of Microfinance Under SGSY Scheme to Reduce Poverty and Vulnerability of Rural Households: A Natural Experiment." *The IUP Journal of Financial Economics*, Vol. 9, No. 3, 2011, pp. 40–56.

[3] Alderman H., Paxson C. H., *Do the Poor Insure? A Synthesis of the Literature on Risk and Consumption in Developing Countries*, Palgrave Macmillan UK, 1994.

更为常见。① 对这种情况,需要进行动态的观察,分析这种变化的原因是来自结构性因素还是来自特定的偶发性风险冲击。② 并在此基础上,进行风险类型的区分,降低未来风险不可预测性,并采取措施减少这些风险对家庭与个人造成的影响将是政策设计需要考虑的问题。

3. 综合性的应对策略。这些策略包括保险、政府正式的公共政策以及家庭的风险管理等措施,主体多元,应对策略也是多渠道的。例如,国际食品政策研究所(IFPRI)利用孟加拉国、埃塞俄比亚、马里、墨西哥和俄罗斯的面板数据,分析消费保险与贫困脆弱性的关系,并认为家庭使用的风险应对策略的组合未必同样适用于它们。贫困家庭可能不太能使用依赖于初始财富为抵押机制。在这方面,公共转移项目可能有再分配效应,在为贫困家庭引入风险管理的指导后,长期与短期的贫困可能会减少。③

二 国内研究现状

(一)国外相关概念与理论的介绍

国内研究中有很大一部分是对国外理论的介绍,实际上由于对贫困脆弱性的理解并不统一,国内研究者在介绍国外理论的同时也是在进一步厘清对这个概念的理解。

目前诸多的学位论文涉及贫困脆弱性相关研究,在文献综述部分都有对贫困脆弱性的概念、相关理论、测度方法、分析框架等进行详细的介绍。④ 内容较为全面,涉及贫困脆弱性的概念、主流理论、测量方法,

---

① Rosenzweig, M., and Wolpin, H., "Credit market constraints, consumption smoothing, and the accumulation of durable production assets in low-income countries: investment in bullocks in India." *Journal of Political Economy*, Vol. 101, No. 2, 1993, pp. 223-244.

② Isabel Gunther and Kenneth Harttgen, "Estimating Households Vulnerability to Idiosyncratic and Covariate Shocks: A Novel Method Applied in Madagascar." *World Development*, Vol. 37, No. 7, 2009, pp. 1222-1234.

③ Emmanuel Skoufias and Agnes R., "Quisumbing. Consumption Insurance and Vulnerability to Poverty: A Synthesis of the Evidence from Bangladesh, Ethiopia, Mali, Mexico and Russia." *The European Journal of Development Research*, Vol. 17, No. 1, 2005, 17 (1), pp. 24-58.

④ 这方面的学位论文据检索到的目前有30余篇,以硕士学位论文为主,部分为博士学位论文,代表性的具体见,黄伟:《风险冲击、脆弱性与农户贫困关系研究》,硕士学位论文,华中农业大学,2008年;张国培:《和谐视角下的民族地区农户贫困脆弱性研究——以西南民族地

以经济学、统计学、金融学、管理科学与工程的学科居多，少部分为交叉的环境科学。

在一些研究性论文中对国外贫困脆弱性的概念、理论、测量方法进行了系统性的梳理，尤其是对预期贫困的脆弱性、期望效用的脆弱性以及风险暴露的脆弱性的测度方法进行了详细的评述，并结合中国的现实问题提出了一些可能的应对策略。[1] 这方面综述性的文章较多，且较为系统和全面。[2] 除了基本的概念、理论及测量方法的总结以外，还对影响因素也进行了系统性梳理。[3] 并指出了可以值得借鉴的评估方法，推动贫困研究从静态分析向动态分析的转变，强调面板数据的广泛运用。[4] 尤其是对贫困的经济脆弱性的三个来源以及相应的应对战略进行了概括，具有较强的借鉴意义。[5]

当前在国内研究中对国外研究的介绍还体现在对脆弱性研究历史与脉络的梳理，[6] 对研究框架进行了分析，并提出了框架整合的设想，提出在

区为例》，硕士学位论文，四川农业大学，2011年；刘伟：《健康风险对农户贫困脆弱性的影响及对策研究》，硕士学位论文，西北农林科技大学，2014年；黄小琳：《贫困脆弱性度量及其影响因素研究——以红河哈尼族彝族自治州农户数据为例》，硕士学位论文，云南财经大学，2010年；刘红丽：《我国农村居民家庭脆弱性测度——基于CHNS微观数据的实证研究》，硕士学位论文，山西财经大学，2011年；饶丹：《我国通货膨胀对农村贫困脆弱性的影响研究》，硕士学位论文，重庆大学，2012年；任军营：《豫西山区农户贫困脆弱性测度研究》，硕士学位论文，西北农林科技大学，2014年；李丽：《中国城乡居民家庭贫困脆弱性研究》，博士学位论文，东北财经大学，2010年；崔新新：《中国农村居民家庭贫困脆弱性研究——基于消费、健康维度》，硕士学位论文，山东工商学院，2017年；谭丽荣：《中国沿海地区风暴潮灾害综合脆弱性评估》，博士学位论文，华东师范大学，2012年；刘飞：《资产视角下的贫困脆弱性——一种分解方法及应用》，硕士学位论文，复旦大学，2013年；郑晓召：《基于异质性和协同性风险对我国农村贫困脆弱性的研究——使用多层线性模型的实证分析》，硕士学位论文，东北财经大学，2015年；等等。这里不一一列举。

[1] 蒋丽丽：《贫困脆弱性理论与政策研究新进展》，《经济学动态》2017年第6期。
[2] 冯娇、周立华、陈勇：《贫困脆弱性研究进展》，《中国沙漠》2017年第6期。
[3] 宋立志：《贫困脆弱性研究文献综述》，《经济研究导刊》2013年第25期。
[4] 霍增辉、吴海涛：《贫困脆弱性研究综述：评估方法与决定因素》，《农业经济与科技》2015年第11期。
[5] 檀学文、李成贵：《贫困的经济脆弱性与减贫战略述评》，《中国农村观察》2010年第5期。
[6] 李鹤、张平宇：《全球变化背景下脆弱性研究进展与应用展望》，《地理科学进展》2011年第7期。

贫困研究中运用可持续生计—脆弱性—社会排斥三维的整合分析框架将更为有效。①

对国外相关研究的系统性的梳理与介绍也见于一些专著当中，尤其是以经济学者的研究居多，结合国外的概念与理论框架，联系中国的现实，提出相应的计量模型进行实证分析，内容系统、全面。②

(二) 贫困脆弱性的测量

有关贫困脆弱性的测量，除了介绍国外典型的测量方法以外，国内研究较多的是借用一些框架与方法对贫困家庭的贫困脆弱性进行实证分析与测量。通过调查问卷进行贫困脆弱性测量指标的设计，结合定性分析，在可持续设计的框架基础上对中国农村的贫困脆弱性进行测度与分析是一种典型的测度方式。③ 尤其是借用国外有关脆弱性的风险、能力与后果的分析框架，运用预期的贫困脆弱性（VEP）、低期望效用脆弱性（VEU）和风险暴露脆弱性（VER）的三种测量方法进行测度的较多，且效果显著，并提出了风险与脆弱性预警以及贫困监测的构想，充分体现了贫困脆弱性前瞻性与动态性的特点。④ 在贫困脆弱性的测量的研究中，模型、方法极其重要。

1. 模型选择与构建。这方面的研究以计量经济学的研究居多，这也是这一学科介入贫困脆弱性研究的优势所在。李丽等以家庭为单位进行基本的指标设计，通过多种统计分析方法和模型的运用，进行贫困脆弱性群体的识别，分析脆弱性的来源和影响因素，确立实际政策操作意义的贫困脆弱线。而郭劲光等围绕脆弱性贫困的累积过程与消减措施，提出基于压力与释放（PAR）的理论模型，并分别从"解释—测度—行动"三个层

---

① 唐丽霞、李小云、左停：《社会排斥、脆弱性和可持续生计：贫困的三种分析框架及比较》，《贵州社会科学》2010年第12期。

② 这方面的代表性著作可见：李丽：《中国城乡居民家庭贫困脆弱性研究》，经济科学出版社2012年版，第1—33页；邰秀军、李树茁：《中国农户贫困脆弱性的测度研究》，社会科学文献出版社2012年版，第33—64页；张炜熙：《区域脆弱性与系统恢复机制》，经济科学出版社2011年版，第11—21页。

③ 李小云、董强、饶小龙、赵丽霞：《农户脆弱性分析方法及其本土化应用》，《中国农村经济》2007年第4期。

④ 黄承伟、王小林、徐丽萍：《贫困脆弱性：概念框架和测量方法》，《农业技术经济》2010年第8期。

面逐步进行系统分析也是一种创新。① 各种研究内容翔实，方法值得借鉴。②

2. 数据的选择。尤其是追踪调查数据的选择是重要环节，目前来看，较多的研究都采用的是中国营养健康调查（CHNS）的数据进行贫困脆弱性的测量，得出每个家庭的贫困脆弱性指数以及影响因素，③ 并比较了中俄农村家户脆弱性水平及其长期变动趋势，对中俄经济转型的绩效以及农户抵御风险的能力进行了评估，④ 同时对测度效果也进行了分析与评估，并从性别、年龄、受教育程度三个维度进行了贫困脆弱性群体的类型学划分。⑤

3. 测度方法的选择。借用国外传统的低期望效用脆弱性方法，进行估计、分解计量检验是常用的方法之一。⑥ 万广华、章元等利用来自中国的农户调查数据检验预测贫困脆弱性的精确性的决定因素，其研究发现预测的精确性与贫困线和脆弱线的选择、家庭未来收入均值的计算方法密切相关，⑦ 通过加权平均法的预测精度明显高于其他的方法。⑧ 这为理解贫困脆弱性的度量方法以及政府从贫困脆弱性的视角制定反贫困政策提供了参考。邰秀军、李树茁从风险和风险打击、家庭可行能力的角度分析了贫困脆弱性的形成机制，分别通过消费水平与消费波动来测度贫困脆弱性，

---

① 郭劲光：《脆弱性贫困：问题反思测度与拓展》，中国社会科学出版社2011年版，第1—20页。

② 李丽：《中国城乡居民家庭贫困脆弱性研究》，经济科学出版社2012版，第165—168页。

③ 刘红丽：《我国农村居民家庭脆弱性测度——基于CHNS微观数据的实证研究》，硕士学位论文，山西财经大学，2011年。

④ 叶初升、赵锐、李慧：《经济转型中的贫困脆弱性：测度、分解与比较——中俄经济转型绩效的一种微观评价》，《经济社会体制比较》2014年第1期。

⑤ 饶丹：《我国通货膨胀对农村贫困脆弱性的影响研究》，硕士学位论文，重庆大学，2012年。

⑥ 武拉平、郭俊芳、赵泽林、吕明霞：《山西农村贫困脆弱性的分解和原因研究》，《山西大学学报》2012年第6期。

⑦ 万广华、章元：《我们能够在多大程度上准确预测贫困脆弱性？》，《数量经济技术经济研究》2009年第6期。

⑧ 万广华、章元、史清华：《如何更准确地预测贫困脆弱性：基于中国农户面板数据的比较研究》，《农业技术经济》2011年第9期。

构建贫困脆弱性的指标计算方法。① 采用多层次线性模型和方差来进行贫困脆弱性的测度也值得借鉴。② 一些学者提出的反向 VEP 的贫困脆弱性测度方法,以个人或家户在将来维持某一返贫概率之上的最小福利水平测度家庭脆弱性也是一种创新。③ 此外,熵值灰色关联法、④ 主成分分析方法等方法⑤利用长期数据对贫困脆弱性的测量也值得关注。

(三) 贫困脆弱性与风险的探讨

国内绝大部分有关脆弱性的研究都与风险相关,把风险作为贫困脆弱性分析框架中重要的一环,并试图通过分析不同群体遭受的各类风险的分析,测度其贫困脆弱性。

1. 健康风险。现有研究将健康风险看作贫困脆弱性分析中的重要因素。国内对健康风险与脆弱性的关系的研究较多的集中在对于农民以及农户的分析。疾病会导致农民的身体虚弱,影响农户的生产和收入,高昂的医疗费用则会增加农民的负担,从而导致农民的脆弱性风险。⑥ 许多定量数据显示,健康风险同农业生产活动风险一样是普遍的风险冲击,这种风险之所以影响脆弱性,其机理在于较差的健康状况会影响收入,导致抵御风险的能力降低。农户可以通过配置其生计资产来减少风险冲击的影响。⑦ 通过回归分析,借助国外的研究框架对健康风险对贫困脆弱性的影响进行系统分析,并进行脆弱性的分解的研究也值得学习与借鉴。⑧

---

① 郁秀军、李树苗:《中国农户贫困脆弱性的测度研究》,社会科学文献出版社 2012 年版,第 65—80 页。
② 郑晓召:《基于异质性和协同性风险对我国农村贫困脆弱性的研究——使用多层线性模型的实证分析》,硕士学位论文,东北财经大学,2015 年。
③ 邹薇、郑浩:《我国家户贫困脆弱性的测度与分解——一个新的分析思路》,《社会科学研究》2014 年第 5 期。
④ 许启发、王侠英、蒋翠侠:《城乡居民贫困脆弱性综合评价:来自安徽省的经验证据》,《经济问题》2017 年第 8 期。
⑤ 唐小兵、周国华:《基于主成分分析的县域贫困脆弱性评价——基于 2016 年湖南省贫困县的调研》,《中南林业科技大学学报》2017 年第 3 期。
⑥ 郁秀军、罗丞、李树苗、李聪:《外出务工对贫困脆弱性的影响:来自西部山区农户的证据》,《世界经济文汇》2009 年第 6 期。
⑦ 黄伟:《风险冲击、脆弱性与农户贫困关系研究》,硕士学位论文,华中农业大学,2008 年。
⑧ 刘伟:《健康风险对农户贫困脆弱性的影响及对策研究》,硕士学位论文,西北农林科技大学,2014 年。

2. 市场风险。主要见于农民的生产经营活动中，尤其涉及农产品的商品交换，市场风险的影响尤其重要。农产品价格会时刻出现涨跌，但很多农民由于信息闭塞而不能及时调整农产品的产业结构，可能会出现滞销等问题，导致难以收回生产成本，收入减少甚至陷入贫困，脆弱性的后果凸显出来。① 不仅如此，与经济相关的市场风险也会影响到其他的群体，而不是仅仅局限在农民群体，包括城市低收入群体在内的人口都会受到这种风险的冲击，如果家庭缺乏一定的抵御能力，而社会保障制度等正式的社会支持又缺失，在改革开放的浪潮中，住房、教育、医疗等市场化改革导致的政策风险更是不断地形成对低收入家庭的冲击，可能会导致这种基于经济波动带来的风险冲击的负面影响急剧扩大，从而导致贫困脆弱性的加深。②

3. 综合性的防范风险的措施。社会风险管理以预防和减少贫困为首要目的，所有的个体和家庭都可能遭受不同的风险冲击，尤其对贫困家庭而言，这种风险冲击的负面影响更大，导致贫困家庭更加难以摆脱贫困。因此，需要提高这些群体的抗风险能力，投资促进人力资本、社会资本、劳动技能的项目，提高公民的参与，促进能力的提升被视为综合性的防范风险和消减贫困脆弱性的方案。③

（四）脆弱性的实证研究

内容涉及气候、灾害和环境危机、食品安全脆弱性、农村生态脆弱贫困、农户脆弱性、社会保障制度与贫困脆弱性、城市贫困脆弱性等，同时一些特定地区与群体的贫困脆弱性问题也有广泛的探讨，包括一些民族地区的贫困脆弱性和妇女、老年人、农民工以及艾滋病人等群体的贫困脆弱性等，此外，近几年随着健康中国概念的提出，健康与贫困脆弱性的研究也多有涉及。

1. 气候环境领域的脆弱性研究。脆弱性概念因其能更完整地说明气候变化最突出的影响，已经成为气候变化相关研究的热点。贫困地区与生

---

① 林洪涛、孙浩进：《黑龙江省农村贫困地区农民的脆弱性风险及对策》，《东北农业大学学报》2006年第1期。

② 饶丹：《我国通货膨胀对农村贫困脆弱性的影响研究》，硕士学位论文，重庆大学，2012年。

③ 宁夏：《市场转型条件下社会风险及其应对：一个研究综述》，《湖北师范学院学报》2009年第2期。

态环境脆弱性地带高度相关,社会脆弱性的研究有利于气候变化条件下的减贫工作,这也在一定程度上弥补了针对区域或特定群体面对气候变化的脆弱性研究不足的状况。[1] 与之相关,灾害脆弱性的研究也提上日程,灾害脆弱性研究有不同的流派,不同的类型,[2] 研究者基于脆弱性视角提出研究灾害发生与演化的本土化整合分析话语体系。[3] 在环境相关的研究中,农业灾害脆弱性的影响因素的研究成为重点,[4] 并逐步扩展到生态脆弱地区的慢性贫困问题、[5] 贫困县食物安全与脆弱性问题。[6] 并对自然灾害、气候变化、环境变化等因素以及家庭内部的结构性因素对农户脆弱性的影响进行了系统性的分析,并提出了有效的解决方案。[7] 气候环境领域的脆弱性研究不仅仅局限于气候环境的变化,而且还引入了各种社会因素的测量,并联系到农业与农户的生存与发展问题的探讨,视野开阔。

2. 农户的贫困脆弱性。这是目前研究比较多且比较集中的一个领域,主要因为农户这个特殊群体的生存发展一方面受到中国二元结构的影响,确实处于弱势地位,另一方面也与气候环境的贫困脆弱性研究相关,农户的贫困脆弱性主要针对山区或生态脆弱地区的农户的生计和农业生产等问题进行了分析。[8] 研究认为,一些西部农村地区之所以陷入重度贫困且无法脱贫,有着深层次的原因,是多重风险叠加的结果,背后是深层次的脆

---

[1] 张倩、孟慧新:《气候变化影响下的社会脆弱性与贫困:国外研究综述》,《中国农业大学学报》2014年第2期。

[2] 陶鹏:《基于脆弱性视角的灾害管理整合研究》,社会科学文献出版社2013年版,第10—11页。

[3] 陶鹏、童星:《灾害社会科学:基于脆弱性视角的整合范式》,《南京社会科学》2011年第11期。

[4] 姜江、马建勇、许吟隆:《农业灾害脆弱性与农村贫困灰色关联分析——以宁夏地区为例》,《安徽农业科学》2012年第9期。

[5] 陈健生:《生态脆弱地区农民慢性贫困研究——基于600个国家扶贫重点县的监测证据》,经济科学出版社2009年版,第4—5页。

[6] 聂凤英、Amit Wadhwa、王蔚菁等:《中国贫困县食物安全与脆弱性分析——基于西部六县的调查》,中国农业科学技术出版社2011年版,第1—2页。

[7] 孙梦瑶、聂凤英:《贫困地区农户食物安全脆弱性研究》,《中国食品与营养》2017年第8期。

[8] 任军营:《豫西山区农户贫困脆弱性测度研究》,硕士学位论文,西北农林科技大学,2014年。

弱性根源，形成异常脆弱的"人类—环境"耦合系统。① 从中国农村家庭贫困脆弱的整体变动趋势及其动态演化特征来看，中国农村家庭整体脆弱程度呈不断下降趋势，且呈现出动态特征，有进有出，表现出有规律的农村家庭贫困脆弱性动态演化机制。不同层次的脆弱性群体脱离脆弱性的方式与概率都有差异。② 而从资产视角将农户的贫困脆弱性与贫困类型联系起来，区分慢性贫困、暂时贫困、随机性贫困以及结构性贫困，农户的贫困脆弱性主要是随机性因素决定的。③

3. 社会保障与贫困脆弱性。社会保障制度与贫困脆弱性有着密切的关系，低保制度对贫困脆弱性并未产生明显的改善效果，反而有可能增加家庭未来陷入贫困的可能性。④ 城市低保家庭脆弱性表现在从业上的不利，由于在收入和支出上的劣势导致的生存脆弱性，教育投入和子女营养的双重不足的发展脆弱性。⑤ 新农保显著地降低了参保家庭的贫困脆弱性，也显著降低了其成为脆弱性家庭的可能性，但新农保对贫困脆弱性的影响仍处于较低水平。⑥ 随着贫困线标准的提高，贫困发生率与脆弱性之间的差异越来越小，教育程度、家庭规模、就业状态工作性质及地区变量同时、同方向地影响到贫困及脆弱性，因此无论贫困线划在何处，公共转移支付对慢性贫困和暂时性贫困的脆弱性都没有任何影响。⑦ 医疗救助制度对缓解低收入家庭的贫困脆弱性具有显著作用，农村低收入家庭的贫困脆弱性更高，医疗救助对农村低收入家庭贫困脆弱性的缓解作用更大，医

---

① 王国敏、张宁、杨永清：《贫困脆弱性解构与精准脱贫制度重构——基于西部农村地区》，《社会科学研究》2017年第5期。

② 聂荣、张志国：《中国农村贫困脆弱性动态演化分析》，《西北农林科技大学学报》2014年第6期。

③ 万广华、刘飞、章元：《资产视角下的贫困脆弱性分解：基于中国农户面板数据的经验分析》，《中国农村经济》2014年第4期。

④ 徐超、李林木：《城乡低保是否有助于未来减贫——基于贫困脆弱性的实证分析》，《财贸经济》2017年第5期。

⑤ 林闽钢、祝建华：《我国城市低保家庭脆弱性的比较分析》，《社会保障研究》2011年第6期。

⑥ 李齐云、席华：《新农保对家庭贫困脆弱性的影响——基于中国家庭追踪调查数据的研究》，《上海经济研究》2015年第7期。

⑦ 樊丽明、解垩：《公共转移支付减少了贫困脆弱性吗?》，《经济研究》2014年第8期。

疗救助对不同医疗支出负担的低收入家庭贫困脆弱性缓解程度也存在差异。[1] 总体来看，市场化转型的风险冲击的增加以及社会保障制度改革滞后等因素导致的家庭抵御风险能力的下降，是家庭贫困脆弱性提高的重要原因之一。[2] 对社会保障等正式的社会支持对贫困脆弱性的影响的研究有很强的政策启示，但目前来看，也不够深入，系统性的围绕消减贫困脆弱性的社会保障制度的设想的研究较为缺乏。

4. 少数民族的脆弱性研究。同国外少数族裔的研究类似，也有很多研究者对中国的少数民族给予了足够的关注。这方面的研究较多的集中在通过微观数据的分析测度少数民族地区的农户的贫困脆弱性，[3] 对不同地域、不同地理条件下边疆少数民族地区农民的脆弱性进行了系统分析，尤其是从广度、深度以及强度等层面，通过一些计量模型，比较了贫困与脆弱性的差异，找出了包括自然环境条件、社会资本、人力资本、经济资本等对少数民族农户的影响。[4] 这些研究涉及的领域较多，有民族学、经济学、社会学，定性与定量的研究方法都有运用，尤其是借助国外贫困脆弱性的分析框架，并结合可持续生计的框架对少数民族地区的经济、社会、生态等系统领域出现的脆弱性问题进行了较为系统的分析，[5] 问题意识浓厚，研究视角独特，尤其是透露出的对少数民族地区与汉民族地区融合与协调发展的深深关怀值得弘扬。[6] 近几年来国家对新疆、西藏、四川以及三个省区交界处的少数民族地区的贫困与反贫困问题日益重视，一些研究提倡通过基础性公共服务供给，提高应对包括自然风险在内的各种风险的能力，重视发展少数民族地区地方政府的组织保障作用，多渠道缓解藏区

---

[1] 章晓懿、沈崴奕：《医疗救助对低收入家庭贫困脆弱性的缓解作用研究》，《东岳论丛》2014年第8期。

[2] 胡永和、蒋永穆：《基于脆弱性上升的中国城镇贫困现象解析》，《经济体制改革》2009年第4期。

[3] 张国培：《和谐视角下的民族地区农户贫困脆弱性研究——以西南民族地区为例》，硕士学位论文，四川农业大学，2011年。

[4] 黄小琳：《贫困脆弱性度量及其影响因素研究——以红河哈尼族彝族自治州农户数据为例》，硕士学位论文，云南财经大学，2010年。

[5] 赵培红：《民族地区农村贫困的脆弱性分析及其治理》，硕士学位论文，中央民族大学，2009年。

[6] 久毛措：《基于贫困脆弱性与可持续生计的我国藏区扶贫开发的长效性思考》，《中国藏学》2017年第2期。

农牧民的贫困脆弱性。①

5. 特定弱势群体的脆弱性研究。一般会将妇女、老年人、农民工等群体看作社会的弱势群体，对这些特定弱势群体的贫困脆弱性的关注也是近几年研究的重点之一。农村妇女是值得重点关注的对象之一，这一群体面临各种风险冲击，且缺乏相应的抵御风险的能力，极其容易陷入贫困，在精准扶贫的政策指引下，如何消减这个群体的贫困脆弱性是值得深入研究的主题。② 这些年来，中国的老龄化程度日趋严重，老年人的生存与生活状况值得关注。在很多研究只是关注老年养老服务供给的时候，一些研究利用面板数据对老年人的经济脆弱性进行了测度，并认为户主特征和一些家庭变量都是影响其经济脆弱性的重要因素，下一代对上一代的经济资助并不能缓解老年人的经济脆弱性，这些老年人很多并非贫困，但属于脆弱性的群体，主要是由于许多不可解释的风险因素的冲击以及其他的异质性社会风险的作用。因此，要消减老年人群体的经济脆弱性，并不能单纯从收入贫困的视角去解读，要转换研究视角，找出真正影响老年人脆弱性的风险因素。③ 农民工群体近几年也引起很多人的关注，经济学、社会学的研究文献多如牛毛，但较少的从贫困脆弱性的视角进行分析，尤其是借助"脆弱性—生计资本"的框架，分析如何通过提高生计资本的方式来消减农民工返乡后面临的贫困风险，④ 从而避免农民工出现生计后果的脆弱性。⑤ 此外，还有一些特殊的群体也引起了研究者的关注，例如艾滋病人群，这一人群面临的风险冲击可能来自社会地位、社会关系以及心理层面的冲击，艾滋病人的贫困是各种因素综合的结果，如何改善艾滋病人的认知，改善其行为，改良其社会关系成为消减其贫困脆弱性的重要途径。⑥

---

① 李继刚：《西藏农牧民脆弱性贫困与减贫政策》，《青海师范大学学报》2015 年第 6 期。

② 蔡生菊：《脆弱性贫困与农村妇女贫困问题——基于甘肃省的实证调查》，《天水行政学院学报》2017 年第 1 期。

③ 解垩：《中国老年家庭的经济脆弱性与贫困》，《人口与发展》2014 年第 2 期。

④ 吴昊：《返乡农民工家庭的贫困风险与策略应对——基于"脆弱性—生计资本"框架的分析》，《湖北师范学院学报》2016 年第 1 期。

⑤ 任义科、张生太、杜巍：《农民工生计脆弱性制度分析及其政策建议》，《中国行政管理》2011 年第 2 期。

⑥ 程玲：《艾滋病人群贫困的生产、传递与遏制——基于脆弱性视角的分析》，《江汉论坛》2012 年第 6 期。

6. 健康脆弱性的研究。与健康风险相关联，对健康以及与健康相关的医疗体系等领域的关注是贫困脆弱性研究的一个重点，核心议题在于健康不仅是一种非常重要的风险冲击要素，从健康医疗体系和健康预防来讲，健康也是重要的消减贫困脆弱性的因素之一。所以众多的研究对这一问题给予了足够的关注。借助追踪调查数据对健康效用指数进行了测度，对健康影响贫困脆弱性的内在机制进行了分析，健康水平的恶化会加深家庭的贫困脆弱性，提倡在全社会建立健康风险防范机制，尤其是要借助政府的力量，加强医疗保障体系的建设，提高对重大疾病的救助力度，尤其得改善农村的健康医疗水平，通过公共服务均等化的路径，促进全国的健康医疗领域均衡发展，最终起到消减家庭贫困脆弱性的作用。[①] 这方面的研究理论分析框架相对较为清晰，健康恶化会影响身体机能的下降，极大地降低个体获取收入的能力，影响到家庭的生产投资与经营性投资，还会增加家庭的健康医疗支出，健康与消费成为两个重要的分析维度，[②] 在健康风险冲击下，导致家庭抵御风险能力不足，也无法采取合理的应对风险的行动，从而加深贫困脆弱性。良好的公共政策安排能够协调好健康冲击、家庭能力投资以及贫困脆弱性之间的关系。[③]

（五）缓解贫困脆弱性的研究

实际上在有关贫困脆弱性的实证研究中，都或多或少地提出了缓解贫困脆弱性的对策，提高收入、完善社会保障制度、制定分类政策等都是必要的措施，此外，增强社会资本、提高能力、构建社会网络也是缓解贫困脆弱性的重要途径。

1. 提高收入。贫困脆弱性是对未来收入和消费水平的估计，因此，收入的提高能够极大地降低贫困脆弱性水平。许多研究也正是从这个基本原理出发，提出只有大幅度提高脆弱性家庭的收入，消除风险冲击的因素，提供事前预警、进行风险防范，提供事后的风险抵御工具等，都是缓

[①] 黄潇：《健康在多大程度上引致贫困脆弱性——基于CHNS农村数据的经验分析》，《统计与信息论坛》2013年第9期。

[②] 崔新新：《中国农村居民家庭贫困脆弱性研究——基于消费、健康维度》，硕士学位论文，山东工商学院，2017年。

[③] 邹薇、方迎风：《健康冲击、"能力"投资与贫困脆弱性：基于中国数据的实证分析》，《社会科学研究》2013年第4期。

解贫困脆弱性的有效路径。① 此外，减免税费、组织培训、通过社会保障制度实行转移支付、引入社会保险等方式能够提高脆弱性家庭的收入或者保持家庭收入的稳定性，从而降低贫困脆弱性。②

2. 完善社会保障体系。在消减贫困脆弱性的过程中社会保障体系的作用再次彰显。基于消减健康医疗领域的风险的需要，要对农村合作医疗制度进行改革，帮助农村居民提升抵御风险的能力，提供广泛的社会支持，通过救济、帮扶等方式来缓解贫困脆弱性。③ 此外，一些社会保险计划能够给从事农业生产的农户提供强有力的保障，例如，一些农作物的灾害保险，能够帮助农民抵御自然灾害带来的风险，其他的一些合作性保险计划，能够促进农户之间的合作，保障农户生产和经营的多样化，化解各种风险的冲击。④ 此外，分类管理的救助帮扶政策设计能够根据农村脆弱性家庭不同的家庭状况进行有针对性的帮扶，提高了政策的效率。⑤

3. 资本投资。资本投资包括通过物质资本、人力资本、金融资本和社会资本的投资与提升。⑥ 很多家庭之所以有较高的贫困脆弱性，与其遭受来自教育、医疗、住房等各个领域的社会排斥风险密切相关，因此，资本的投资也要按照反社会排斥、促进社会融合的要求多维度的跟进。⑦ 资本的增强目的在于提升家庭抵御风险的能力，能力投资、风险冲击以及资源配置决策之间存在较强的关联性，如果家庭遭受的风险冲击过大时会偏向于当期消费而忽略了能力投资，从而加深了贫困脆弱性。⑧ 由于金融扶持、政府扶贫资金对农户脆弱性的治理作用并不显著，而社会资本则对脆

---

① 邹薇、郑浩：《我国家户贫困脆弱性的测度与分解——一个新的分析思路》，《社会科学研究》2014 年第 5 期。

② 李丽、白雪梅：《我国城乡居民家庭贫困脆弱性的测度与分解——基于 CHNS 微观数据的实证研究》，《数量经济技术经济研究》2010 年第 8 期。

③ 常华荣、于敏：《走出农村脆弱性贫困的几点建议》，《吉林农业》2010 年第 10 期。

④ 邰秀军、罗丞、李树苗、李聪：《外出务工对贫困脆弱性的影响：来自西部山区农户的证据》，《世界经济文汇》2009 第 6 期。

⑤ 李丽、刘永久：《基于脆弱性视角的扶贫政策研究》，《财政研究》2010 年第 9 期。

⑥ 万广华、刘飞、章元：《资产视角下的贫困脆弱性分解：基于中国农户面板数据的经验分析》，《中国农村经济》2014 年第 4 期。

⑦ 胡永和、蒋永穆：《基于脆弱性上升的中国城镇贫困现象解析》，《经济体制改革》2009 年第 4 期。

⑧ 彭新万、程贤敏：《脆弱性与农村长期贫困的形成及其破解》，《江西社会科学》2015 年第 9 期。

弱性有一定的抑制作用，故而需要进一步整合商业金融、合作金融、政策金融的金融减贫主体架构提高西部农村地区农户的脆弱性承受能力并降低农户的脆弱性频率。① 同时在精确分类的基础上，将各类资源资本化，② 尤其对中国农村来讲，农民可以将各种资本综合运用，合理调配，发挥各种资本在消减贫困脆弱性过程中的功效。③

4. 非正式社会支持。社会支持网络在降低贫困脆弱性上有着重要的作用，以政府、市场、社会组织、社区等为外部正式主体的正式社会支持贡献巨大，一些类似于贫困脆弱性预警机制、贫困动态监测体制、各类社会救助制度安排等都必须依靠这些正式的主体来实施，但以亲属、朋友为主的内部非正式社会支持也要发挥其相应的功能，④ 所以，除了来自政府的正式社会支持以外，家庭亲属支持、朋友支持等非正式社会支持网络也会影响其贫困脆弱性。因此需要鼓励亲属之间的相互支持功能的发挥，提倡非正式社会支持网络给予家庭更多的支援，这些支援可以是心理、经济以及社会关系等层面。⑤ 重视农村社会关系网络变迁的研究，⑥ 重视这些社会关系网络在降低贫困脆弱性过程中的作用，是当前研究的重点之一。⑦

5. 其他缓解贫困脆弱性的措施。将缓解贫困脆弱性同贫困治理一起，放到一个较为宏观的场域中进行分析，例如，与当前的小康社会建设、供

---

① 张松文：《西部农村地区脆弱性贫困的金融支持研究》，《大庆社会科学》2016年第1期。
② 潘泽江：《湘粤桂边瑶区农户的贫困脆弱性：测度与治理》，《城市发展研究》2012年第2期。
③ 万广华、刘飞、章元：《资产视角下的贫困脆弱性分解：基于中国农户面板数据的经验分析》，《中国农村经济》2014年第4期。
④ 胡洁怡、岳经纶：《农村贫困脆弱性及其社会支持网络研究》，《行政论坛》2016年第3期。
⑤ 罗宇翔：《脆弱性、风险承担网络与农村贫困研究》，硕士学位论文，中南大学，2013年。
⑥ 李伯华、窦银娣、杨振、田亚平：《社会关系网络变迁对农户贫困脆弱性的影响——以湖北省长岗村为例的实证研究》，《农村经济》2011年第3期。
⑦ 徐伟、章元、万广华：《社会网络与贫困脆弱性——基于中国农村数据的实证分析》，《学海》2011年第4期。

给侧改革结合,① 从国家社会稳定、民族团结、文化融合、个体可持续发展的高度进行贫困脆弱性的治理,强调观念的更新,② 强调生命周期不同阶段的社会保护机制的构建,③ 动态管理、上游干预,并与精准扶贫、劳动力市场体系建设等措施配套,共同来消减贫困脆弱性。④ 在城市中,要关注城市低保家庭的贫困脆弱性问题,要针对城市低保家庭在收入、职业、就业、社会资本层面可能存在的贫困代际传递风险,可以采取分类与个案管理的测量,制定长期和临时性的帮扶救助计划,通过社会救助服务的供给来缓解城市低保家庭的贫困脆弱性。⑤

三 简要评述

贫困脆弱性吸引了包括灾害管理学、环境科学、金融学、经济学、统计学、社会学、管理学等众多学科的研究者,从现有研究来看,内容全面,视野开阔,学科繁杂,成果丰富,体现出强烈的问题意识。国外有关贫困脆弱性的概念、理论的分析,十分全面,尤其与贫困理论相比较,贫困脆弱性理论所体现出的前瞻性、预测性的特点更是值得关注,这也成为众多国家和国际组织广泛应用的前提与基础。尤其在全球化、高科技、高风险的社会,贫困脆弱性理论与社会现实深刻切合,能够帮助我们从一个全新的角度与视角来认识当前存在的问题,并对社会中的弱势群体将来可能面临的风险和遭遇的恶劣后果有一个前瞻性的预判,这对包括世界银行在内的众多国际组织制定保障人类生存与发展的政策具有重要的指导意义。国外有关脆弱性的分析框架,尤其是"风险—风险响应—脆弱性后果"的三维框架,对分析中国的现实问题具有借鉴意义。这一框架将"风险"、"风险响应"以及"后果"三者有机结合起来,成为一个完整

---

① 王国敏、张宁、杨永清:《贫困脆弱性解构与精准脱贫制度重构——基于西部农村地区》,《社会科学研究》2017年第5期。
② 赵培红:《民族地区农村贫困的脆弱性分析及其治理》,硕士学位论文,中央民族大学,2009年。
③ 罗绒战堆、陈健生:《精准扶贫视阈下农村的脆弱性、贫困动态及其治理——基于西藏农村社区案例分析》,《财经科学》2017年第1期。
④ 檀学文、李成贵:《贫困的经济脆弱性与减贫战略述评》,《中国农村观察》2010年第5期。
⑤ 林闽钢、祝建华:《我国城市低保家庭脆弱性的比较分析》,《社会保障研究》2011年第6期。

的分析框架，能够进行有效的解释与预测。此外，在国外的众多研究中，利用面板数据针对某一国家或地区进行深入分析的研究方法值得学习。

从国内的研究来看，国内经济学者的研究居多，很多研究者都是来自经济学、统计学专业，尝试借鉴国外的理论与研究框架，结合现有的贫困脆弱性的测度方法，通过数据模型对中国的城乡居民和不同类型的群体的贫困脆弱性进行测量。这种采用调查数据对农户的脆弱性测度的模型与方法值得学习。

总体来看，当前的理论框架已经相对成熟，主要问题在于实证研究受制于数据的局限而出现理论与实践脱节，有以下不足：

1. 研究学科的分散导致对脆弱性内涵理解的不统一，部分研究关注脆弱性的单一维度，不同学科都有着其不同的侧重点，而忽略了脆弱性的多维度性的特征。例如自然环境、地理方面的学者，对贫困脆弱性的政治、经济因素根本不涉及，金融学者则更多关注金融体系的风险问题，部分经济学、社会学研究者要么只是采用微观数据，关注个体的能力特征，要么只是较多关注收入维度，主要分析收入的前后变动对部分家庭造成的影响以及可能导致的脆弱性后果，但是对贫困脆弱性的其他维度关注不够，脆弱性的多维度测量与综合分析略为缺乏。

2. 家庭风险抵御机制取决于其抵御能力和采取的行动，尽管国外已有理论框架将之作为重要的环节加以考虑，但问题在于部分实证研究过于依赖可直接观测的历史数据和单一的家庭特征数据，偏向于家庭抵御风险能力的事后静态分析，对抵御风险行动的前瞻性动态分析略为欠缺。尤其对如何通过合理的机制帮助家庭采取合理的行动或者改善家庭的行动决策方面的研究较为缺乏。

3. 现有很多研究只是一种研究视角的转变，对贫困脆弱性的研究尚未形成统一的完整的研究体系，大部分研究者都是根据自己学科的特点以及自身研究的需要，选取部分指标进行数据收集与处理。如何在现有的贫困脆弱性理论基础上形成合理的分析框架，对贫困脆弱性进行分析与测量，并构建包含理念、目标、原则以及具体的设计框架在内的系统性政策回应体系是后期研究需要进一步加强的地方。

4. 部分国内研究由于数据的局限，偏向强调家庭的风险管理能力而对政府、市场等主体的论述略为缺乏，尤其是对社会政策的论述欠缺，需要关注如何消减贫困脆弱性的前瞻性政策设计。过分强调贫困脆弱性的定量测度，有时会成为一种舍本逐末的行为，这在一些统计学和经济学的研究中尤其常见。一方面，贫困脆弱性自身就具有不确定性和难以测度的特征；另一方面，即使企图做出精确的测度，对数据的要求也是极高，而这些在实际的研究中往往较难实现，需要较长时间的数据积累。

因此，如何突破数据的局限，改进研究方法，进行多维度与多主体的分析，强调家庭抵御风险行动的分析，关注社会政策的系统性的设计，是今后研究的可能突破点。

第三节 研究思路与方法

一 研究思路

本研究遵循"问题导向型"研究思路，在国内外研究的基础上，梳理贫困脆弱性研究的不同理论视角。在建立有效分析框架后，对不同地域城市居民家庭进行多面向实证调查，分析其面临的风险冲击，进而分析其抵御风险的能力和在能力基础上家庭、社区以及政府等所采取的抵御风险的行动，配合家庭关键生命事件分析，进行不同类型与程度的贫困脆弱性识别，最后构建消减脆弱性的系统、综合、动态的注重上游干预与社会保护的回应体系，研究路径如图 1-1 所示。

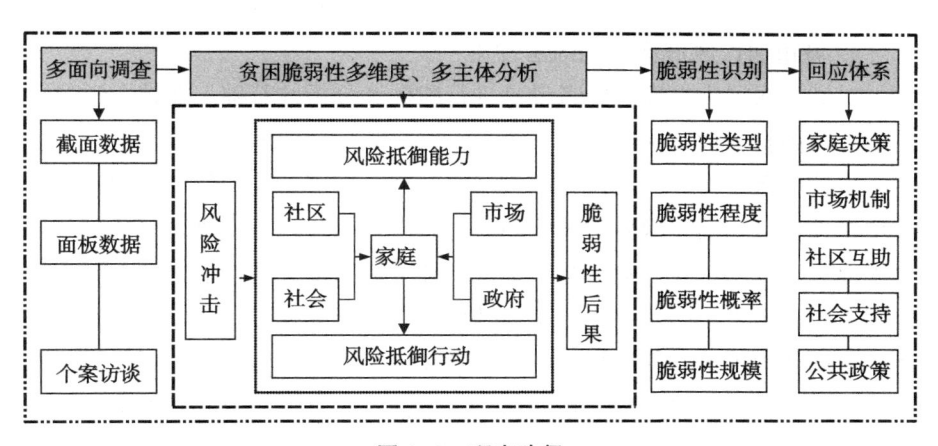

图 1-1 研究路径

本研究的核心问题为城市居民家庭的贫困脆弱性及其消减，其一，描述和预测城市居民家庭贫困脆弱性的现状；其二，进行消减城市居民家庭贫困脆弱性的政策设计。主要围绕以下几个方面展开：

1. 城市居民家庭贫困脆弱性的分析框架

此为理论研究部分。对城市居民家庭而言，贫困脆弱性是指其将来陷入贫困或贫困恶化的可能性及概率。脆弱性的分析往往与风险相关，围绕风险冲击及人们对风险的应对，现有研究建立了多种研究框架。如风险冲击与脆弱性后果的二维框架，强调风险冲击对居民家庭造成的收入、财产及福利损失，但这种框架实际上只是对当前及过去事实的计算和判断，并没有体现出贫困脆弱性前瞻性、预测性的特征。有研究者加入对家庭拥有能力的计算，通过冲击与应对能力的对比衡量其贫困脆弱性的程度与概率，形成风险冲击—应对能力—脆弱性后果的三维分析框架，但这种框架忽略了家庭中个体行动对其贫困脆弱性的影响。因此，本研究在梳理国外理论的基础上提出"风险—能力—行动—后果"四维分析框架，即分析城市居民家庭面临的风险冲击，所拥有的抵御风险的能力，家庭、社区、社会组织、政府等所采取的抵御风险的行动，能力与行动构成风险抵御机制，在冲击与抵御对比后预测贫困脆弱性后果，提出消减脆弱性的回应体系。这一框架强调风险冲击，家庭的应对能力，家庭面对风险冲击所采取的行动以及最后导致的贫困脆弱性后果，加入了"行动"的因素，有利于对贫困脆弱性进行多主体的分析，在消减贫困脆弱性方面，除了增强应对能力以外，各种主体一起帮助家庭采取合理的行动也是关键因素之一。

2. 城市居民家庭面临的风险冲击

对城市居民家庭风险的考量是进行脆弱性分析的基础。在社会学的研究中，贫困脆弱性往往与风险紧密联系在一起。通俗地讲，风险就是发生不幸事件的概率。换句话说，风险是指一个事件产生我们所不希望的后果的可能性。从当前学术界对风险的研究来看，风险因素、风险事故以及损失构成了风险的三大要素，其中不确定性是风险最大的特征之一。不确定性起源于量子力学的研究，后来在其他学科领域有着广泛的应用，其中经济学里面认为不确定性是指经济行为者在事先不能准确地知道自己的某种决策的结果，从风险管理的角度而言，包括风险发生与否的不确定性、发生时间的不确定性、发生状况的不确定性以及发生结果严重程度的不确定性。现有的研究试图从风险的角度切入，通过对风险及风险导致的可能后果的分析来度量和预测贫困脆弱性。本研究通过多面向实证调查获取截面数据，借助 CFPS 面板数据，并关注关键生命事件对城市居民家庭的冲击，分析不同类型城市居民家庭在不同阶段面临的自然环境、经济、社会等外部风险冲击以及家庭自身缺陷形成的内部风险冲击。

3. 城市居民家庭抵御风险能力与行动分析

风险冲击不只是构成贫困脆弱性发生的外在因素，也是必要条件。但是，不同的家庭在面临同样的风险冲击后，会出现不同的结果，其中的原因就在于每个家庭所拥有的能力以及所采取的应对风险的行动不一样。因此，对应对风险的能力与行动的分析尤为重要。城市居民家庭所拥有的人力资本、物质资本、经济资本、社会资本，其生存与生活的家庭、社区、社会组织以及政府的社会支持网络，这些构成城市居民抵御风险的能力要素。其中，家庭自身所拥有的人力资本、经济资本、社会资本等构成了能力的内部要素，城市居民家庭之外的亲缘支持，社区、政府以及各种社会组织提供的正式与非正式的社会支持构成了能力的外部要素。行动分析主要集中于事前的预防与缓冲型行动、事后的补偿与应对型行动。与以往研究不同的是，此处的行动分析并不局限于家庭的行动，还涉及市场、社区、社会组织以及政府帮助城市居民家庭抵御风险的行动。

4. 城市居民家庭贫困脆弱性的识别

截面数据能够描述城市居民家庭当前的状况，而面板数据则能够对一段时期的家庭状况进行对比分析，借助数据模型，在一定程度上能够起到预测的作用。但不管是截面数据还是面板数据，都是对家庭当前和过去状况的描述，严格意义上讲并不能代表将来的发展趋势，尤其对贫困脆弱性的研究而言，需要分析其陷入贫困或贫困恶化的可能性与概率，需要结合其他的资料分析才能实现。对个体行动与动机的分析成为一种可行的选择。本研究试图结合家庭中的关键生命事件进行分析，对风险、能力、行动三种要素作静态对比与动态分析，进行城市居民家庭贫困脆弱性广度与深度的识别，为后续政策设计提供基础。

5. 消减城市居民贫困脆弱性的回应体系

建立消减城市居民贫困脆弱性的政策体系应该是研究的重点之一。这种回应体系并不是针对单一的家庭的贫困脆弱性类型，而是针对具有社会学意义的贫困脆弱性类型进行的政策设计。在前文贫困脆弱性识别的基础上，可以根据不同类型、不同程度的贫困脆弱性，整合个人或家庭、社区、社会组织、市场与政府等多种力量，运用多种风险防范与补偿的制度安排，构建前瞻性的综合、动态的回应体系，提倡上游干预与社会保护，消减贫困脆弱性。前瞻性是这种政策体系的主要特征，其要义重点在于预防，即消除城市居民家庭陷入贫困或贫困恶化的各种因素，防止风险事故的发生，将最后的损失降低到最小。因此，"上游干预"与社会保护的理念极其重要，这正是契合了贫困脆弱性的特征而做出的政策回应。

二 研究方法

实证研究将时序的、横断面以及典型性的分析相结合。

定量资料主要来源于两个方面，其一，2013年在全国东部、中部和西部地区抽取的3个省份3个城市的调查数据，按照市、区、街道、社区的层次，逐步抽取大约1300个样本家庭，每个家庭根据Kish选择法，选取一个成年人作为最后的调查对象。其二，利用现有的CFPS追踪调查数据，选取2014年与2016年的追踪调查样本，经过指标筛选，进行二次数据分析。两种调查数据的分析可以进行对比，相互印证。

定性资料来自个案访谈。通过个案深度访谈收集资料，用来揭示关键生命事件对城市居民家庭的风险冲击，个案分布考虑到地域、性别、家庭背景等关键变量。本次研究一共访谈了31个个案，其中部分个案的访谈资料作为前期问卷设计部分的参考，成为探索性调查的组成部分，部分个案访谈资料在进行城市居民家庭贫困脆弱性的比较分析时，作为佐证材料，与定量数据相互补充，相互印证。

第二章

贫困脆弱性的分析框架

第一节 贫困脆弱性的概念

一 贫困脆弱性概念的发展与定义

脆弱性的概念自20世纪80年代起源于生态学的研究,并广泛应用于灾害管理与环境科学领域,关注较多的是由于自然风险对人类生存环境的影响后果。目前有关脆弱性的概念的理解尚未统一,各个学科、不同领域的研究者都从自己的视角提出了不同的解释。在前文我们已经进行了综述,这里无意再进一步的阐述各种不同的观点。

2001年世界银行提出"贫困脆弱性"的概念,认为所谓贫困脆弱性是指"度量应对冲击的复原——冲击导致未来福利下降的可能性",即由于风险或冲击而使得家庭或个人未来生活水平降到贫困线以下的概率或可能性。[①] 本研究正是从这一角度来定义贫困脆弱性的。这个定义包括了两个重要的方面,风险冲击以及抵御风险的能力。其基本判断在于一般家庭或个人在遭受同样的风险冲击的前提下,抵御能力强的家庭或个人陷入贫困的可能性要低,即贫困脆弱性低,抵御能力弱的家庭或个人陷入贫困的可能性要高,即贫困脆弱性高。在众多有关贫困脆弱性的定义中,这一视角不仅关注了风险的因素,还关注了风险响应的因素——能力,同时对最后造成的损失也进行了估测。这与贫困研究的不同在于贫困仅是基于现有条件的分析,且并没有预测,描述的是当前的状态,贫困脆弱性在此基础上进一步描述未来的可能性。因此,从这个维度出发,形成了"风险冲

---

① The World Bank, *World Development Report* 2000/2001: *Attacking Poverty*, New York, Oxford University Press, 2001.

击—风险响应—后果"的框架。

"家庭或个体未来生活水平降到贫困线以下的概率"这一定义，还是基于收入出发。首先，贫困线的定义，当前无论是国际标准还是各个国家的标准，都是基于收入基础上的判断，例如，世界银行当前的标准是一天1.9美元，收入低于这个标准即为贫困，中国当前是基于2010年的标准，即2300元/年。其次，常规而言，风险冲击的直接后果就是收入减少，或者收入减少本身就是风险冲击的要素之一。换言之，收入对于解释贫困极其重要，是一个基础性指标，也就是说，如果个人或者家庭不能获得足够的收入去维持生活，也是没有足够的能力在风险冲击中维持原有的生活水平而不陷入贫困或不贫困恶化的。因此，基于这一点出发，在实践中通常采用两种方法来定义贫困脆弱性。其一，从消费角度考察家庭的各种消费是否满足了家庭的基本需要；其二，就是收入法，计算满足指定的最低需要的最低收入水平，然后与其实际收入水平进行对比，或者对这一家庭未来收入水平进行估计测量，来计算其陷入贫困或贫困恶化的可能性，这一概率就是我们通常意义上所讲的贫困脆弱性。

二 贫困脆弱性概念的分解

实际上，从收入的角度来测量贫困脆弱性有一定的局限性，但是这样做的主要原因还是在于数据的局限性，长期的面板数据很难获取，因此也无从精确的测算特定对象的贫困脆弱性及其变化情况。此外，这一局限性也来源于贫困脆弱性这一概念本身。贫困脆弱性主要是基于未来状况的一种预测或描述，"可能性"是核心，而精确的"概率"则是很多研究者追求的目标。因此，从这个意义上讲，如何精确地理解贫困脆弱性就成为问题的关键。如果将贫困脆弱性这一概念进行分解，主要是两个核心问题，其一是"贫困"，其二是"脆弱性"。从当前的研究来看，似乎这两个问题都或多或少地存在一些理论瓶颈。

（一）贫困

西方对贫困问题的认识，尤其是对贫困类型的区分，主要经历了经济贫困、能力贫困、权利贫困的过程，研究贫困的视角经历了从绝对贫困到社会排斥的过程。按照家庭和个人的经济状况来定义贫困，是为经济贫困，也叫收入贫困，有的也称物质贫困，它通常是从生物学上人对消费品的最低生存需要来定义和度量的。迄今为止，各个国家和国际组织都是按照这个思路来讨论贫困问题的。世界银行在 1990 年的年度报告中对"贫困"给出了以下定义:"缺少达到最低生活水准的能力。"除了家庭的收入和人均支出以外,该报告认为衡量生活水准还包括"营养、预期寿命、五岁以下儿童死亡率及入学率"等,以消费为基础作为对贫困进行估测的补充。① 收入贫困通常还可以分为绝对贫困和相对贫困。布思(Charls Booth)、朗特里(Seebohm Rowntree)的调查研究均把贫困指向绝对的物质匮乏或不平等。从 20 世纪 50 年代开始,蒂特马斯(Richard M. Titmuss)、斯密斯(Abel Smith)和汤森(Peter Townsend)对贫困的理解都进行了新的扩展。阿马蒂亚·森提出了"能力贫困"的概念。传统绝对贫困的概念核心往往是"收入低下"。森认为贫困的实质不是收入的低下,而是可行能力的贫困。收入的不平等、性别歧视、医疗保健和公共教育设施的匮乏、高生育率、失业乃至家庭内部收入分配的不均、政府公共政策的取向等因素都会严重弱化甚至剥夺人的"能力",从而使人陷入贫困之中。联合国发展计划署在 1996 年的《人类发展报告》中提出了能力贫困度量指标。联合国发展计划署在 1997 年出版的《人类发展报告》中又提出了一个新的贫困指标,叫作人类贫困指数,它也由三个指标构成:寿命的剥夺、知识的剥夺和体面生活的剥夺。②

　　权利贫困是指一批特定的群体和个人应享有的政治、经济、文化权利和基本人权的缺乏导致的贫困。从 20 世纪 90 年代开始,研究贫困的学者认为贫困不仅仅是收入水平低下,不仅仅是教育缺乏、健康和营养状况不好,而且还应包括脆弱性、无发言权、社会排斥这些现象。社会权利"贫困"的概念得益于"社会剥夺"和"社会排斥"理论、"能力"理论、公民权利理论。社会权利的"贫困"主要表现为:社会权利相对不足;获取社会权利的机会和渠道不足;现有的权利没有稳定和明确的法律保证;权利失而复得的机会很少。"社会排斥"由法国学者勒内·勒努瓦(Rene Lenoir)于 1974 年提出。在 20 世纪 70 年代,社会排斥用来指许多人因长期失业而被排斥在市场之外;90 年代,这个概念的含义被拓宽,指某些群体部分或全部出局,享受不到人类权利。

　　这里我们无意对贫困的概念的发展进行系统的描述,只是从贫困这一

---

① 世界银行:《1990 年世界发展报告》,中国财政经济出版社 1990 年版,第 26 页。
② 联合国发展计划署:《中国人类发展报告——人类发展与扶贫》,中国财政经济出版社 1997 年版,第 14 页。

概念的发展来看，我们对贫困的认识、测度和治理要超越单一的"收入或消费"的维度，而应该考虑更多的维度，包括教育、医疗、社会保障、住房、就业等。这也是当前多维度贫困的理解视角。从这个意义上讲，我们理解"贫困脆弱性"问题，考虑的因素应该不仅仅局限于收入这一单一维度。尽管如此，从贫困治理与社会政策的角度来讲，以收入来衡量贫困还是最为直观、简单和可行的做法。尽管这不利于我们对贫困的深入理解，但你不得不承认这是实务部门目前为止所能做出的最佳选择。因此，贫困脆弱性的测量，更多的还是从收入层面切入，但要全面深刻地理解贫困脆弱性，还是需要对贫困的其他维度加以考量，例如，教育、医疗、住房、社会关系等层面的缺失或可能遭遇的缺失的风险。这就大幅度增加了这一概念用于解释社会事实的不确定性。因此，在对贫困脆弱性的测量过程中，除了收入之外，其他的层面，可能更多是基于风险的考量，也就是说，通过当前的收入预测未来收入降到贫困线以下的可能性或概率，在这个基础上考虑来自教育、医疗、就业、住房、社会关系等层面的风险冲击，但这种冲击，往往很难精确地度量。

(二) 脆弱性

脆弱性在一定程度上描述的是一种可能性。"很脆弱"未必就真的是贫困，只是可能会贫困，也可能维持现状，但总体而言，变贫困的可能性比较大一些。因此，脆弱性描述的是一种可能性，正是由于这种可能性，使得脆弱性难以直接观测到，只能通过现有的数据进行预测和估量，这就是脆弱性的"概率"性原则的由来。所以，脆弱性更多的是描述家庭状态发展的可能性趋势，尤其是不断变差的趋势。而当这种"变差"的趋势使得家庭的收入等指标落入给定的贫困线以下，就成为"贫困脆弱性"，也就成为描述家庭状态不断变穷的趋势。而这种趋势是不断变化的，在不同的时间点上，可能会有不同的测度结果。时间维度是理解脆弱性的重要特征。脆弱性之所以不能直接观测，就是在于其时间维度的特性。不同时间点的变化大幅度增加了其不确定性。很多研究者试图找出这种变化的规律，对这种变穷的趋势进行预测，以提高政策的前瞻性与精准性。

(三) 贫困与脆弱性

因此，如果绝对贫困、相对贫困、能力贫困、权利贫困以及多维度贫困是解释贫困的立体型空间视角的话，那么贫困脆弱性可以看成是贫困的时间维度的视角。时间维度增加了贫困的变动性与不确定性,也就是说,单纯地讲贫困,是一种空间的静态视角,而脆弱性则意味着时间维度的动态性。换言之,贫困可以通过事后的静态结果的测量来得到,而脆弱性只能是一种对未来的结果的一种估计,是一种前瞻性的测量。那么,贫困脆弱性就是对家庭状态的未来空间估计。从这个意义上讲,脆弱的家庭不一定贫困,贫困的家庭也不一定脆弱。一个家庭很脆弱,只是表明其状态未来变动的可能性极大,而贫困脆弱性则是表明其将来陷入贫困的可能性极大,那么,脆弱性家庭在当时的时间刻度上,这一家庭可能是正常的家庭,在未来的时间刻度上,也存在状态变动但并没有低于贫困线的可能,也就是说家庭状况会下滑但未必会变穷,因此,脆弱的家庭不一定贫困。而贫困的家庭,由于社会环境并没有太大变化,或者处于一个相对比较封闭的、流动性小的社会中,没有太多的因素会改变贫困家庭的现有状态,那么即使随着时间的变化,这一贫困家庭可能还是继续维持现有的状态而没有任何的变化,其生活状态是相对稳定的,并不脆弱,因此,贫困的家庭也不一定脆弱。贫困脆弱性更多体现的是时间维度的变动性。

当然,在一个社会流动较快、风险较高的社会中,贫困的家庭更脆弱,这已经成为公认的社会事实。最能解释这一形态的就是风险。从某种意义上讲,贫困脆弱性就是随着时间的变化,一系列风险导致的主体的福利损失的可能性。风险是指遭受损失、伤害、不利或毁灭的可能性,也就是发生不幸事件的概率。换句话说,风险是指一个事件产生我们所不希望的后果的可能性。但是风险并不必然导致损失,只是存在损失的可能性。也就是说,单一的风险不一定会导致家庭变脆弱,只有在多种风险的作用下,脆弱性才可能成为现实。所以,在经济社会发展过程中,家庭要面临各种各样的风险,在这些风险的综合作用下,家庭可能会显得比较脆弱,也就是陷入贫困状态的可能性较大。换言之,贫困脆弱性是一种综合性的状态或可能性,是一系列风险作用的结果,尤其需要注意的是,贫困脆弱性存在明确和可计算的损失,这也是贫困脆弱性可进行测度的基础。那么,贫困的家庭可能由于自身能力的缺失以及拥有资本的不足,遭受的风险冲击可能更多,抵御风险的能力不足,贫困恶化的可能性更高,因此更为脆弱。

从这个意义上讲,贫困脆弱性可以看成是一种状态,也可以看成是一种视角。作为一种状态的贫困脆弱性,是基于风险冲击的后果的测度。作为一种视角的贫困脆弱性,是基于时间维度对贫困的分析。总体来说,贫困脆弱性就是在一定的风险冲击下,家庭未来陷入贫困的概率。风险冲击与未来,包含了时间与空间的维度。贫困脆弱性是一种动态的、前瞻性的测度。

第二节 贫困脆弱性的分析框架

随着研究的进展以及相关数据的不断完善,尤其是长期面板数据的增多,贫困脆弱性的分析框架也日趋完善。

一 贫困脆弱性的二维分析框架

最初的研究者一般将贫困脆弱性分为内部与外部两个维度进行分析,这种内外维度的划分主要是以贫困家庭为核心。判断这一家庭的贫困脆弱性的程度,主要看家庭遭受的外部冲击和内部应对机制的相互抵消作用。外部冲击主要来自社会风险,内部应对防御机制则主要从家庭所拥有的各种抵御风险的能力出发,比如经济资本、社会资本等。如果进一步的区分,外部的冲击又分为不同的类型,主要是根据风险的类型来区分,有失业、疾病以及死亡等,同时也有宏观的结构性因素,如战争及政治动荡等。这一分析框架广为盛行,有一段时间,有关贫困脆弱性的研究都是在对风险冲击以及家庭抵御风险能力的分析的基础上展开的。在后期的研究改良中,一些研究者还引入了灵敏度与弹性等概念,主要是针对内部维度进行的描述,弹性越大,说明其应对风险冲击的恢复能力越强,在一定程度上其贫困脆弱性就越低。[1]

如图2-1所示,而将这一分析框架推而广之的则是来自世界银行的研究与应用。世界银行的报告在风险暴露与风险应对的两个维度的基础上进行了两两交叉的分析,将贫困脆弱性家庭细化为不同的类型,而其中核心的指标就是这些家庭在这两个维度上的实际状况。

从图中可以看出,风险暴露高—应对能力低的家庭为高脆弱性家庭,

---

[1] Moser, C., "The Asset Vulnerability Framework: Reassessing Urban Poverty Reduction Strategies." *World Development*, Vol. 26, No. 1, 1998.

第二章 贫困脆弱性的分析框架

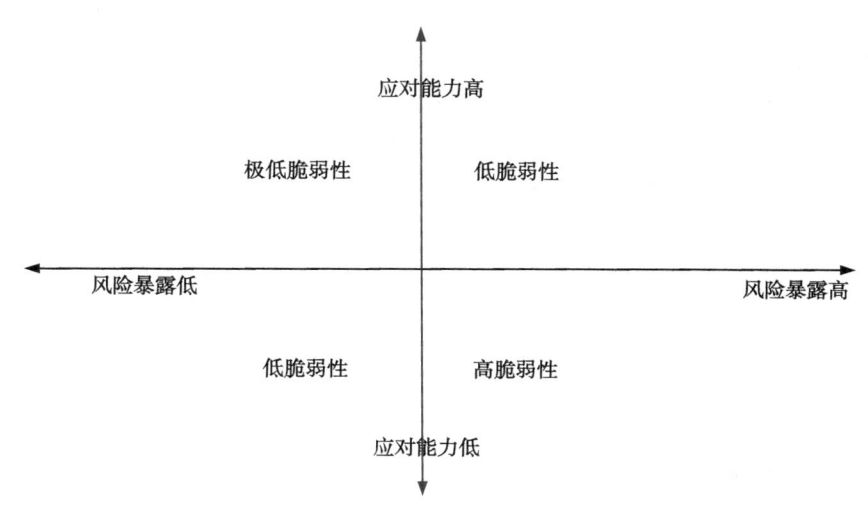

```
              应对能力高
                 ↑
   极低脆弱性    │    低脆弱性
                 │
  风险暴露低 ←───┼───→ 风险暴露高
                 │
    低脆弱性    │    高脆弱性
                 │
                 ↓
              应对能力低
```

图 2-1　世界银行贫困脆弱性二维框架分解图

风险暴露高—应对能力高以及风险暴露低—应对能力低的家庭为低脆弱性家庭，风险暴露低—应对能力高的则为极低脆弱性家庭。[①] 世界银行的这一分析方法的好处在于能够将风险与应对能力更直观地对应起来，同时将两者博弈之后的后果直接反映出来，使得政策制定者在制定相应的应对政策的时候更有针对性，从而使得贫困脆弱性的前瞻性分析的特点更为突出。

世界银行的分析框架中增加了脆弱性后果这一维度，形成风险、能力与后果的框架。但这一框架并没有突破外部冲击与内部应对的二维视角，只是增加了一个脆弱性后果的维度。因为这里的风险依然主要是指外部的风险冲击，而能力主要是指内部的风险应对能力。这种二维分析框架的主要局限在于内部的应对能力本身可能就是一种风险，尤其是应对能力低就是一种风险冲击，能力与风险交织在一起，难以区分，比如，一个家庭的家庭财产少，可以认为是应对能力较弱，也可以看作存在资产极低的风险。换言之，能力的高与低本身就是一种风险类型。基于此，结合世界银行的分析，这种二维分析框架可能需要修订为"风险—后果"模式，或为"外部风险—内部风险—脆弱性后果"。很显然，这种框架存在一些问

---

① Sharma, M., I. Burton, M. van Aalst, M. Dilley, and G. Acharya, *Reducing Vulnerability to Environmental Variability: Background Paper for the Bank's Environmental Strategy*, The World Bank, Washington, D.C., 2000.

题。因为无论是高风险还是低风险，都不可能直接导致必然的脆弱性后果，这在逻辑上说不通。例如，外部风险高，内部应对能力强（也可看作内部风险低），是不是一定就是低脆弱性？或者说，外部风险高，内部应对能力低（也可看成内部风险高），是不是一定就是高脆弱性？或者，外部风险低，内部应对能力高（也可看成内部风险低），是不是一定就是低脆弱性？或者，外部风险低，内部应对能力低（也可看成内部风险高），是不是一定就是低脆弱性？很显然，以上的答案从逻辑上来讲，都是否定的。风险与后果之间，缺乏一个必然的过渡，风险并不必然导致结果。那么，这种二维的分析框架缺乏什么样的因素呢？这也是后来研究者需要解决的问题。

二 贫困脆弱性的三维分析框架

Alwang 等人在此基础上，引入了风险管理选择的维度，将脆弱性分为三个维度，即风险、风险管理的选择以及福利丧失的后果。风险管理选择这一维度不同于风险应对能力，因为风险应对能力本质上还可以看成是一种风险，是一种基于静态的描述和估计。而风险管理选择，则加入了行动的因素，侧重于分析家庭在面临风险冲击时所作出的风险管理选择，以及在风险与风险管理选择相互抵消之后所出现的福利损失结果，根据这种福利损失的状态来预测或判断家庭是否具有脆弱性。[1]

在这一框架中，风险依然是首要因素。风险的来源多种多样，有来自自然灾害、气候和环境的变化，有来自人类的活动，有来自经济、社会、政治、文化的失衡，也可能来自一些临时性的突发事件。由于生存与生活环境的复杂性日益加深，风险的不确定性特征也进一步提升。许多风险不可预测，人们无法预知未知的风险何时到来，以什么样的方式到来，会对谁造成损失，会造成什么程度的损失，这些都具有极大的不确定性。

在这一分析框架中，风险管理选择是核心环节。风险管理是现代社会应对各类风险而发展出的一套理论体系，曾经是保险行业发展的重要理论基础。主要是让人们在面临诸多不确定性风险冲击之前，能够有一个提前的预防措施，例如，加入保险计划，能够为以后的损失提前找到一个可靠

---

[1] Alwang, J., Siegel, P. B. and Jorgensen, S. L., Social Protection and Labor Policy and Technical Notes 23304, *Vulnerability: A View from Different Disciplines*. The World Bank, Washington, D. C., 2001, pp. 1–60.

的保障。保险的发端也是基于船员及其家庭在船员远航出海之前对可能出现的翻船、死伤、一无所获等风险的一种风险管理措施。之后逐渐扩展到现代社会的各个领域。当然，风险管理选择不完全是保险，其他各类为消解风险带来的损失的行为都可以归结为风险管理的选择。风险管理的第一步就是风险识别，对存在哪些风险、导致风险的原因、风险可能造成的损失、影响的群体等都有清晰的认识和判断；风险管理的第二步是在对风险的识别的基础上，对风险可能造成的损害的程度与深度进行定量化的衡量，为后期制定风险管理的决策方案提供基础性信息；风险管理的第三步就是风险管理决策，风险管理决策要在之前风险识别与衡量的基础上，制定出风险管理的具体目标和最终目标，并根据这个目标制定相应的规避风险或者应对风险的方案，尤其要注意的是，风险决策非常强调科学性和有效性，要求方案切实可行，能够有效地帮助家庭应对可能来临的风险冲击；风险管理的第四步就是具体风险管理决策方案的执行，对家庭而言，要根据生产和经营活动的特点，根据之前制定的具体方案，进行方案的有效执行；风险管理的最后一步，是进行风险管理的效果评估，尤其对家庭而言，要对所采取的应对风险的行为选择和方案进行评估，评估采取相应措施以后有没有消减风险的冲击，家庭的生产和经营活动、家庭的生存和生活水平等有没有受到影响，影响的程度如何，采取措施以后有多大的改观，这些可以作为家庭生活经验储备起来，以应对后期的其他风险冲击。

最后就是福利损失后果。这很显然是从狭义的角度去理解风险，风险未来带来的是负面的损失。福利的损失以收入、消费水平的降低为主要衡量指标。如果收入水平或家庭消费水平降低到一定阈值，就可以判断这个家庭为脆弱性家庭。

总体来看，这一分析框架思路比较清晰，能够有效地考虑到风险、风险应对以及风险后果的因素，但其中最为核心的环节显得有一些宏观，如果能够进一步区分出风险应对的能力与风险应对的行动可能会更为清晰一些。

三 贫困脆弱性的四维分析框架

本研究正是在以上分析框架的基础上，将风险应对分解为风险应对的能力以及风险应对行动。应该说，这一框架在前述分析框架的基础上有进一步的提升。家庭面临不同的风险冲击，可能来自外部的结构性风险，也可能来自内部的个体化风险。而决定这一家庭的贫困脆弱性高低的因素除了风险冲击以外，与其自身拥有的能力有关，同时还与采取的选择与行动有关，这就是风险管理选择。准确地说，风险管理选择应该包括风险应对能力以及根据自身能力的判断所采取的行动。

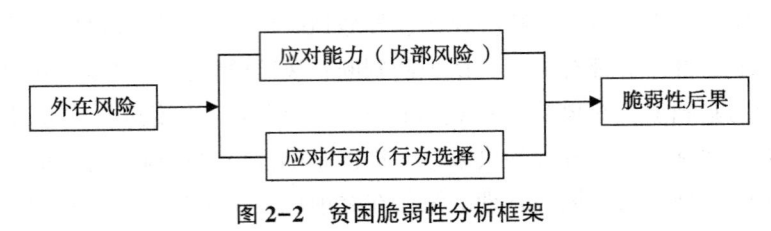

图 2-2　贫困脆弱性分析框架

正如图 2-2 所示，外在风险、家庭应对风险能力、采取的应对行动以及脆弱性后果一起构成了贫困脆弱性的四维分析框架。其中外在风险冲击包括结构性因素和非结构性因素形成的风险冲击，家庭风险应对能力与家庭拥有的经济、社会资源密切相关，在一定程度上较低风险应对能力可能成为家庭面临的内部风险冲击，家庭在遭遇外在与内部风险冲击的同时所进行的行为决策或采取的行动就显得至关重要。同样风险冲击、同样风险应对能力的家庭，如果采取的行动具有较大差异性，其脆弱性后果可能截然不同。脆弱性后果是家庭未来状态的一种判断，在实际研究中判断家庭的脆弱性，还是基于家庭现有状况的一种预测与判断，而且由于数据的局限性，绝大部分研究只能从现有的面板数据和截面数据中有关收入与消费的情况，借助一定的模型，对家庭未来的收入或消费的状况（或收入与消费的损失）进行预测，从而判断当前家庭基于现有条件下其贫困脆弱性的程度如何。在这其中，如果加入风险应对行动的分析，将会使得预测精确很多，但与此同时，也会使得分析显得异常的复杂。从现有的数据来看，很难取得有关家庭的行动的数据，即使有部分数据，也很难证明这些行动的选择是基于风险冲击来临时所采取的针对性行动。当然，这并不意味着贫困脆弱性分析就成为不可捉摸的事情。对于行动的分析，可以借助于一些替代性的测量数据，比如，将家庭面临风险冲击前后的行动全部纳入分析，也就是说，不管是事前的预防与缓冲型行动，还是事后的补偿与应对型行动，这些实际上可以通过问卷或访谈的方式获取部分资料。更为重要的是，本研究的重心在于消减贫困脆弱性的政策安排，所以所有涉及市场、社区、社会组织，尤其是政府等主体，针对家庭所采取的一系列抵御风险的社会支持行动的分析就显得尤其重要，这些社会支持行动更多地体现为宏观层面的制度安排与执行，针对这方面的分析显得尤其重要，而且也变得相对可行。从一定层面上讲，贫困脆弱性较高的家庭是否能够消减其贫困脆弱性，回归正常的社会主流生活，最根本的还是在于包括政府在内的外在社会支持。尤其是一些贫困家庭，其脆弱性的概率更高，或者说，在社会流动日趋频繁、社会变迁迅速的社会中，贫困家庭更脆弱。这些既贫困又脆弱的家庭是研究者和实务部门关注的重点。众多的研究表明，这些家庭的成员很多都是无法依靠自身摆脱贫困的社会弱势群体，因此，这些家庭的脱贫和脆弱性的消减，政府等主体的社会支持尤其重要。

因此，这里的行动分析主要集中于事前的预防与缓冲型行动、事后的补偿与应对型行动。与以往研究不同的是，此处的行动分析并不局限于家庭的行动，还涉及市场、社区、社会组织以及政府帮助城市居民家庭抵御风险的行动。这也是本研究的重心所在，在通过现有可能取得的数据的基础上对城市居民家庭的贫困脆弱性进行测度，在此基础上，对政府等主体消减贫困脆弱性的行动进行分析，推动前瞻性社会政策的设计。

总体来看，有关贫困脆弱性的分析框架较多地侧重于对风险冲击与事后结果的分析，部分原因在于有关家庭的当前状态的数据比较容易获取，而关注家庭的生存环境（风险冲击）、风险抵御机制（能力与行动）以及结果的预测的分析则由于长期的面板数据难以获取，虽然提出了相应的分析框架，但在实际的应用中仍存在一定的局限。"风险冲击—应对能力—应对行动—脆弱性后果"的分析框架给贫困脆弱性的研究提供了一个较为理想的类型，较为全面地再现了贫困脆弱性的形成内部机理，有助于帮助我们认识贫困脆弱性的演变过程。尽管由于数据的局限性很难直接通过行动数据的分析来预测贫困脆弱性，但提醒研究者需要关注行动的分析，尤其对政策研究者而言更是如此。行动干预在政策研究中体现为一定的制度设计与安排，通过相应的制度安排，帮助城市居民家庭消减贫困脆弱性，这才是贫困脆弱性研究的真正价值所在。

从另一个角度而言，贫困脆弱性与风险及不确定性密切相关。贫困脆弱性的存在，本身就是一种对将来福利损失的预测，对将来陷入贫困或贫困恶化概率的判断，这本身就是一种不确定性的表现。简单地说，一个家庭即使通过数据预测，在一年之内可能很脆弱，但在之后的五年甚至十年也可能会变得不脆弱，同样，一个家庭即使在一年之内是不脆弱的，没有陷入贫困的可能性，但在未来的五年甚至十年，其陷入贫困的可能性或其脆弱性又是不断变化的。从社会发展的总体趋势来看，全球化、高科技、高风险极大地增加了现代社会生活的不确定性。经济层面，收入减少或增加都不是很确定；社会层面，各种社会关系的牢固性也出现危机，心理层面更是增加了人的焦虑感。在不确定性与复杂性日益增加的社会中，各种风险冲击接踵而至，又进一步加深了这种对未来的不可预知性。因此，如何进一步消除这种不确定性成为迫切需要解决的问题。除了尽可能地预估家庭可能面临的各类风险冲击以外，还要对家庭的应对能力有清晰的了解，尽可能地增强家庭的应对能力，降低家庭可能面临的风险，此外，通过一定的社会政策干预，帮助家庭采取合理的行动，或者通过社会政策安排，给家庭提供直接的行动支持，帮助家庭降低不确定性，从而消减其贫困脆弱性。所以，从社会政策角度而言，需要制定具有前瞻性的社会政策来预防和减少将来陷入贫困的可能性。对政策制定者而言，不仅需要了解现在哪些家庭是贫困的，还要了解各种家庭面临的风险，分析其将来陷入贫困或者贫困恶化的可能性，也就是说，对这些家庭的贫困脆弱性进行估量。但现实的情况是，不仅由于数据的局限性，更由于社会现实的复杂性，预测未来贫困的可能性的难度极大，因此，这种预测的结果也是具有不确定性的，也就是说，我们很难通过现有的风险与能力的判断，就确凿地认为这个家庭将来一定会或者一定不会陷入贫困，但是，贫困脆弱性研究的重要意义在于，尽管上述目标很难实现，但可以给政策制定者提供一个大致的概率去预测某个家庭在将来一段时期内在多大程度上会变贫困或贫困恶化。对政策研究而言，宏观上通过前瞻性的政策设计，创造良好的制度环境，降低家庭生活的不确定性是应该做到也是可以做到的事情，这也这正是贫困脆弱性研究的意义所在。

第三节 贫困脆弱性的测量

消减贫困脆弱性的基础是对贫困脆弱性的测量。贫困脆弱性不能被直接观测，但是可以通过面板数据或者截面数据进行测度，这已经在众多的研究中被证明。众多的学科都有一定的尝试，由于学科特点不同，测量的方式多种多样。在贫困脆弱性的测量中，从目前来看，计量经济学领域以及统计学领域对贫困脆弱性进行测量的研究比较多,通过一定的模型,如多元线性模型、回归系数等,对家庭的贫困脆弱性进行测量,判断未来家庭收入低于贫困线以下的概率。

Hoddinott 和 Quisumbing 总结了贫困脆弱性测量的三种方法类型:预期贫困的脆弱性(Vulnerability as Expected Poverty,VEP)、低期望效用脆弱性(Vulnerability as Low Expected Utility,VEU)、风险暴露脆弱性(Vulnerability as Uninsured Exposure to Risk,VER)。[1]

一 预期贫困的脆弱性

预期贫困的脆弱性(VEP)测量方法由 Pritchett et al、Hoddinott&Quisumbing、Chaudhuri 等提出,由 Klasen&Waibel 等进行重大改进。贫困脆弱性指个人或家庭在将来陷入贫困的可能性或概率,通过运用现有的有关风险冲击因素的变量对收入进行回归,得到未来收入的表达式,由此得到未来收入低于某一值的概率,这一值一般是各个地方所设定的贫困线,这一概率就被称为脆弱线。这里需要注意的是,如果选定的贫困线不一样,可能会得到的脆弱性的指数会有一定的差异,例如,中国的贫困标准要显著低于国际贫困标准,用这两种标准所测度出来的脆弱性会有差异。这种方法将时间维度考虑进去,同时还将那些能够提升家庭消费的一些能力要素也考虑进去了,在测量时由于对数据要求不是特别高,甚至很多研究就直接采用截面调查数据进行测量,效果也很好,因此在后期研究中有着广泛的应用。

需要注意的是,按照这种测量方法进行测算,每一个家庭都会有一个贫困脆弱性指数,换言之,每一个家庭都是脆弱的,这显然对政策制定者而言是没有意义的,如果每个人都是脆弱的,那么政策就无从确定其目标群体,政策就没有了指向性。所以,Klasen&Waibel 等对这种方法进行了改进与修正,认为这种陷入贫困的概率需要设定一个临界值,也就是根据家庭所处的宏观经济环境、个体资源以及当地的微观经济环境等因素来确定。[2] 这个临界值一般确定为 0.5,也就是未来发生贫困的概率如果高于

---

[1] Hoddinott, J. & Quisumbing, A., "Methods for Microeconometric Risk and Vulnerability Assessments." *Social Protection Discussion Paper* 0324, The World Bank, Washington, D. C., 2003.

[2] Stephan Klasen, Hermann Waibel, "Vulnerability to poverty in South – East Asia: Drivers, measurement, responses and policy issues." *World Development*, Vol. 71, 2014, pp. 1–3.

50%就被定义为脆弱的。① 实际上,任何一个家庭都存在贫困脆弱性,贫困脆弱性也存在程度的高低,之所以将 0.5 设定为临界值,主要是为了体现贫困脆弱性的研究价值。因为通过收入进行预测,总有一个值,这个值就是这个家庭的脆弱指数。如果任何家庭都是脆弱的,大家都脆弱,大家都贫穷,贫困脆弱性就失去了其研究意义。如果数据可行,这种方法还可以进行贫困脆弱性的群体差异分析,这对政策研究与制定者具有非常重要的意义,有助于政策制定者根据不同类型的群体的脆弱性差异采取差异性的制度安排,从而提高制度的效率。这是从整体上来判定家庭的贫困脆弱性。但是实际情况是,各个家庭的生活状态,面临的风险冲击、所拥有的能力等都存在较大差异,因此有必要分析不同状态下家庭陷入贫困程度的差异,这有利于政策设计者找出那些最需要帮助的家庭,所以 Hoddinott&Quisumbing 等对模型进行了修正,将贫困脆弱性定义为不同状态下损失程度的期望值。②

后期 Dutta 等人在此基础上进一步考虑了家庭生活水平的因素,生活水平不同的家庭,即使其收入与消费的预期等指标在数值上显示差不多,但是其贫困脆弱性程度可能存在较大差异,同样的,在社会发展的今天,贫富差距日益增大,生活水平较高的高收入富裕家庭与生活水平较低的低收入贫困家庭,就其在未来生活水平与当前生活水平的变动性来讲,基本差不多,但对这两类家庭而言,其影响程度并不相同,即使是较大幅度的变动,对富裕家庭而言,可能只有一点点的影响,而对一般的家庭而言,影响力就非常大,所以导致这两类家庭脆弱性水平的差异很大。这提醒我们,仅仅以当前生活水平与未来预期生活水平的差距来衡量贫困脆弱性会有较大的偏差。因此,研究者提出了基准线这一衡量贫困脆弱性的新标准,综合了个人目前的生活水平和社会的标准贫困线而设定的标准,贫困脆弱性被定义为下一期生活水平相对于基准线的偏离程度。一定区域的贫困线都是相同的,而不同的生活水平就成为决定贫困脆弱性个体差异的重

---

① Pritcheet, L., A. Suryahadi and S. Sumarto, *Quantifying Vulnerability to Poverty: a Proposed Measure, Applied to Indonisia*, Policy research working paper No. 2437, The World Bank, Washington, D. C., 2000.

② Hoddinott, J. & Quisumbing, A., "Methods for Microeconometric Risk and Vulnerability Assessments." *Social Protection Discussion Paper* 0324. The World Bank, Washington, D. C., 2003.

要因素。① 预期贫困的脆弱性测量方法在后期除了收入与消费因素以外，还综合考虑了生活水平、抵御风险的能力、生活状态、健康状况等多种因素。这些因素的引入，使得应用有限的数据对贫困脆弱性的测量更为准确。换言之，预期的贫困脆弱性在通过对收入、消费函数的估计来推断贫困脆弱性的基础上综合考虑各种因素，使得这种方法的应用性进一步增强，动态特征更为明显，因此得以广泛应用。

二 低期望效用的脆弱性

低期望效用的脆弱性（VEU）测量方法由 Ligon&Schechter 提出。这种测量方法主要是为了弥补有关家庭贫困与福利的测量只关注收入与消费的缺陷，引入了风险因素。这种测量方法将贫困脆弱性分解为贫困与风险组合。贫困是贫困脆弱性的重要组成部分，约占到一半的解释力，其他各类风险同样是造成贫困脆弱性的重要来源。早期在经济学里面应用较多，之所以要引入效用函数，最初主要是为了反映风险偏好而进行的设计，将贫困脆弱性定义为消费水平的期望效用低于确定的贫困线效用，强调贫困的期望值与实际贫困值之间的差来度量贫困脆弱性。如果家庭的期望消费效用水平低于贫困线所代表的期望效用水平，则家庭陷入贫困，两者之差就是脆弱性程度。② 这种贫困脆弱性的测量方法需要考虑到时间的维度，考虑到时间的变动性，还需要考虑到风险的不同类型，在测量数据上，可能需要长期的观测，尤其需要长期对特定群体的面板数据的支持，要求很高，应用起来不是特别方便。

低期望效用的脆弱性测量方面的政策意义在于：在制定消减贫困脆弱性的政策设计时，不仅要考虑降低贫困水平，还要考虑如何通过多种举措降低家庭面临的风险，有一些政策可能在一定程度上能够降低贫困水平，使得很多人摆脱贫困，但是这些政策如果没有经过很好的设计，本身存在较大的政策风险，政策本身不可持续，也会在一定程度上增加了贫困脆弱性，使得反贫困措施的效果呈现短暂的特征，无法从根本上帮助贫困者脱贫，这是值得当前政策设计者认真思考的问题。

---

① Dutta, I. et al, "On measuring vulnerability to poverty." *Social Choice and Welfare*, Vol. 37, No. 4, 2011, pp. 743-761.

② Ligon, E. & L., "Schechter. Measuring Vulnerability." *The Economic Journal*, No. 3, 2002, pp. 95-102.

三 风险暴露的脆弱性

风险暴露脆弱性（VER）测量方法由 Dercon&Krishnan 提出，主要是衡量家庭在面临风险时如何选择消费使得其效用最大化。家庭在面临风险冲击由于缺乏有效的风险管理措施而使得家庭的福利遭受损失，家庭的消费水平就会受到一定程度的影响，这种家庭消费水平的变动就是家庭暴露在各种风险之下的后果。通过反映消费水平对风险冲击下的收入变动水平的敏感程度来判断脆弱性，风险打击导致的收入变化越大则消费对于收入风险的脆弱性越高。[1]

风险暴露脆弱性的测度方法的特点在于这种方法没有对其中的核心目标——脆弱性进行直接的测量，而是通过数据，计算出消费水平随着收入水平的变动而变动的敏感性程度，这个敏感性程度可以用敏感程度系数来表示，敏感程度系数的高低反映出来的就是脆弱性程度的高低。其缺点也很明显，由于测度数据主要围绕消费与收入展开，对家庭遭受的风险冲击、风险对家庭的影响以及家庭所拥有的抵御风险的能力大小等，都没有清晰的测度和有效的分离。此外，我们知道，贫困线的高低实际上会对脆弱性指数的高低产生较大影响，所以这种方法应用较少。

预期的贫困脆弱性（VEP）的测量方法是当前较为主流，应用较广的测量方法，综合考虑了风险冲击对未来的影响，考虑了家庭所处的社会环境以及自身的生活水平等多种因素，从收入与消费的变动性角度来进行直观的预测。而低预期效用脆弱性（VEU）以及风险暴露脆弱性（VER）的测量方法则是相对静态的测量方法，较多关注家庭当前的能力或事后的损失，由于动态的面板数据难以获取的缘故，更多的还是对过去或当前的状态的分析，对未来的贫困的可能性关注度不够。

除了以上的测量方法以外，许多研究者也从不同的角度提出了其他的测量方法。例如，一些研究将各种风险暴露以及家庭的保险成本等因素考虑进来，根据风险型贫困线计算贫困值来测量贫困脆弱性。[2] 越来越多的研究试图突破仅仅关注收入、消费、风险、福利的局限，对资产、食品、

---

[1] Dercon Stefan, Pramila Krishnan, "Vulnerability, Seasonality and Poverty in Ethiopia." *Journal of Development Studies*, Vol. 36, No. 6, 2000, pp. 25-53.

[2] Cafiero, R. Vakis, *Risk and vulnerability considerations in poverty analysis: Recent advance and future directions*, The World Bank, No. 5, 2006, pp. 51-70.

健康、教育、人力资本投资、家庭遭受的突发风险冲击等因素进行综合考虑来判断家庭的贫困脆弱性。①

在对贫困脆弱性的测量中，数据十分关键。由于长期的面板数据难以获取，所以更多的研究依然是在家庭收入与消费的基础上来测量贫困脆弱性。当然，根据前文提出的分析框架，为了更精确地对家庭贫困脆弱性进行分析，需要加入行动的分析。但长期的面板数据中有关行动的数据更为稀缺。分析贫困脆弱性的最终目的在于促进更有前瞻性的消减贫困脆弱性的政策设计。如何使得政策设计更为精准成为本研究考量的重要维度。换言之，采用现有的通行方法对贫困脆弱性进行基本的测量，可以为后期的政策设计提供初步的分析基础，在此基础上分析针对这些家庭自身采取的行动以及外界对这些家庭的行动干预，才是研究最核心和最为关键的地方。因此，本研究对贫困脆弱性的测量主要是基于预期贫困的脆弱性（VEP）的测度方法进行的计算，主要做法是在家庭收入或消费的基础上采用面板数据对城市居民家庭的贫困脆弱性进行测量，然后结合能够提供部分行动数据的截面数据进一步进行佐证，或在分析家庭面临的风险冲击的时候，从生命周期的角度对家庭生命周期中发生的关键生命事件进行分析，综合这些家庭所处的经济、社会环境以及获得的来自政府、社会组织、企业、他人的社会支持，在对其贫困脆弱性进行综合判断的基础上进行前瞻性的政策设计。

---

① Jacoby, H., E. Skoufias, "Risk, Finacial Markets, and Human Capital in a Developing Country." *Review of Economic Studies*, Vol. 64, No. 2, 1997, pp. 311-335.

第三章

城市居民家庭贫困脆弱性的识别

贫困脆弱性分析的主要目的在于为制定前瞻性政策奠定基础。借用一定的数据，对贫困脆弱性进行实际测度，有利于进一步分析贫困脆弱性的形成机制，对相关的理论进行验证。贫困脆弱性的测度方法有很多种，不同学科均有不同的测量方法，视角与实际的测度模型均有一定的差异性。根据上一章的分析，我们选取预期贫困的脆弱性（VEP）测量方法对贫困脆弱性进行实际测度。这种方法目前应用较广，且基本取得较大的共识。

第一节 相关数据选择与变量处理

一 数据来源

本研究用了两组数据进行脆弱性的相关分析，一组数据为"中国家庭追踪调查"（CFPS）2014 年与 2016 年的数据，另一组为研究者于 2013 年在全国进行的有关"贫困脆弱性"的抽样调查截面数据。

（一）CFPS 数据介绍[①]

中国家庭动态跟踪调查（Chinese Family Panel Studies，CFPS，后改为"中国家庭追踪调查"）是北京大学中国社会科学调查中心实施的，一个旨在通过跟踪搜集个体、家庭、社区三个层次的数据，反映中国社会、经济、人口、教育和健康的变迁，以为学术研究和政策决策提供数据为目标的重大社会科学项目。

---

① 以下有关 CFPS 的数据说明以及抽样设计的说明，部分文档见 CFPS 官方网站：http：//www.isss.pku.edu.cn/cfps/xinwen/News/2014/217.html。

CFPS 重点关注中国居民的经济与非经济福利，以及包括经济活动、教育获得、家庭关系与家庭动态、人口迁移、身心健康等在内的诸多研究主题。CFPS 的目标样本规模为 16000 户，调查对象为中国（不含香港、澳门、台湾以及新疆维吾尔自治区、西藏自治区、青海省、内蒙古自治区、宁夏回族自治区、海南省）25 个省/直辖市/自治区中的家庭户和样本家庭户中的所有家庭成员。其中，居住在传统居民住宅内的家中至少有一人拥有中国国籍的一个独立经济单元，便可视为一个满足项目访问条件的家庭户。CFPS 定义的家庭成员指在样本家户中经济上联系在一起的直系亲属，或经济上联系在一起、与该家庭有血缘/婚姻/领养关系且连续居住时间满 3 个月的非直系亲属。CFPS 于 2007 年开始前期工作，2008 年、2009 年在北京、上海、广东三地对总共 2400 户家庭开展了初访与追访的预调查。2010 年，CFPS 在全国 25 个省/市/自治区正式实施基线调查，共发放样本 19986 户，最终完成了 14960 户家庭、33600 名成人、8990 名少儿的访问。此后，2012 年、2014 年、2016 年又分别进行了三次追踪调查。CFPS 调查问卷共有社区问卷、家庭问卷、成人问卷和少儿问卷四种主体问卷类型，并在此基础上不断发展出针对不同性质家庭成员的长问卷、短问卷、代答问卷、电访问卷等多种问卷类型。CFPS 调查的问卷结构基本保持一致，但在具体模块以及具体问题的问法上可能会有调整。

在本研究中选取的 2014 年与 2016 年数据主要以家庭经济调查数据为基础，家庭经济库以家庭为单位，包括之前调查所界定出来的原生家庭以及在调查时发现由家庭因婚姻变化、子女经济独立等原因所派生出来的新组家庭，访问方式为面访。

CFPS 的样本覆盖中国除香港、澳门、台湾、新疆、青海、内蒙古、宁夏、西藏和海南之外的 25 个省/市/自治区的人口。这 25 个省/市/自治区的人口约占全国总人口（不含港、澳、台）的 95%，因此，CFPS 的样本可以视为一个全国代表性样本。

CFPS 最初目标样本规模为 16000 户，其中，有 8000 户从上海、辽宁、河南、甘肃、广东五个独立子样本框（称为"大省"）过度抽样（oversampling）得到，每个"大省"1600 户。另有 8000 户则从其他 20 个省份共同构成的一个独立子样本框（称为"小省"）抽取。5 个"大省"的子样本具有地区自代表性，可以进行省级推断以及地区间比较。5 个"大省"样本框在二次抽样后，与"小省"样本框共同构成具全国代表性的总样本框。考虑到中国社会有很大的地区差异，同时为了减少调查的运作成本，CFPS 抽样采用了内隐分层（implicit stratification）、多阶段、多层次、与人口规模成比例的概率抽样方式（PPS）。行政区划和社会经济水平（SES）是主要的分层变量。在同级行政层则以地方人均 GDP 作为社会经济水平的排序指标；在无法获得 GDP 指标的条件下，则采用非农人口比例或人口密度作为替代指标。

CFPS 每个子样本框的样本都通过三个阶段抽取得到。第一阶段样本（PSU）为行政区/县，第二阶段样本（SSU）为行政村/居委会，第三阶段（末端）样本（TSU）为家庭户。CFPS 前两个阶段的抽样使用官方的行政区划资料，第三阶段则使用地图地址法构建末端抽样框，并采用随机起点的循环等距抽样方式抽取样本家户。

考虑到官方对于农村与城市的划分已难以反映中国快速城市化的现实，CFPS 抽样没有再采用将农村与城市分开抽样的传统方式，而是将中国社会作为一个整体进行抽样。在社区层面收集了样本社区是属于居委会还是村委会的信息，在家庭层面收集了家庭从事农业生产与非农经营的信息；在个人层面收集了个人的户籍信息以及个人从事农业工作与非农工作的信息。可以通过这些实际情况来判定样本的农村/城市属性。

针对 CFPS 的数据，我们进行如下处理。首先，在成人数据中，编程选出同一家庭户号下年纪最大者的个人数据，将其作为该家庭的数据与家庭问卷表相连。其次，利用编程选出 2014 年、2016 年均有数据的家庭并将其对应，共选出 13057 组符合条件的家庭。在这 13057 组家庭中，筛选出 2014 年与 2016 年社区性质均为城镇的家庭共 3121 户。由于部分问卷中存在年总收入或总支出小于等于 0 的家庭，对此类家庭进行剔除。最终得到符合分析条件的城镇家庭共 1681 户。

之所以选择该数据进行分析，主要是出于以下考虑：

首先，是样本量的问题。针对中国城市的贫困脆弱性的调查，需要涉及不同区域、不同类型的城市的数据，而 CFPS 数据刚好满足了这一需求。由于该数据的调查范围较广，基本涉及中国大部分省市区，样本量大，具有较高的代表性。

其次，抽样方法的科学性问题。该数据的抽样方法比较科学合理，CFPS 抽样采用了内隐分层（implicit stratification）、多阶段、多层次、与人口规模成比例的概率抽样方式（PPS），并采用地图地址法来构建末端抽样框。科学的抽样方法能够保证样本的代表性。

再次，CFPS 从 2010 年正式调查开始，每隔 2 年就要进行一次追踪调查，这是国内少有的严格意义上的追踪调查数据，从 2010 年、2012 年、2014 年、2016 年的数据来看，问卷结构基本一致，个别地方提问方式等会有适度调整，但还是一组较好的追踪调查数据，能够进行纵向与横向的比较研究，较为实用。本研究根据这几年问卷数据的特点，尤其涉及收入与消费的状况，一些核心关键变量在每一年问卷中的呈现方式等状况，为便于比较，故选取了 2014 年与 2016 年的数据进行分析。

最后，本研究的主要对象是城市居民家庭，而 CFPS 数据刚好主要是关于中国家庭的追踪调查数据，很多变量与指标的设计都是围绕家庭来进行设计的，能够全方位、多视角地对家庭的经济、社会关系、人力资本、教育资源、消费状况、医疗卫生、社会保障等状况进行较为全面的测量。这些都与本研究的主题密切相符。

当然，该数据也有一些不足。比如，有关收入项的测量，存在较大程度的缺失的情况，因此本研究最后经过数据筛选出来符合要求的城市居民家庭的样本量为 1681 户，主要是由于该数据中有大量的家庭在收入项的填写上存在一定的问题，或者为负值，或者缺失。此外，由于该调查从 2007 年试点，2010 年正式开始调查以来，一直处于不断完善的过程中，因此，历年问卷的一些题目的提问方式、测量变量的层次等，都有一定的差异，这也在一定程度上影响了利用该数据进行直接比较的效果，在一定程度上影响了面板数据的分析效果。

（二）截面调查数据介绍

本研究还进行了实地的调查，通过获取一定样本的截面数据作为佐证，相互印证。尽管研究贫困脆弱性最好采用面板数据，但并不意味着截面数据不可用。尤其在高质量的、符合研究要求的长期面板数据难以获取的前提下，采用一定的截面数据进行分析成为一种可能的替代性选择。例如，Chaudhuri 等人就利用印尼 1998 年 12 月份的国家宏观经济调查中的截面数据，对印尼整个国家的家庭脆弱性进行了测算。

2013 年在全国东部、中部和西部地区抽取 3 个省份 4 个城市，调查点的选择主要考虑了地区的分布和城市的类型两个因素。从全国东部的浙江省、中部的湖南省、西部的广西壮族自治区一共抽取 4 个城市，包括 2 个省会城市（代表大城市）、2 个普通城市（代表中小城市），这几个城市分别为杭州、衢州、长沙、桂林。

杭州是浙江省省会,位于中国东南沿海、浙江省北部、钱塘江下游、京杭大运河南端,副省级市,是浙江省的政治、经济、文化、教育、交通和金融中心,是长江三角洲城市群中心城市之一、环杭州湾大湾区城市、长三角宁杭生态经济带节点城市、中国重要的电子商务中心之一,2019年年末,全市常住人口约1036万人。衢州,为浙江省地级市。位于浙江省西部,钱塘江上游,金(华)衢(州)盆地西端,衢州南接福建南平,西连江西上饶、景德镇,北邻安徽黄山,东与省内金华、丽水、杭州三市相交。历史上即为浙、闽、赣、皖四省边界的贸易中心和交通枢纽,是四省边际中心城市,素有"四省通衢、五路总头"之称。2019年年末,户籍总人口为257.63万人。长沙,古称潭州,别名星城,是湖南省省会,长江中游地区重要的中心城市,全国"两型社会"综合配套改革试验区,全国性综合交通枢纽。长沙地处湖南省东部偏北,湘江下游、湘浏盆地西缘。长沙是中国重要的高铁、航空枢纽。2019年年末,全市常住总人口为839.45万人。桂林,简称桂,位于广西壮族自治区境内,北接湖南、贵州,西南连柳州,东邻贺州,是中国融贯西南、华南、中南最便捷的国际旅游综合交通枢纽、东盟自由贸易区门户城市、世界旅游组织推荐中国最佳旅游城市之一,是"一带一路"和黔粤湘桂交界的重要连接点,2019年年末全市户籍总人口为540.60万人。这四个城市的人口规模、经济发展程度、人均生产总值、社会发展程度等各有不同,各具特色。杭州是东部经济发达城市的代表,在经济、社会发展各项指标中均居于前列,衢州则是属于欠发达地区的代表,长沙是中部城市的代表,桂林则代表西部地区的城市发展形态。选取这四个城市,能够进一步增加样本的代表性。

然后按照市、区、街道、社区的层次,逐步抽取1228个样本家庭。本研究的分析单位是城市居民家庭,调查对象是城市居民,每次调查以每个家庭中的18岁以上家庭成员(可在入户时采用生日法或Kish选择法确定)为调查对象。实际操作中一般为家庭中的户主。除此之外,在实地问卷调查过程中还进行了个案访谈。定性资料来自个案访谈。通过个案深度访谈收集资料,用来揭示关键生命事件对城市居民家庭的风险冲击,个案分布考虑到地域、性别、家庭背景等关键变量。

表 3-1　　　　　　　　全国四城市调查样本的基本情况

		频数	百分比
城市	杭州	419	34.1
	衢州	261	21.3
	长沙	302	24.6
	桂林	246	20.0
城区	西湖区	208	16.9
	下城区	136	11.1
	拱墅区	75	6.1
	柯城区	261	21.3
	岳麓区	151	12.3
	天心区	130	10.6
	长沙县	21	1.7
	七星区	17	1.4
	象山区	31	2.5
	叠彩区	45	3.7
	雁山区	2	0.2
	秀峰区	151	12.3
性别	男	479	39.0
	女	749	61.0
文化程度	小学及以下	161	13.1
	初中	312	25.4
	高中或中专	278	22.7
	大专	216	17.6
	本科	237	19.3
	硕士及以上	23	1.9
民族	汉族	1119	93.3
	少数民族	80	6.7
婚姻状况	未婚	206	16.8
	已婚有偶	915	74.5
	离婚未再婚	37	3.0
	离婚后再婚	10	0.8
	丧偶未再婚	57	4.6
	丧偶后再婚	3	0.2

续表

		频数	百分比
年龄	20 岁及以下	25	2.0
	21—30 岁	242	19.7
	31—40 岁	181	14.7
	41—50 岁	271	22.1
	51—60 岁	233	19.0
	61 岁及以上	276	22.5
户口性质	本居住地	816	66.4
	本市/县/县级市	287	23.4
	本省/自治区/直辖市	74	6.0
	外省/自治区/直辖市	47	3.8
职业	机关、企事业单位负责人	142	11.6
	专业技术人员	177	14.4
	办事人员和有关人员	223	18.2
	商业、服务业人员	174	14.2
	农林牧渔水利生产人员	30	2.4
	生产运输设备操作人员	88	7.2
	军人	5	0.4
	个体经营者	92	7.5
	学生和待升学人员	53	4.3
	待业、无业人员	137	11.2
	其他	105	8.6
过去三个月就业	全职就业	520	42.3
	临时就业	76	6.2
	个体经营	64	5.2
	离退休	367	30.0
	失业下岗	83	6.8
	身体良好一直无业	14	1.1
	身体病残一直无业	23	1.9
	学生	58	4.7
	其他	19	1.6

续表

		频数	百分比
家庭人口	1人	59	4.8
	2人	194	15.9
	3人	518	42.4
	4人	200	16.4
	5人	179	14.7
	6人	39	3.2
	7人	14	1.1
	8人	9	0.7
	9人	9	0.7
家庭代数	1代	204	17.1
	2代	651	54.7
	3代	323	27.1
	4代	13	1.1

N=1228

每个城市中具体抽样过程如下。

1. 先抽城区：从每一个城市的全部城区名单中等距抽取 2 个城区。比如，以杭州市为例，等距抽取 2 个城区时，可抽取名单中的第 2 个城区，第 5 个城区，即下城区和西湖区。

2. 再抽取街道：以上城区中，依然按照每个城区抽取 2 个街道的原则进行街道的抽取。

3. 接着抽取社区：每个街道中按照社区的分布情况，根据街道的社区名单，用简单随机抽样的方法抽取 3 个社区。

4. 然后抽取家庭：如果能得到社区中符合条件的城市居民家庭名单，且符合要求的人数比较多时，则采取间隔抽样的方法进行抽取；如果符合要求的人数较少时，可采取整群抽样的方法抽取；如果无法得到名单，则由调查社区协助完成，联系时告知被调查社区或者有关的工作人员。所抽取的这些家庭必须具备一个统一的特征：城市居民。每个社区抽取 15—30 个家庭。

5. 最后抽取个人：实际情况有两种，一种是社区工作人员带访问员入户，入户后，可采用 Kish 选择法或生日法抽取家庭中的调查对象，当然，一般实际操作是选取家庭中户主进行调查。另一种情况是社区工作人员组织抽样方案中涉及的样本居民进行集中访问，一般是家庭的户主，考虑性别比等核心指标的比例。每个家庭抽取 1 人进行访问。

另外，问卷中有一些题目的回答缺失或填写错误，实际筛选出个案数为 1228 户，在具体计算贫困脆弱性指数时，又过滤掉家庭年收入与消费值小于等于 0 的家庭，最终得到符合分析条件的家庭共 1123 户。

二 相关变量选择

（一）CFPS 数据中变量的选择

根据本章第一节的贫困脆弱性测量模型，收入是测量贫困脆弱性最重要的变量。CFPS 中提供了"全家总收入"的测量，通过直接询问"过去 12 个月全家总收入"的方式获取，在 2014 年与 2016 年的问卷中，"总收入"指家庭各项收入的合计。包括农业生产的纯收入、个体经营或开办私营企业的利润收入、政府的各种补贴和救济收入、社会捐助类的收入、养老金收入、所有家庭成员的工资性收入、出租和出卖财物所得的收入、存款利息和投资金融产品的收入等。

除了收入以外，还需要测量贫困脆弱性的影响因素，也就是说，需要找出其他相应的自变量。从以往的研究可以得知，贫困脆弱性的影响因素非常多，基本包括了所有可能影响城市居民家庭日常生活的因素（CFPS 调查变量选择详见表 3-2）。

表 3-2　　　　　　　　CFPS 调查变量选择表

	变量名	CFPS 对应变量名 （2014；2016）	变量描述
收入	总收入	INC FINC；INC FINC	全家总收入
基本特征	文化程度	cfps_ latest_ edu；cfps_ latest_ edu	户主最近一次调查最高学历
	年龄	cfps2014_ age；cfps_ age	接受调查时的年龄
	婚姻状况	EA0；EA0	当前婚姻状况
	工作状况	employ2014；employ	户主当前工作状态
	健康状况	P201；P201	受访者的健康状况

续表

变量名		CFPS对应变量名（2014；2016）	变量描述
住房	房屋产权	FQ2；FQ2	现在住的房子归谁所有
	住房面积	FQ801；FQ801	现在住房建筑面积
	住房价值	FQ6；FQ6	现在住房市价总值
	房产数量	R101；R101	除现住房外还有几处房产
	拆迁情况	R6；R6	是否经历拆迁
社会保障	政府补助对象	N1；N100	过去一年政府补助情况
	社会捐助	N2；N2；	是否受社会捐助
	社会捐助金额	N201；N201	社会捐助的金额多少
	参保情况	I301；I301	参加养老保险等情况
家庭资产	家庭存款	T1；T1	所有存款多少
	金融产品	T2；T200	是否持有金融产品（股票、债券等）
	借款、贷款	T7；T7	通过什么途径借钱、贷款
	贷款总额	T501；T501	欠多少贷款
	家庭外债	T901；T901	别人欠家庭多少钱
家庭支出	总支出	EXP FEXP；EXP FEXP	全家总支出
	食品支出	P3；P3	上个月食品支出总额
	交通支出	P405；P405	上个月本地交通费用支出
	医疗支出	P511；P511	过去一年医疗支出
	教育支出	P510；P510	过去一年家庭教育支出
	文化娱乐支出	P502；P502	过去一年家庭文化娱乐支出
社会关系	亲戚资助	N5；N4	亲戚资助金额
	其他人资助	N5；N5	朋友同事资助金额
	资助亲戚	P515；P515	给亲戚的资助金额
	资助他人	P516；P516	给朋友同事的资助金额
	生病照顾	Q701A；Q701A	身体不舒服时谁来照顾
关键事件	重要事件	U1；U100	是否发生重要事件
	重要事件支出	U101；U101	重大事件支出金额
	重要事件收入	U102；U102	重大事件收入金额
未来期望	生活满意度	N12012；N12012	户主对自己生活的满意程度
	未来信心	N12014；N12014	户主对未来生活的信心
	对政府评价	N1101；N1101	对本县市政府的评价

1. 家庭基本特征

家庭基本特征主要是对家庭成员的描述。主要包括文化程度、婚姻状况、工作状况、健康状况等，用"户主最近一次调查最高学历"表示"文化程度"变量，用"接受调查时年龄"来表示"年龄"变量，用"当前婚姻状况"表示"婚姻状况"变量，用"户主当前工作状态"表示"工作状况"变量，在问卷中还直接询问了"受访者的健康状况"这一问题，这一问题由访问员根据自己的观察与判断进行填写，用来表示"健康状况"变量。

2. 住房

住房在中国人的家庭生活中占据了极其重要的地位，尤其是在城市居民家庭中。一方面，住房是家庭成员安身立命之所，是一项必不可少的重要条件，另一方面，在很大程度上住房还是家庭的重要财产，兼具家庭资产投资的功能。有没有住房，有什么样的住房，直接影响对整个家庭生活状况的整体判断。在 CFPS 的问卷中，涉及房屋产权、住房面积、住房价值、房产数量、拆迁情况等变量。用"现在住的房子归谁所有"等表示"房屋产权"变量，用"现在住房建筑面积"表示"住房面积"变量，用"现在住房市价总值"表示"住房价值"变量，用"除现住房外还有几处房产"表示"房产数量"变量，用"是否经历拆迁"表示"拆迁情况"变量。

3. 社会保障

在风险社会中社会保障制度极其重要，尤其对一些贫困家庭而言，社会保障制度甚至成为"兜底线"的政策设计。在 CFPS 的问卷中，测量了政府补助对象、社会捐助、社会捐助金额、参保情况等变量。用"过去一年政府补助情况"表示"政府补助对象"变量，用"是否受社会捐助"表示"社会捐助"变量，用"社会捐助的金额多少"表示"社会捐助金额"变量，用"参加养老保险等情况"表示"参保情况"变量。

4. 家庭资产

家庭资产是衡量城市居民家庭所拥有的抵御风险能力的重要指标，一般而言，拥有的家庭资产越多，在面临贫困风险冲击时，抵御风险的能力就越强，采取各种行动的行为选择就会更多。当然，家庭资产不仅包括家庭所拥有的金融资产，还包括家庭的外债等，这是负向的家庭资产。CFPS问卷中采用了家庭存款、金融产品、借款、贷款、贷款总额、家庭外债等变量。用"所有存款多少"表示"家庭存款"变量，用"是否持有金融产品（股票、债券等）"表示"金融产品"变量，用"通过什么途径借钱、贷款"表示"借款、贷款"变量，用"欠多少贷款"表示"贷款总额"变量，用"别人欠家庭多少钱"表示"家庭外债"变量。

5. 家庭支出

家庭消费应该是测量贫困脆弱性最好的指标，但是由于现有数据并没有完整的家庭消费数据，较多的只是有一些重要的消费支出数据，所以现有的消费支出数据并不能完整地反映出家庭的整体消费支出情况，所以我们还是通过收入测量贫困脆弱性相对比较稳妥，尽管有一些不足。而且相对而言，通过问卷调查的方式让回答者回答"收入"与"支出"情况，所得到的有关"收入"的数据的准确度要远高于"支出"的数据，因为回答者在回答"支出"的项目时，会涉及很多的计算与回忆，且很多时候很难在有限的时间内穷尽所有可能消费的支出选项，因此其准确度要差很多。但家庭支出也是衡量城市居民家庭贫困脆弱性的重要指标，也是衡量家庭生活基本状况的重要变量。CFPS也询问了总支出及一些重要的支出情况，CFPS问卷中采用了家庭总支出、食品支出、交通支出、医疗支出、教育支出、文化娱乐支出等变量，用"全家总支出"表示"总支出"变量，这里的"总支出"指家庭及所有成员各项支出的合计，包括衣、食、住、行、婚丧嫁娶、玩、乐、教育、健康、购买保险、借钱给人、按揭等各项支出，但不包括任何经营性支出。用"上个月食品支出总额"表示"食品支出"变量，用"上个月本地交通费用支出"表示"交通支出"变量，用"过去一年医疗支出"表示"医疗支出"变量，用"过去一年家庭教育支出"表示"教育支出"变量，用"过去一年家庭文化娱乐支出"表示"文化娱乐支出"变量。

6. 社会关系

社会关系是衡量城市居民家庭社会资本的重要变量，也是其抵御社会风险的重要影响因素。CFPS问卷中采用了亲戚资助、其他人资助、资助亲戚、资助他人、生病照顾等变量。用"亲戚资助金额"表示"亲戚资助"变量，用"朋友同事资助金额"表示"其他人资助"变量，用"给亲戚的资助金额"表示"资助亲戚"变量，用"给朋友同事的资助金额"表示"资助他人"变量，用"身体不舒服时谁来照顾"表示"生病照顾"变量。

7. 关键事件

众多的研究表明，在家庭生命周期中发生的关键生命事件会对整个家庭的生活产生巨大的影响，这也是将关键事件列入贫困脆弱性考察的重要原因。CFPS 问卷中采用重要事件、重要事件支出、重要事件收入等变量，用"是否发生重要事件"表示"重要事件"变量，用"重大事件支出金额"表示"重要事件支出"变量，用"重大事件收入金额"表示"重要事件收入"变量。

8. 未来期望

一些研究表明，群体对未来生活的期望会影响其在面临现实困境的时候采取的行动与决策，因此，未来期望也成为测量贫困脆弱性过程中的一个重要的变量。CFPS 问卷中采用生活满意度、未来信心、对政府评价等变量，用"户主对自己生活的满意程度"表示"生活满意度"变量，用"户主对未来生活的信心"表示"未来信心"变量，用"对本县市政府的评价"表示"对政府评价"变量。

（二）截面调查数据变量选择

在参考以往研究的基础上，在 2013 年的截面数据调查中，也类似的选取了住房、社会保障、家庭资产、家庭支出、社会关系、关键事件、基本特征等变量，同时根据研究需要，增加了"风险与行动"变量。

根据第二章第三节的贫困脆弱性的测量模型，收入是最重要的变量之一。在这次调查中，通过直接询问城市居民家庭的家庭总收入状况来获取相关信息，用"去年您全家的总收入（包括工资、奖金、补贴等）是多少"来表示"家庭总收入"变量。除此之外，其他作为自变量的影响因素分别如下：

1. 家庭基本特征

家庭基本特征主要包括城市、城区、文化程度、婚姻状况、健康状况、职业状况、就业状况、民族、家庭结构、家庭规模、家庭人数（包括 60 岁以上老人、18 岁以下未成年人、慢性病患者、重病患者、残疾人），在问卷中，用"家庭所处的省市"表示"城市"变量，用"家庭所处城区"表示"城区"变量，用"户主最高学历"表示"文化程度"变量,用"调查对象婚姻状况"表示"婚姻状况"变量,用"调查对象身体状况"表示"健康状况"变量,用"调查当前的职业状况"表示"职业状况"变量,用"过去三个月就业状况"表示"就业状况"变量,用"户主民族"表示"民族"变量,用"家庭的代数"表示"家庭结构"变量,用"家庭人口数"表示"家庭规模"变量,用"家庭中老年人数量""家庭中未成年人数量""家庭慢性病患者人数""家庭重病患者人数""家庭中残疾人数量"等表示"家庭其他类型人数"变量。

2. 家庭资产

主要涉及家庭住房状况及外债等,住房状况主要有两个变量,住房产权和住房面积。在问卷中用"目前居住房屋性质"来表示"住房产权"变量,用"目前住房面积"来表示"住房面积"变量,用"家庭欠的外债(贷款与借款等)"表示"外债"变量。

3. 社会保障

社会保障主要涉及四个变量,主要包括是否低保户、领取低保年限、低保功能、最大困难。问卷中用"领取低保金情况"表示"是否低保户"变量,用"领取低保金多少年"表示"领取低保年限"变量,用"获取低保最大帮助"表示"低保功能"变量,用"当前面临的最大困难"表示"最大困难"变量。

4. 教育状况

主要涉及是否辍学、是否会择校、知识老化程度、继续学习的期望、继续学习的可能性、父母文化程度对子女的影响、家庭的教育负担、家庭成员失学的风险、谋生的压力对教育的影响、获取优质教育的能力、自己或孩子的教育投入等变量。问卷中用"最近两年家中是否有人辍学"表示"是否辍学"变量,用"是否会花钱或购买学区房择校"表示"是否会择校"变量,用回答者对"知识老化程度""继续学习的期望""继续学习的可能性""父母文化程度对子女的影响""家庭的教育负担状况""家庭成员失学风险""谋生压力对教育的影响程度""获取优质教育资源的能力""家庭成员的教育投入程度"等的判断来表示上述变量。

5. 医疗状况

主要涉及体检状况、有无经济原因不就医以及有无照顾病人不工作等变量。问卷中用"过去三年体检状况""生病有无因为经济原因不去就医""有无照顾病人不去工作情况"来表示以上三个变量。

6. 家庭支出

家庭支出主要包括月支出、医疗支出、教育支出等变量,问卷中用"最近一个月消费支出"表示"月支出"变量,用"家庭最近一年看病花钱"表示"医疗支出"变量,用"全家一年总的教育支出"表示"教育支出"变量。

7. 社会关系

社会关系的测量主要涉及失业提供帮助、遇到困难提供帮助、邻里互动、有无好朋友、好朋友数量、好朋友提供的帮助、社区参与等变量。在问卷中,用"失业期间谁提供帮助"表示"失业提供帮助"变量,用"遇到困难提供帮助的人"表示"遇到困难提供帮助"变量,用"与邻居互动情况"表示"邻里互动"变量,用"最要好朋友情况"表示"有无好朋友"变量,用"有几个好朋友"表示"好朋友数量"变量,用"好朋友提供帮助的类型"表示"好朋友提供的帮助"变量,用"参加社区活动情况"表示"社区参与"变量。

8. 关键事件

关键生命事件的测量主要涉及辍学、分居、离婚、丧偶、复婚、结婚、职业变化(调动、升迁)、购买房屋、出售房屋、自然灾害、意外伤残、家庭添丁、好友去世、家庭成员去世、失业、住院、儿女结婚、生意上重大变化、收入锐增锐减、工伤事故、老人搬出、迁居、坐牢、离退休、配偶外出工作、配偶停止工作、开始读书、成员辍学、成员毕业、撤村建居、城市拆迁等变量,主要通过询问是否经历以上关键生命事件的情况来进行测量。

9. 应对行动

根据前文的理论阐述和分析框架,风险与行动是贫困脆弱性研究中非常重要的变量。在 CFPS 问卷数据中并没有直接的有关风险与行动的测量,因此,在 2013 年的调查中增加了有关风险与行动的测量,主要涉及失业后行动、医疗行动、预防疾病采取的行动等。问卷中用"户主失业以后家庭变化与行动"表示"失业后行动"变量,用"为家人看病采取的行动"表示"医疗行动"变量,用"采取哪些措施避免家人患病"表示"预防疾病采取的行动"变量。

表 3-3　　　　　　　　2013 年截面调查数据变量选择

	变量名	问卷对应变量名	变量描述
收入	总收入	e02	去年全家总收入
基本特征	城市	City	家庭所处的省市
	城区	a02	家庭所处城区
	文化程度	a03	户主最高学历
	婚姻状况	a04	调查对象婚姻状况
	健康状况	a06	调查对象身体状况
	职业状况	a07	当前的职业状况
	就业状况	a08	过去三个月就业状况
	民族	a09	户主民族
	家庭结构	a100102	家庭的代数
	家庭规模	a100101	家庭人口数
	60 岁以上老人	a100103	家庭中老年人数量
	18 岁以下未成年人	a100104	家庭中未成年人数量
	慢性病患者	a100105	家庭慢性病患者人数
	重病患者	a100106	家庭重病患者人数
	残疾人	a100107	家庭中残疾人数量
家庭资产	住房性质	e07	目前居住房屋性质
	住房面积	e08	目前住房面积
	外债	e04	家庭欠的外债（贷款与借款等）
社会保障	是否低保户	g01	领取低保金情况
	领取低保年限	g02	领取低保金多少年
	低保功能	g04	获取低保最大帮助
	最大困难	g05	当前面临的最大困难

续表

	变量名	问卷对应变量名	变量描述
教育状况	是否辍学	f01	最近两年家中是否有人辍学
	是否会择校	f04	是否会花钱或购买学区房择校
	知识老化程度	f0601	知识老化程度
	继续学习的期望	f0602	继续学习的期望
	继续学习的可能性	f0603	继续学习的可能性
	父母文化程度对子女影响	f0604	父母文化程度对子女的影响
	家庭的教育负担	f0605	家庭的教育负担状况
	家庭成员失学的风险	f0606	家庭成员失学风险
	谋生的压力对教育的影响	f0607	谋生压力对教育的影响程度
	获取优质教育的能力	f0608	获取优质教育资源的能力
	自己或孩子的教育投入	f0609	家庭成员的教育投入程度
医疗状况	体检状况	c02	过去三年体检情况
	有无经济原因不就医	c03	生病有无因为经济原因不去就医
	有无照顾病人不工作	c06	有无照顾病人不去工作情况
家庭支出	月支出	e03	最近一个月消费支出
	医疗支出	c01	家庭最近一年看病花钱
	教育支出	f03	全家一年总的教育支出
社会关系	失业提供帮助	b0501—b0516	失业期间谁提供帮助
	遇到困难提供帮助	d0101—d0103	遇到困难提供帮助的人
	邻里互动	d02	与邻居互动情况
	有无好朋友	d03	最要好朋友情况
	好朋友数量	d0301	有几个好朋友
	好朋友提供的帮助	d04	好朋友提供帮助的类型
	社区参与	d05	参加社区活动情况
关键事件	30项较为重要的事件	g1001—g1030	是否经历这些重要事件
应对行动	失业后行动	b0301—b0310	户主失业以后家庭变化与行动
	医疗行动	c0501—c0516	为家人看病采取的行动
	预防疾病采取的行动	c08	采取哪些措施避免家人患病

第二节 贫困脆弱性的实际测度

一 贫困脆弱性测度模型的建立

正如前文的研究表明,贫困脆弱性的测量有多种模型可以选择,这主要根据对贫困脆弱性的理解与定义来确定,除此之外,还受到能够收集到的数据的约束。在此基础上,很多研究者发展出多种测量贫困脆弱性的方法,有根据面板数据进行测量的,也有根据截面数据进行测量的。

正如前文所提出的贫困脆弱性测量框架,本研究的贫困脆弱性的测量主要是基于预期贫困的脆弱性(VEP)测量方法而进行的计算。这种方法由 Pritchett et al、Hoddinott&Quisumbing、Chaudhuri 等提出,由 Klasen&Waibel 等进行重大改进。贫困脆弱性指个人或家庭在将来陷入贫困的可能性或概率,通过运用现有的有关风险冲击因素的变量对收入进行回归,得到未来收入的表达式,由此得到未来收入低于某一值(一般为贫困线)的概率,这一概率就被称为脆弱线。这种方法考虑了贫困脆弱性的时间维度,还将平滑家庭消费的能力也考虑进去了,同时因为对数据的要求较低,因而这种方法在后期的研究中被大量应用。[①]

根据预期贫困的脆弱性(VEP)的定义,贫困脆弱性是指个人或家庭在将来陷入贫困的可能性与概率,由此出发,脆弱性的公式为

$$V_{ht} = E[p_{\alpha, h, t+1}(c_{h, t+1}) \mid F(c_{h, t+1} \mid I_T)] \tag{1}$$

其中,V_{ht} 表示第 h 个家庭第 t 期的脆弱度,$c_{h, t+1}$ 表示家庭 $t+1$ 期的福利水平(收入或消费),$F(c_{h, t+1})$ 表示 $t+1$ 福利水平的分布函数,I_T 表示 T 期面板数据提供的信息。上述公式表示:一个家庭脆弱性的大小取决于这个家庭未来福利水平的分布特征——分布的形式和决定分布的参数,这些分布特征需要根据已有的信息 I_T 去估计。

需要注意的是,这里有一个非常重要的变量,即家庭福利水平。从经济学的角度来说,家庭福利是指一个家庭在经济生活中过得如何。家庭是社会的细胞,家庭的福利水平不仅仅影响到家庭自身的生活,还会对整个

[①] 李丽、白雪梅:《我国城乡居民家庭贫困脆弱性的测度与分解——基于 CHNS 微观数据的实证研究》,《数量经济技术经济研究》2010 年第 8 期。

社会的公平性产生重大影响。如果家庭福利之间的不平等程度过高,就会引起社会不满,产生各种社会矛盾与冲突;如果家庭的福利水平过低,低到不足以满足基本物质生活的程度,这个家庭就会陷入我们通常定义的贫困状态。当前绝大多数的研究都是采用人均收入作为衡量家庭福利的标准,并依此制定福利政策。比如,如果家庭人均收入低于某一给定值,就认为该家庭属于贫困家庭,需要接受社会救助。但安格斯·迪顿(Angus Stewart Deaton)认为除了家庭的收入之外,还应该考虑更多的因素才能更精确地测量家庭的福利水平,例如,除了收入之外,还需要重点考虑家庭内部经济规模、健康状况、物价因素等,强调家庭成员内部共享性、健康状况等因素可能造成的对收入作为家庭福利水平的解释力的影响。这种研究能够得出不同家庭的需求模型,能够帮助决策者制定更有针对性的政策来实施反贫困的战略,尤其是将行为因素的引入,更是有助于提高政策的精准度。①

但从目前的数据来看,有关影响家庭福利水平,也就是影响家庭是否贫困的许多因素难以直接观测,通过收入来进行测量仍然是最为可行的路径之一。理论模型的完备性要以数据的可及性为前提。但本研究为弥补通过收入测量贫困脆弱性的不足,后期的分析过程中会适当加入一些家庭行动的分析。根据 Chaudhuri 等人的研究,采用收入来度量家庭福利水平。关于收入的分布形式,采用对数正态分布的假设,假设未来收入服从对数正态分布。

贫困脆弱性的测度公式可具体化为:

$$V_{ht} = \int_{-\infty}^{\ln z} p_\alpha(\ln c_{h,\,t+1}) \, d(\ln c_{h,\,t+1}) \tag{2}$$

其中,对于贫困指标 $p_\alpha(c,\,z) = \left(\dfrac{\max(\ln z - \ln c_{h,\,t+1},\,0)}{\ln z}\right)^\alpha$,仅考虑 $\alpha = 0$ 的情况。而 $\ln c_{h,\,t+1} \sim N(\mu_{\ln c_{h,\,t+1}},\,\sigma^2_{\ln c_{h,\,t+1}})$。

接下来确定收入分布的均值和方差。在此,以直接计算的家庭收入跨期均值和方差作为未来收入分布的均值和方差。即:

$$\mu_{\ln c_{h,\,t+1}} = \frac{1}{T}\sum_{t=1}^{T} \ln c_t \tag{3}$$

---

① 研究者在 2015 年访学耶鲁大学期间,在一次国际学术会议上有幸当面向迪顿教授请教相关问题,迪顿教授强调微观经济数据分析家庭经济行为等的思路与方法给研究者很大的启发。

$$\sigma^2_{\ln c_{h,\,t+1}} = \frac{1}{T-1}\sum_{t=1}^{T}(\ln c_{ht} - \mu_{\ln c_{h,\,t+1}})^2 \qquad (4)$$

二 贫困脆弱性的实际测度与计算①

我们利用前面提出的预期的贫困脆弱性（VEP）模型，结合 CFPS 2014 年与 2016 年的面板数据以及 2013 年的截面调查数据，对贫困脆弱性进行实际的测度。也就是需要计算贫困脆弱性指数。贫困脆弱性指数意味着家庭在未来风险冲击中陷入贫困的概率值，这个值越大，说明家庭在未来受到风险的冲击越容易陷入贫困，这个值越小，说明家庭在未来陷入贫困的可能性越小。但是如果按照这一推测，任何家庭都是脆弱的，也就是说，任何一个家庭都有一个脆弱性指数，这样的计算结果可能会导致贫困脆弱性的研究变得没意义。因此，必须确定一个临界值，也就是需要计算能够实际应用的脆弱线，也即是当一个家庭未来陷入贫困的概率高于多少时我们判断这个家庭是脆弱的。脆弱线的选择较为主观，较为通行的做法是那些未来陷入贫困的概率高于 50% 的家庭被认为是脆弱的。也就是只要某个家庭的贫困脆弱性水平高于 0.5 这个值，就可以判定这个家庭是脆弱的。这一判断是基于 Chaudhuri 等人的研究，一方面是到目前为止没有找到更好的替代标准，另一方面，当家庭的预期收入正好达到贫困线时，度量出的脆弱性恰好等于 50%，而如果家庭的预期收入低于贫困线时，度量出的脆弱性则大于 50%，所以，50% 的概率正好对应了一个达到贫困线的预期收入水平。②

而关于贫困线的确定，在本研究中，我们使用国际贫困线 1.9 美元/天，按照当前汇率，折合人民币 4300 元/年，③ 以及中国贫困线 2300 元/年两个标准来进行衡量。

---

① 根据本章提出的脆弱性测量模型和计算方法，涉及比较复杂的计量经济学计算，一些地方需要编制相应的程序进行运算。由于研究者能力所限，这部分内容需要寻求合作者的帮助。这里特地感谢浙江工业大学理学院黄静同学的协助，她协助研究者进行了详细的数据梳理，并进行了相关计算程序的编制，并根据这一程序运算出相应的结果。具体计算程序见附录。

② 邰秀军、李树苗：《中国农户贫困脆弱性的测度研究》，社会科学文献出版社 2012 年版，第 139—140 页。

③ 美元兑人民币的汇率不断波动，这里选取的是写作时中国人民银行公布的 2018 年 4 月 20 日的汇率，1 美元 = 6.2870 元人民币。故国际贫困线折合人民币约 4300 元/年。

(一) CFPS 数据的计算

1. 分组别的脆弱性测度结果

将相关数据代入第一节公式（1）、公式（2）及公式（3），并选取户主健康状况、户主年龄户主受教育程度以及户主就业状态等关键变量作为控制变量，得到脆弱性测度结果如表 3-4 所示。之所以选取户主健康状况、户主年龄、户主受教育程度、就业状态等变量，主要是基于以下考虑：从研究者多次实际调研的情况来看，很多家庭致贫的重要原因就是因病致贫，所以健康状况成为影响家庭生活的重要变量；此外，家庭同人的成长与发展一样，也是有一定的生命周期的，其发展也会经历不同的阶段，年轻人组成的家庭与中年人家庭、老年人家庭，其面对的社会风险以及所拥有的应对风险的能力都有较大差异性，因此可以假设年龄是一个重要的变量；至于受教育程度，反映出一个家庭的整体文化状况，也会影响家庭中子女的教育以及子女的人力资本投资，直接影响到整个家庭的发展；而就业状态会直接影响到家庭的收入，是家庭福利水平的直接反映。除了以上因素以外，还与 CFPS 数据本身的测量有关，这几个变量的测量相对比较清晰且容易获取。通过数据代入公式运算以后，每一个家庭会得到一个贫困脆弱性指数，然后进行数据汇总，得到平均脆弱性、脆弱率等指标。具体结果如下：

表 3-4　　按户主不同健康状况区分的城市居民家庭贫困脆弱性

	平均脆弱性	脆弱率	平均收入（元）
非常健康	0.495	0.497	76155
很健康	0.487	0.455	76814
比较健康	0.520	0.508	81895
一般	0.480	0.427	78244
不健康	0.456	0.457	74086

从贫困脆弱性测度结果来看，平均脆弱性指数依次是"比较健康"（0.520），"非常健康"（0.495），"很健康"（0.487）、"一般"（0.480）以及"不健康"（0.456）。脆弱率，也就是脆弱性指数高于 0.5 的家庭占所在群组总的家庭的比例，依次是"比较健康"（0.508）、"非常健康"（0.497）、"不健康"（0.457）、"很健康"（0.455）以及"一般"（0.427）。从数据上来看，这些家庭的收入状况还是户主身体相对健康的

家庭的收入要高于健康状况较差的家庭的收入，但户主身体健康的城市居民家庭的贫困脆弱性要比户主身体不健康的家庭要高，脆弱率也相对要高。对此问题的解释是，贫困与贫困脆弱性有较大差异，贫困反映的是一种既有的生活状态，因此，户主健康状况较好的家庭获取收入的能力要高，获取的收入也略高于其他家庭，但贫困脆弱性反映的是一种变动性，是未来落入贫困线以下的概率和可能性，只能说户主健康的家庭在高风险社会中的变动性大，患疾病的可能性会增加，而对身体状况本就不佳的对象而言，其未来的变动性反而没有健康家庭的变动性大，其未来收入的变动性要相对小一些，未来生活状况变得更糟糕的可能性也要小一些。这种贫困脆弱性的测量结果也从另一个侧面反映出整个社会形势的变化以及不确定性社会给未来城市居民家庭生活可能带来的影响。

表 3-5　　按户主不同年龄区分的城市居民家庭贫困脆弱性

	平均脆弱性	脆弱率	平均收入（元）
35 岁以下	0.517	0.493	78195
35—45 岁	0.527	0.510	86129
45—55 岁	0.455	0.428	77765
55—65 岁	0.506	0.510	77215
65 岁以上	0.516	0.525	78118

从按年龄来区分的数据来看，35—45 岁年龄段的收入也是最高的，但其平均脆弱性也是最高的（0.527），其次是 35 岁以下的家庭以及 65 岁以上的老年人家庭，脆弱率最高的也是 65 岁以上的老年人家庭，也就是说，65 岁以上的老年人家庭中贫困脆弱性高于 0.5 的家庭占所在群组的比例要明显高于其他类型的家庭。对此问题的解释是，35—65 岁年龄段的中年人家庭面临更多的社会风险，也承担了更多的压力，这个年龄段在工作中面临产业结构转型升级的冲击，面临知识老化的冲击，面临下岗失业的风险，面临子女教育的巨大支出，也面临父辈养老的巨大压力，因此其对未来生活的预期更为脆弱，可以预期，其未来收入的变动性，也就是收入落入贫困线以下的概率和可能性会大幅度增加。年轻的家庭则相对拥有各种优势，无论是在知识储备、收入获取等方面，未来都有较好的预期。而对于 65 岁以上的老年人来讲，这类家庭的脆弱性指数并不是最高，但是其脆弱率却是最高的，这也从侧面反映出一个事实，65 岁以上的老

年人家庭能够很好地应对老年危机，应对养老压力的状况还是存在一定的差异性，按照目前的预测，未来收入降低并落入贫困线以下的老年人的比例会大幅度上升。这也提醒决策者在制定相关公共政策时尤其要重点关注老年人脆弱性群体。

表3-6　按户主不同文化程度区分的城市居民家庭贫困脆弱性

	平均脆弱性	脆弱率	平均收入（元）
小学及以下	0.426	0.408	47200
初中	0.468	0.449	70170
高中/中专/技校/职高	0.561	0.548	85862
大专及以上	0.743	0.791	133151

从户主的文化程度来看，这些家庭的平均收入与文化程度成正比，这些家庭的平均脆弱性、脆弱率与文化程度也出现成正比的情况，文化程度越高，其平均脆弱性指数越高，脆弱率也越高。户主文化程度是"大专及以上"的家庭的平均脆弱性指数高达0.743，脆弱率为0.791，而户主文化程度是"小学及以下"的家庭的平均脆弱性指数为0.426，脆弱率为0.408，但两者的收入则相差3倍以上，前者平均收入为133151元，后者只有47200元。这种现象很独特，按照一般的常理推测，文化程度越高，其拥有的能力就越强，应对社会风险的资本会越多，抵御社会风险的能力也会越强，其变穷的可能性会越低，贫困脆弱性也会越低，但数据显示的却是相反的状况。可能的解释是：其一，文化程度越高，能力越强，脆弱性越低的现象比较多的存在于变动性较小的社会，也就是社会风险的变化不大，这些家庭所拥有的资本及应对风险的能力才会出现常态的正相关关系。但是，这几年社会的变动极其迅速，各种社会风险接踵而来，在高度不确定性的社会中，收入低、户主文化程度低的家庭已经相对贫困，由于有社会救助等制度的兜底保障作用，这些家庭的生活状态变得更糟糕的可能性会小一些，反而文化程度高、收入高的家庭的生活变动性要更强，遭遇风险冲击的变化更大，因此体现出来就是脆弱性更高。此外，所谓"中产阶层的焦虑"在这一层次家庭中的体现也更为明显。其二，从这种分组数据的平均脆弱性数值来看，并不一定能够得出文化程度越高，脆弱性越高的结论，在分组统计数据中，每一组数据可能会受到极值的影响，进而影响平均数值的结果。因此，对于文化程度与贫困脆弱性之间的关系，可

能还需要后文进行详细的影响因素的回归分析来进一步验证。但不管怎么样，这再次提醒决策者，如何制定合理的公共政策应对高度不确定的社会形势，帮助这些家庭缓解贫困脆弱性是一个重大的议题，如何防止更多常态家庭陷入贫困显得尤其重要，各类社会政策，包括社会保障政策在内的制度设计，需要面向全体公民，发挥"兜底"的保障功能。

从数据来看，户主"失业"家庭的平均脆弱性指数为 0.234，其次是"有工作"家庭，接着是离退休的已经退出劳动力市场的家庭。其中户主"有工作"家庭的平均脆弱性与脆弱率最高，分别为 0.506 和 0.493，但其收入也是三类家庭中最高的。这个统计结果再次印证了上述的结论，有工作的，更容易失去工作，他们虽然不贫困，但是比起失业的，他们要更脆弱。这再次提醒决策者，消减贫困脆弱性最为关键的因素在于消减社会的不确定性，降低社会风险冲击，尤其对一些处于高风险冲击之下的群体要给予更多的关注。

表 3-7　　按户主不同就业状态区分的城市居民家庭贫困脆弱性

	平均脆弱性	脆弱率	平均收入（元）
失业	0.234	0.118	41137
工作	0.506	0.493	81527
退出劳动力市场	0.491	0.487	75768

2. 分地区的贫困脆弱性测度结果

根据 CFPS 的数据，我们还进行了分地区的脆弱性指数的测量。主要是根据调查的地区进行筛选，将调查样本涉及的城市按照区域分为东部地区、中部地区、西部地区。具体的区划是根据全国人大六届四次会议的"七五"计划进行划分，后期经过一些调整。东部地区包括北京、天津、河北、辽宁、上海、江苏、浙江、福建、山东、广东和海南 11 个省（市）；中部地区包括山西、吉林、黑龙江、安徽、江西、河南、湖北、湖南 8 个省（区）；西部地区包括四川、贵州、云南、西藏、陕西、甘肃、青海、宁夏、新疆、重庆、内蒙古、广西 12 个省（区、市）。由于 CFPS 的样本主要覆盖中国除香港、澳门、台湾、新疆、青海、内蒙古、宁夏、西藏和海南之外的 25 个省/市/自治区的人口。因此，在以上区划的基础上剔除部分省（区、市）的城市，实际的东部地区包括北京、天津、河北、辽宁、上海、江苏、浙江、福建、山东、广东 10 个省（市），中部地区包括山西、吉林、黑龙江、安徽、江西、河南、湖北、湖南8个省（区），西部地区包括四川、贵州、云南、陕西、甘肃、重庆、广西7个省（区、市）。①

具体测度结果如表3-8。

表3-8　　　　按中东西部分组的城市居民家庭贫困脆弱性

地域	平均脆弱性	脆弱率	平均收入（元）
东部	0.571	0.566	93019
中部	0.412	0.388	65100
西部	0.437	0.438	60974

从数据测度结果来看，平均脆弱性指数最高的地区为东部地区（0.571），其次是西部（0.437）和中部（0.412），脆弱率高低依次是东部（0.566）、西部（0.438）和中部（0.388）。从经济发展态势来讲，东部地区持续领跑，处于领先地位，而这几年西部地区的后发优势逐步体现，以2016年为例，西藏、重庆、贵州分别以11.5%、10.7%、10.5%的增速，稳坐经济增速"第一梯队"，其中重庆连续4年位列前三。② 反而中部地区处于发展的相对稳定时期。由此看，经济发展越迅速的地区的城市居民家庭贫困脆弱性越高，脆弱率也越高。由于贫困脆弱性实际上反

---

① 需要说明的是，这种区域的划分不是以地理位置为依据划分的，更多的是以经济发展状况进行划分的。当然，这种区分不完全合理，后期也出现一些变化。自1999年提出"西部大开发"以来，我国形成了东部率先、西部开发、中部崛起和东北振兴的"四大板块"，以及长三角、珠三角、环渤海等"八大经济圈"战略构想。后来，根据国务院发展研究中心2005年提出的"三大板块八大经济区"方案：将全国划分为东部、中部、西部三大板块。这8大经济区域是：南部沿海地区（广东、福建、海南）、东部沿海地区（上海市、江苏省、浙江省）、北部沿海地区（山东、河北、北京、天津）；东北地区（辽宁、吉林、黑龙江）；长江中游地区（湖南、湖北、江西、安徽）、黄河中游地区（陕西、河南、山西、内蒙古）；西南地区（广西、云南、贵州、四川、重庆）、西北地区（甘肃、青海、宁夏、西藏、新疆）。一些研究将东北三省单列，分为四大板块，东部包括：北京、天津、河北、上海、江苏、浙江、福建、山东、广东和海南。中部包括：山西、安徽、江西、河南、湖北和湖南。西部包括：内蒙古、广西、重庆、四川、贵州、云南、西藏、陕西、甘肃、青海、宁夏和新疆。东北包括：辽宁、吉林和黑龙江。本研究中依然采用传统的划分方法。

② 中国经济网：《2017年31省GDP"成绩单"出炉：西部增速持续领跑全国》，http：//district.ce.cn/zg/201801/31/t20180131_27988345.shtml.，2018年1月31日。

映的是家庭未来收入的一种分布与预测，在经济高速发展的趋势，不确定性因素大幅度增加，家庭面临的社会风险因素也大幅度增加，未来收入的变动性增加，因而其脆弱性的指数相应较高，这也从侧面反映了在经济发展的同时城市居民家庭日益增加的不安定感。

3. 城市居民家庭贫困脆弱性总体分布

归纳各个脆弱性区间中的家庭数，汇总得到以下城镇家庭脆弱性分布直方图。横坐标表示脆弱性值的区间，纵坐标表示落在这个区间中的家庭数量。

表 3-9　　　　　城市居民家庭贫困脆弱性总体分布①

脆弱性指数	0—0.1	0.1—0.2	0.2—0.3	0.3—0.4	0.4—0.5
频数	272	151	142	140	158
频率	16.18	8.98	8.45	8.33	9.40
脆弱性指数	0.5—0.6	0.6—0.7	0.7—0.8	0.8—0.9	0.9—1.0
频数	108	137	169	125	279
频率	6.43	8.15	10.05	7.44	16.60

转换成分布直方图如下：

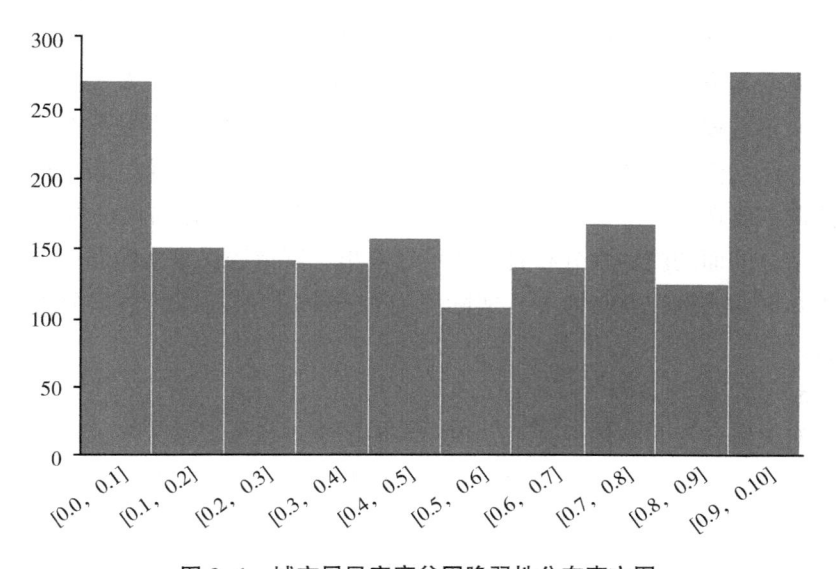

图 3-1　城市居民家庭贫困脆弱性分布直方图

---

① 表中各区间的上限均不包含。

数据显示，城市居民家庭贫困脆弱性比例最高的在 0.9—1.0 这个区间，占到 16.60%，脆弱性指数超过 0.5 的比例为 48.67%，按照 Chaudhuri 等人的定义，这些家庭可以被看着贫困脆弱性家庭。城市居民家庭基本有一半左右的家庭是属于贫困脆弱性家庭，对这些家庭需要一定的政策干预，才能消减其贫困脆弱性。

4. 脆弱性发生率

某一脆弱线下脆弱家庭占总家庭数的比例称为脆弱发生率，当脆弱线取 0，0.1，0.2，……，1.0 时，都有一个该脆弱线下对应的脆弱发生率。我们以脆弱线为横坐标，相应的脆弱性发生率为纵坐标绘制散点图，连点成线，就得到了脆弱性发生率曲线。该线实际上是脆弱性的累计分布曲线，与传统的累计分布曲线不同的是，线上的每一点体现的不是小于等于某值的比例，而是大于该值的比例，换句话说，在 x 轴上任意位置 x_i 做 x 轴的垂直线，与脆弱性发生率曲线相交点的纵坐标就是脆弱线为 x_i 时的脆弱性发生率。[①]

从图 3-2 可以看出，贫困脆弱性发生率曲线都是呈现逐步递减的趋势，也就是说，脆弱线越高，发生率越低。脆弱线为 0 时，所有的家庭都是脆弱的，这个时候的脆弱性发生率为 100%，而当脆弱线为最大值时，没有家庭是脆弱的，脆弱性发生率为 0。从这个意义上讲，人人都是脆弱的，只不过程度高低不同，但是这种结论在政策层面实际上是没有可操作性的，而太低的脆弱线同样也不具有可操作性，这也是为何 Chaudhuri 等人强调需要选定一个合理的脆弱线作为判断家庭贫困脆弱性的标准的原因。结合前面的脆弱性分布直方图可以看出，城市居民家庭脆弱性发生率高于 0.5 的比例在 50% 左右，实际值为 48.67%。与前面的数据分析结果吻合。

5. 脆弱性与贫困

有关脆弱性与贫困的关系，现在一般的观点认为，贫困与脆弱性并非完全一致的。贫困的家庭一般较脆弱，但并非绝对，也就是说，贫困的家庭不一定都是脆弱的，同样，脆弱的家庭并非都是贫困家庭。这在前文的分组别的城市居民家庭脆弱性分布统计中就已经证明这一点。在本研究中，我们以 0.5 作为脆弱线，对比在中国贫困线和国际贫困线两种贫困标

---

① 李丽：《中国城乡居民家庭贫困脆弱性研究》，经济科学出版社 2012 版，第 82 页。

图 3-2 脆弱性发生率图

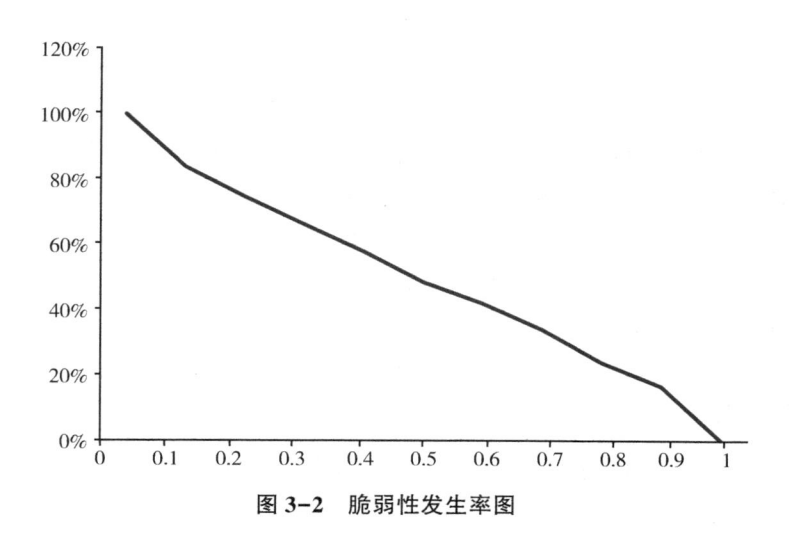

准下脆弱性与贫困的分布情况。

表 3-10　　　　　　　　脆弱性与贫困性对比表

	（中国标准 2300）	（国际标准 4300）
脆弱—贫困	0.0000	0.0000
脆弱—不贫困	0.4866	0.4866
不脆弱—贫困	0.0000	0.0006
不脆弱—不贫困	0.5134	0.5128

按照中国的贫困标准，脆弱又贫困的家庭的比例均为 0，这自然与客观的事实是不一致的，对此问题的解释，最大的可能性是数据本身的问题，通过数据筛选出来的城市居民家庭中贫困家庭的比例非常少，此外，加上中国的贫困标准非常低，2300 元/年，最后符合要求的家庭比例几乎为零，因此，在后期的研究中，数据的选择是一个非常重要的问题。数据问题实际上也是在贫困脆弱性研究中遇到的最大问题之一。脆弱但是不贫困的家庭的比例为 48.66%，这与前文脆弱性指数分布的统计结果一致。不脆弱同时不贫困的比例为 51.34%。按照国际贫困线的标准，也就是每人每天 1.9 美元的标准，脆弱但是不贫困的家庭的比例为 48.66%，不脆弱不贫困的比例为 51.28%。

总体而言，从 CFPS 的调查数据来看，有将近一半的家庭是属于脆弱但是不贫困的家庭,这提醒决策者要密切关注这一脆弱性群体,防止这类家庭陷入贫困;既贫困又脆弱的家庭的比例不高,一方面与中国这几年的反贫困取得的巨大成就密切相关,另一方面与数据的误差有关,但这一群体值得引起足够的重视,既贫困又脆弱的家庭基本属于深度贫困家庭,而且其贫困有进一步恶化的趋势,这也提醒决策者要采取措施防止这类家庭的贫困进一步的恶化和循环,甚至可能出现的贫困代际传递现象。

(二) 2013年截面调查数据的脆弱性测度

1. 分组别的脆弱性测度结果

同样的按照户主健康状况、户主年龄受教育程度以及就业状态分组,将城市居民家庭进行脆弱性分组测度,具体结果如下:

表3-11　贫困脆弱性测度结果(户主年龄、受教育程度、健康状况、就业状态分组)

年龄	平均脆弱性	脆弱率	平均收入(元)	文化程度	平均脆弱性	脆弱率	平均收入(元)
35岁以下	0.501	0.485	95953	小学及以下	0.386	0.308	54893
35—45岁	0.537	0.520	89184	初中	0.435	0.418	62395
45—55岁	0.520	0.537	84931	高中	0.526	0.527	85855
55—65岁	0.505	0.494	71333	大专	0.572	0.600	84231
65岁以上	0.514	0.549	66730	本科及以上	0.628	0.694	107032

健康状况	平均脆弱性	脆弱率	平均收入(元)
很健康	0.553	0.577	91074
比较健康	0.546	0.549	87199
一般	0.581	0.491	68993
比较不健康	0.336	0.292	45174
很不健康	0.330	0.167	43889

就业状态	平均脆弱性	脆弱率	平均收入(元)
全职就业	0.588	0.727	94833
临时就业	0.385	0.362	50769
个体经营	0.599	0.732	103160
离退休	0.482	0.584	65966
无业	0.404	0.417	56058

数据显示，按户主年龄分组的城市居民家庭的平均脆弱性指数由高到低依次是"35—45岁"家庭（0.537）、"45—55岁"家庭（0.520）、"65岁以上"家庭（0.514）、"55—65岁"家庭（0.505）以及"35岁以下"家庭（0.501），这一结果与前文CFPS数据的测度结果基本一致。按户主文化程度分组的贫困脆弱性指数与脆弱率，与前文CFPS数据的测度结果一致，呈现出与文化程度成反比的情况，户主文化程度越高的城市居民家庭的脆弱性指数越高，脆弱率也越高，对此问题的解释依然如前文所述，一种事实确实如此，一种情况就是分组数据受到极值等影响，所以详细的因果关系还需要后文影响因素的回归分析作进一步的验证。

同样的，按照健康状况进行分组，这里需要说明的是，2013年的截面调查数据健康状况分为五个维度"很健康、比较健康、一般、比较不健康、很不健康"，而CFPS数据的分组为"非常健康、很健康、比较健康、一般、不健康"，两者略有差异。从表3-11的数据分析结果来看，平均脆弱性指数最高的为户主健康状况为"一般"的家庭（0.581），其次是"很健康"（0.553）以及"比较健康"（0.546）的家庭，排在最后面的依次是户主"比较不健康"的家庭（0.336）以及户主"很不健康"的家庭（0.330），这一结果也与CFPS的统计分析结果类似，健康家庭的脆弱性要高于不健康家庭的脆弱性。而脆弱率则依次是"很健康""比较健康""一般""比较不健康""很不健康"，与CFPS的结果略有差异，但基本的变化趋势差不多，从健康到不健康，脆弱率呈现由高到低的趋势。

对比不同就业状态下城市居民家庭的贫困脆弱性测度结果。数据显示，平均脆弱性指数由高到低依次是"个体经营"（0.599）、"全职就业"（0.588）、"离退休"（0.482）、"无业"（0.404）以及"临时就业"（0.385），而脆弱率由高到低的顺序依次是"个体经营"（0.732）、"全职就业"（0.727）、"离退休"（0.584）、"无业"（0.417）以及"临时就业"（0.362）。这一数据与CFPS的数据测度结果相比，无论是平均脆弱性指数还是脆弱率都有不同程度的提高，但总体的趋势差不多。可以将"个体经营"与"全职就业"一起算作"工作"的状态，将"离退休"算作"退出劳动力市场"的状态，"无业"与"临时就业"算作"无业"的状态，这样就会发现2013年截面调查的数据的测度结果与CFPS测度的结果一致，脆弱性指数与脆弱率较高的是"个体经营"和"全职就业"，也就是CFPS的"工作"状态，居中就是"离退休"，也就是CFPS

的"退出劳动力市场"状态,最后就是"无业"与"临时就业",也就是 CFPS 的"无业"状态。两种数据对比的结果再次印证了前面的结论,有工作的,更容易失去工作,他们虽然不贫困,但是比起失业的,他们要更脆弱。这类群体尤其值得关注。

2. 分地区的贫困脆弱性测度结果

在 2013 年的调查中,抽取了 4 个城市进行调查,分别为东部的杭州、衢州,中部的长沙以及西部的广西桂林市。数据显示,平均脆弱性指数依次是东部(0.527)、西部(0.490)、中部(0.485),脆弱率的排序也是如此。这一结果与前文 CFPS 的数据测度结果一致。

表 3-12　　2013 年截面调查贫困脆弱性测度结果（按中东西部分组）

地域	平均脆弱性	脆弱率	平均收入（元）
东部	0.527	0.551	81356
中部	0.485	0.444	73509
西部	0.490	0.472	78279

3. 城市居民家庭脆弱性总体分布

表 3-13　　2013 年截面调查城市居民家庭贫困脆弱性总体分布[①]

脆弱性指数	0—0.1	0.1—0.2	0.2—0.3	0.3—0.4	0.4—0.5
频数	106	71	97	89	129
频率	10.40	6.97	9.52	8.73	12.66
脆弱性指数	0.5—0.6	0.6—0.7	0.7—0.8	0.8—0.9	0.9—1.0
频数	106	130	140	67	84
频率	10.40	12.76	13.74	6.57	8.24

归纳各个脆弱性区间中的家庭数,汇总得到以下城镇家庭脆弱性分布直方图。横坐标表示脆弱性值的区间,纵坐标表示落在这个区间中的家庭数量。

数据显示,城市居民家庭贫困脆弱性指数较多的分布在 0.7—0.8 这个区间(13.74%),其次是 0.6—0.7(12.76%),脆弱性指数超过 0.5

---

① 表中各区间的上限均不包含。

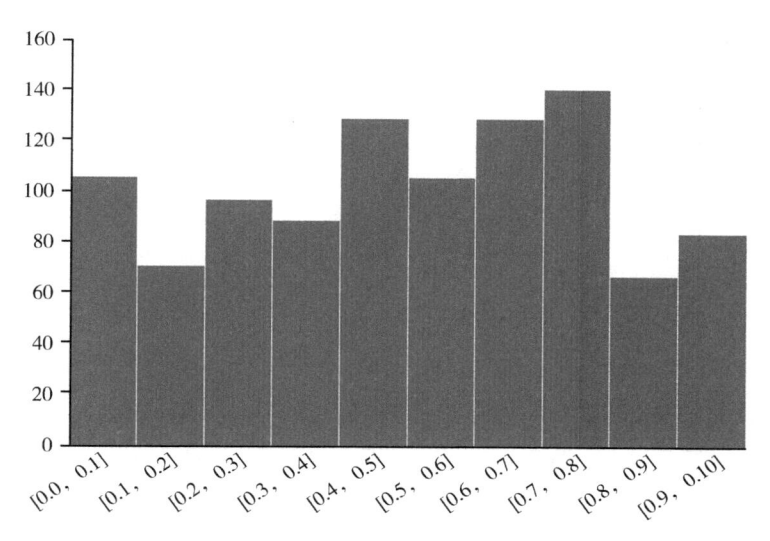

图 3-3　家庭脆弱性分布直方图

的比例为 51.71%，即超过一半的家庭是属于我们定义的脆弱性家庭。与 CFPS 调查的结果略有不同的是，处于最高脆弱性区间 0.9—1.0 的家庭的比例要小于 CFPS 的调查结果，换言之，高脆弱性家庭的比例略有下降。

4. 脆弱性发生率

某一脆弱线下脆弱家庭占总家庭数的比例称为脆弱发生率，当脆弱线取 0，0.1，0.1，……，1.0 时，都有一个该脆弱线下对应的脆弱发生率。我们以脆弱线为横坐标，相应的脆弱性发生率为纵坐标绘制散点图，连点成线，就得到了脆弱性发生率曲线。该线实际上是脆弱性的累计分布曲线，与传统的累计分布曲线不同的是，线上的每一点体现的不是小于等于某值的比例，而是大于该值的比例，换句话说，在 x 轴上任意位置 x_i 做 x 轴的垂直线，与脆弱性发生率曲线相交点的纵坐标就是脆弱线为 x_i 时的脆弱性发生率。

如图 3-4 所示，2013 年截面调查得到的脆弱性发生率的变化趋势与 CFPS 的调查结果类似，高于 0.5 的比例在 50% 略多一点，实际值为 51.71%，比 CFPS 调查的值略高。

5. 脆弱性与贫困

同样的，继续以 0.5 作为脆弱线，对比在中国贫困标准与国际贫困标准这两种贫困标准下脆弱性与贫困的分布情况，可以做成下表：

图 3-4 脆弱性发生率图

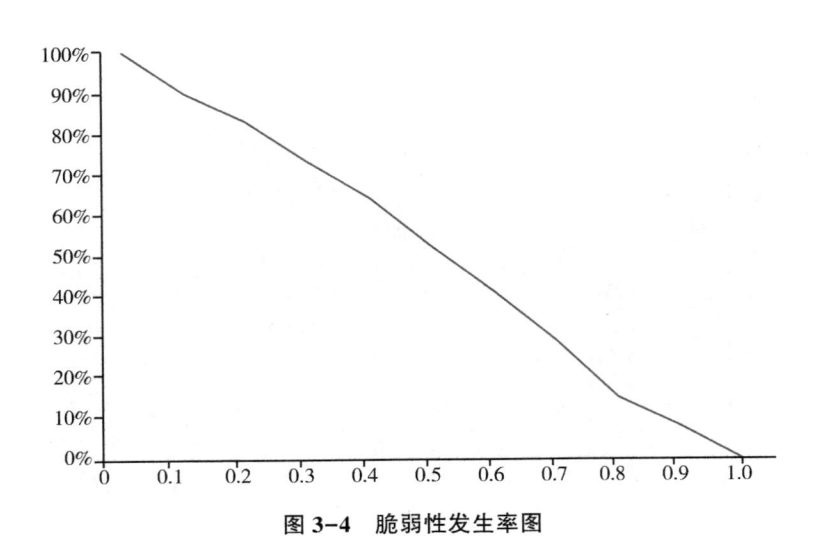

表 3-14　　　　　　　　　　脆弱性与贫困性对比表

	按中国标准	按国际标准
脆弱—贫困	0.0000	0.0000
脆弱—不贫困	0.5172	0.5162
不脆弱—贫困	0.0068	0.0147
不脆弱—不贫困	0.4760	0.4691

既脆弱又贫困的家庭比例均为 0，推测依然是数据测量的原因。而脆弱但不贫困的比例为 51.72% 和 51.62%，不脆弱又不贫困的比例为 47.6% 和 46.91%。对比 CFPS 的调查结果，2013 年截面数据显示的结果是城市居民家庭贫困脆弱性的比例略有上升，但总体幅度不大。

小　结

1. 根据前文提出的贫困脆弱性测量框架，借助 Hoddinott & Quisumbing、Chaudhuri 等人的研究，采用预期贫困的脆弱性（VEP）测度方法来测量城市居民家庭的贫困脆弱性。

2. 每一个家庭都有一个脆弱性指数，换言之，每一个家庭都有可能是脆弱的，但这种结论对于实际的政策研究没有意义，需要给出一定的标准，找出需要进行政策干预的脆弱性家庭。按照目前通行的研究，选取的脆弱性指数临界值为 0.5，也就是说，脆弱性指数高于 0.5 的均被认为是脆弱的，这些家庭均为贫困脆弱性家庭。

3. 贫困脆弱性与贫困不同，一个是对将来陷入贫困线以下的概率与可能性的预测，包含有对家庭收入变动性的预测，而目前我们所认定的贫困则更多是一种既定状态，因此，贫困的家庭不一定脆弱，脆弱的家庭不一定贫困，这在 CFPS 的面板数据调查与 2013 年的截面数据调查中均得到证实。

4. 脆弱性指数反映的是城市居民家庭陷入贫困线以下的概率与可能性，指数越高，其脆弱性也就越高，这是贫困脆弱性在深度层面的表现。而脆弱率则是指某一组别的脆弱性家庭占这一组别所有个案的比例，脆弱率越高，说明陷入贫困线以下的家庭越多，这体现的是一种范围，实际上是贫困脆弱性在广度层面的表现。贫困脆弱性指数与脆弱率的排序有时一致，有时会出现不同的差异。

5. CFPS 与 2013 年的截面调查数据均显示，各项指标看起来越好的家庭，例如，户主的文化程度、收入、健康状况，甚至是地方经济发展程度等，其脆弱性反而会越高。根据前文的分析框架，脆弱性的结果由多种因素决定，一是遭遇的社会风险冲击，二是家庭所拥有的抵御风险冲击的能力，三是这些家庭在面临风险冲击时所采取的行动。从调查的结果来看，充分说明单一的能力并不能最终决定最后的脆弱性结果。相反，当前社会最大的问题在于不确定性的大幅度增加所带来的各种风险冲击的加剧，这是会导致许多家庭后期收入变动较大的重要因素。这需要决策者在消减城市居民家庭贫困脆弱性的制度安排中，尤其要重点关注如何消除家庭生活的不确定性因素。

6. 调查的结果提醒我们，在高风险社会中尤其要关注那些中产阶层的居民家庭，要重点关注那些中年人家庭，这些家庭的收入、资产等各方面均不差，但面临的压力往往是最大的，其脆弱性指数也是最高的。

7. 调查结果显示，底层民众的脆弱性反而较低，说明其后期的收入变动的概率较小，这主要有几个方面的原因，其一是其收入已经很低，已经没有办法再继续地变差，其二就是国家与政府对底层民众的关注度与投入力度比以往任何时候都大，各种社会救助制度，各种精准扶贫措施，都直接针对底层民众，这些家庭的生活与一般的常态家庭相比，反而后期变动变差的可能性大幅度降低。这也从另一个层面提醒政策设计者，为整个社会构建一个兜底保障的社会安全网尤其重要。

第四章

城市居民家庭贫困脆弱性的影响因素

本章将围绕影响城市居民家庭贫困脆弱性的因素展开讨论。从以往的研究来看，影响贫困脆弱性的因素众多，涉及家庭社会生活的方方面面。如果以贫困脆弱性指数作为因变量，以影响因素作为自变量，通过建立回归方程的形式进行分析。根据前人研究，这一方程可以表示为：

$$Y_{it} = u_i + \beta X_{it} + \varepsilon_{it}$$
$$i = 1, \cdots, N; \ t = 1, \cdots, T \tag{5}$$

其中，Y_{it} 表示第 i 个家庭第 t 年的贫困脆弱性，u_i 是截距项，β 是系数，X_{it} 表示各影响因素变量。

第一节 基于 CFPS 追踪调查数据的分析

一 自变量的处理

选取 2014 年与 2016 年两年的追踪调查数据进行分析。自变量的选取一般根据以往的理论或研究经验来确定。据此，在本研究中选取以下几个方面的变量作为自变量参与分析。

（1）家庭基本特征变量：主要是户主的个体特征，包括省份、年龄、文化程度、婚姻状况、就业状况、健康状况；（2）住房状况：房屋产权、住房面积、住房价值、房产数量、拆迁情况；（3）社会保障：是否政府补助对象、社会捐助、社会捐助金额、参保情况；（4）家庭资产：家庭存款、金融产品、借贷款情况、贷款总额、外债（别人欠钱）；（5）家庭支出：家庭总支出、食品支出、交通支出、医疗支出、教育支出、文化娱乐支出；（6）社会关系：他人资助金额、资助亲戚金额、资助他人金额、生病照顾；（7）重大事件：是否发生重要事件、重要事件支出、重要事件收入。

为了便于回归分析，需要对以上33个变量进行处理，（1）对于定类变量——省份、文化程度、婚姻状况、就业状况、房屋产权、拆迁情况、是否政府补助对象、社会捐助、参保情况、是否购买金融产品、借贷款情况、生病照顾、是否发生重要事件等定类变量，通过虚拟变量进行转换。（2）对于定序变量——健康状况，通过赋分的方法进行转换。（3）对于年龄、住房面积、住房价值、房产数量、社会捐助金额、家庭存款、贷款总额、外债、家庭总支出、食品支出、交通支出、医疗支出、教育支出、文化娱乐支出、他人资助金额、资助亲戚金额、资助他人金额、重要事件支出、重要事件收入等定比变量，不需要做任何处理，直接用原始数据进行统计分析。

在进行多变量的回归分析之前，先对各变量进行相关分析，这种分析在所用数据的样本量不是足够大的情况下显得尤为重要，一来检验前面的交互分析，进一步验证变量之间的关系，通过相关分析，了解变量间的相关程度；二来通过对变量间的相关分析，首先剔除与因变量不相关或相关性很小的变量，减少进入模型的变量数，尽可能消除样本的缺陷，从而提高模型的拟合度。省份、年龄、文化程度、婚姻状况、房屋产权、住房面积、住房价值、房产数量、是否政府补助对象、参保情况、家庭存款、金融产品、贷款总额、外债（别人欠钱）、家庭总支出、食品支出、交通支出、医疗支出、教育支出、文化娱乐支出、资助亲戚金额、资助他人金额、生病照顾、重要事件支出、重要事件收入等变量与因变量"贫困脆弱性指数"有显著性相关。

同时，在进行回归分析，引进自变量的时候，有时为了研究的需要，不一定要依据他们的统计重要性，我们也可以改而根据理论的需要来引进一些自变量。[①] 因此，在下面的系列多元回归分析中，自变量的引进，除了根据上面的相关分析得出的有显著性相关的变量以外，还适当地根据理论的需要引进一些变量或剔除一些变量来进行分析。

二 多元回归分析结果

模型的确定系数 R^2 为.481，调整的确定系数为.474，方程解释力为

---

① 李沛良：《社会研究的统计应用》，社会科学文献出版社2001版，第265—266页。

48.1%。从容忍度来看，进入方程的自变量之间不存在共线性问题。① 标准化回归系数（Beta 值）表明，在贫困脆弱性的几个影响因素中，影响力大小依次为文化程度（小学及以下，-.190），交通支出（.172），房产数量（.167），文化程度（初中，-.142），文化娱乐支出（.140），是否购买金融产品（.136），城市居民家庭所处区域（东部，.118），住房价值（.105），食品支出（.096），婚姻状况（已婚，.091），总支出（.090），借贷情况（银行，.080），家庭存款（.070），政府资助（-.063），房屋产权（全部产权，.061），文化程度（高中或中专，-.060），重要事件收入（.046），参保情况（其他，-.046），房屋产权（公租房，.043），就业状态（失业，-.043），生病照顾（家人照顾，-.042），资助他人（.040）。

表 4-1　　　　　　　贫困脆弱性影响因素多元回归分析

多元相关系数（R）	.693		
确定系数（R Square）	.481		
调整确定系数（Adjusted R Square）	.474		
方程标准误（Standard Error）	.238		
方差分析表（Analysis of Variance）：			
	自由度（df）	平方和（Sum of Squares）	均方和（Mean Square）
回归方程	22	87.012	3.955
残差	1658	94.074	.057
F=69.726	sig=.000		
Variables in the Equation			
自变量　偏回归系数　标准误（B）　标准化系数　　T　　sig　　容忍度			
（Constant）　.361　　　.027　　　　　　　　13.346　　.000			
交通支出　　.000　　　.000　　　　.172　　　8.394　　.000　　　.743			

---

① 郭志刚在《社会统计分析方法——SPSS 软件应用》（中国人民大学出版社，1999 年版）第 78 页提出，容限度（Tolerance）很小时，说明 Xi 与其他变量的信息的重复性越大，其对 Y 的边际解释能力越小。反之，容限度越大，说明 Xi 的独立信息很多，因而可能成为重要的解释变量。容限度的界限可根据研究者的具体需要来制定，而一般常规是当容限度小于 0.1，便认为这一变量与其他自变量之间的多重共线性超过了容许界限。方差膨胀因子（VIF）是容限度的倒数。

续表

是否购买金融产品	.110	.016	.136	6.971	.000	.827
住房价值	.000	.000	.105	4.866	.000	.670
房产数量	.014	.002	.167	8.970	.000	.907
文娱支出	4.273E-5	.000	.140	7.360	.000	.867
食品支出	1.291E-5	.000	.096	5.070	.000	.871
总支出	1.806E-7	.000	.090	4.802	.000	.895
地区——东部	.077	.012	.118	6.246	.000	.880
婚姻——已婚	.076	.015	.091	4.988	.000	.938
借贷——银行	.057	.013	.080	4.408	.000	.946
文化——小学及以下	-.126	.018	-.190	-6.827	.000	.403
文化——初中	-.104	.019	-.142	-5.425	.000	.455
家庭存款	8.934E-8	.000	.070	3.556	.000	.817
政府资助	-.066	.019	-.063	-3.474	.001	.966
房屋产权——全部产权	.047	.015	.061	3.205	.001	.860
文化——高中或中专	-.058	.022	-.060	-2.618	.009	.606
重要事件收入	1.004E-6	.000	.046	2.565	.010	.984
就业——失业	-.141	.058	-.043	-2.413	.016	.991
参保——其他	-.188	.073	-.046	-2.588	.010	.987
房屋产权——公租房	.116	.049	.043	2.379	.017	.940
生病照顾——家人照顾	-.035	.015	-.042	-2.332	.020	.968
资助他人	5.580E-6	.000	.040	2.201	.028	.958

从整体来看，这些影响因素主要包括文化程度、消费支出（交通、文化娱乐、食品、总支出）、家庭资产（房产数量、住房价值、房屋产权、金融产品、借贷、存款）、地区、重要事件、婚姻状况、就业状态、社会保障（政府资助、参保）、社会关系（生病照顾、资助他人）等几个方面。具体分析如下：

1. 文化程度

文化程度是贫困脆弱性的重要影响因素。文化程度与城市居民家庭的贫困脆弱性成反比，文化程度越低，脆弱性程度越高，文化程度越高，脆弱性程度越低，这是对前文分组数据的进一步验证，换言之，在上一章出现的分组别的平均脆弱性指数分布的统计中出现的文化程度越高，脆弱性越高的现象并非真实情况，实际情形是文化程度越高，脆弱性越低，这与预期的结果较为一致，一般而言，文化程度越高，其获取收入的能力越高，家庭拥有的抵御社会风险的能力也就越高，将来收入陷入贫困线以下的概率要低，贫困脆弱性指数较低。

2. 消费支出

消费支出是贫困脆弱性的重要影响因素。交通支出、文化娱乐支出、食品支出等是城市居民家庭的几个重要的支出项目，也在一定程度上影响其贫困脆弱性。其实按照贫困脆弱性的理论，消费支出最能衡量一个家庭福利水平的变化与分布状况，最佳的计算贫困脆弱性指数的方法是根据消费支出的状况进行推断与预测。尤其是近几年，城市的 CPI 持续高位运行，城市居民面临的各种各样的生活压力持续增加，消费支出的增加一方面削弱了城市居民家庭抵御风险的能力，另一方面成为新的社会风险冲击因素。因此，支出影响贫困脆弱性是显而易见的。尤其是市内交通支出越高，城市居民家庭的贫困脆弱性程度越高，从当前来看，出行主要采用公交车、地铁等市内交通工具出行的城市居民家庭，可以推断出其经济状况应该比那些拥有私家车等其他交通工具出行的家庭要差，另外，也有一种可能就是这类家庭主要以老年人家庭为主，因此其贫困脆弱性相对较高也不足为奇。食品支出越高，家庭的恩格尔系数也相对较高，其生活水平依然停留在较低层次，进而影响其贫困脆弱性指数。文化娱乐支出主要包括购买书籍、报纸杂志，看电影和戏剧等方面的支出，从数据来看，文化娱乐支出也是影响城市居民家庭贫困脆弱性的重要因素，呈现正向的相关关系，也就是说，这类支出越高，贫困脆弱性的指数越高，这实际上反映出这些家庭的生活成本的高低。消费支出高，在一定程度上是生活成本高、生活压力大的表现，其脆弱性指数高也就显得相对合理了。

3. 家庭资产

家庭资产是影响城市居民家庭贫困脆弱性的重要因素，但具体而言，有关家庭资产的具体项目如何影响贫困脆弱性则需要具体分析。房产数量、住房价值也是影响城市居民家庭贫困脆弱性的重要因素之一,回归分析的结果发现两者呈现正向相关的关系,可以推测,房产数量越多,房产价值越高的家庭其贫困脆弱性反而越高。这似乎有些违背常理,一般而言,家庭的房产是家庭的重要资产,在中国人的生活中占据极其重要的地位,"有恒产者有恒心",房产对公民而言,不仅仅意味着居住之所,更重要的是能够提升他们自我发展的信心,同时在一定程度上也是其抵御风险的能力的体现。在这个意义上来看,房产数量越多,房产价值越高,其贫困脆弱性应该越低才对。对此,还没有找到合理的解释,有一种可能就是这些拥有超过一套房产的家庭有可能有更多的金融借贷,比如欠银行很多贷款等,这是一种家庭层面的金融风险,在高度不确定性的社会中也是导致其可能陷入贫困或者经济状况恶化的隐患。另外,所谓房产的高价值实际上是与高房价相伴随的,地方的房价越高,房产价值越大,而房价越高,给普通城市居民家庭造成的生活压力也就越大。当然,关于这个问题,还需要数据的进一步验证,找出更为合理的解释。

此外,从房屋产权来看,拥有全部房屋产权(.061)的家庭,换言之,也就是自己拥有住房的城市居民家庭,其贫困脆弱性指数要高于那些住在公租房(.043)里的家庭。可能的解释是一般的常态家庭面临更多的社会生活压力,而那些租住在公租房等里面的城市贫困家庭反而得到了来自政府和社会等各个领域的帮扶和救助,其贫困脆弱性指数反而较低一些。

是否购买金融产品是家庭资产的一部分。金融产品,如股票、债券、基金等,也在一定程度上影响城市居民家庭的贫困脆弱性。金融产品存在一定的高风险性,尤其是股票等投资,对普通的散户而言,能够赚钱的实际上屈指可数。此外,在影响城市居民家庭的因素中,借贷情况(银行,.080)也是其中一个重要的因素。城市居民家庭贷款金额越多,尤其是银行借贷越多,在一定程度上是对未来收入与消费的一种透支,其贫困脆弱性也就越高。

家庭存款也是家庭资产的一部分。家庭存款是影响城市居民家庭贫困脆弱性的重要因素。从理论上讲,家庭存款是家庭资产的反映,也是家庭抵御社会风险能力的反映,换言之,家庭存款越多,资产越多,抵御风险的能力越强,其脆弱性应该越低,但数据显示两者是成正向的相关关系,这确实有悖常理。可能的解释是:一、调查得到的有关存款的数据并非完全真实，根据研究者以往从事社会调查的经验，询问收入比询问存款得到的真实数据的概率要大，尤其是询问家庭存款的时候，有可能回答者并不完全知晓具体数值（比如接受调查的是户主之外的普通家庭成员），而部分回答者在面对家庭存款这类极其敏感性问题的时候可能会刻意隐瞒，故意报多报少，存款多的人刻意报少，存款少的刻意报多，从而影响了数据的真实性；二、中国人向来就有热衷储蓄的倾向，储蓄多于消费，而贫困脆弱性不仅是收入的分布，更重要的是消费的直接反映。

4. 地区因素

从回归分析的结果来看，城市居民家庭所处的区域也与贫困脆弱性有一定的关系，东部地区的城市居民家庭的贫困脆弱性相对要高，这与上一章的统计分析结果一致。东部地区的经济发展速度较快，但其不确定性因素也相应较高。此外，从上一章东部地区城市的分布图可以看出，目前东部地区在经济高速发展的同时，也是高房价、高消费相对集中的区域，尤其以北京、上海、广州、杭州等这些城市为代表，城市居民家庭尽管收入要相对较高，但其面临的高房价、高消费的压力也同样的高，正所谓"逃离北上广"的现象就是这种典型的社会特征的直观表现。所以，东部地区城市居民家庭的贫困脆弱性指数较高，除了上一章所阐明的在高度不确定的高风险社会中的收入变动性大的因素之外，恐怕这些地区的高生活成本也是其中一个非常重要的因素。

5. 婚姻状况

婚姻状况也是影响城市居民家庭贫困脆弱性的重要因素。CFPS调查中对婚姻状况主要分为未婚、已婚、同居、离婚、丧偶，从回归结果来看，已婚状态的城市居民家庭的贫困脆弱性比未婚家庭要高。当然，从调查的样本来看，已婚家庭占到80.7%，因此在统计意义上这些家庭的贫困脆弱性要高也不足为奇。实际上已婚家庭代表着城市居民家庭的常态，面临着各种各样的生活压力，在统计意义上各类消费支出也相对较高。对一些未婚家庭而言，正所谓"一人吃饱全家不饿"，其贫困脆弱性反而会更低一些。

6. 社会保障

社会保障是影响城市居民家庭贫困脆弱性的重要因素。政府资助是影响城市居民家庭贫困脆弱性的重要因素。CFPS调查中政府补助主要包括低保、退耕还林补助、农业补助（包括粮食直补，农机补助等）、五保户补助、特困户补助、工伤人员供养直系亲属抚恤金、救济金、赈灾款等等，对城市居民家庭而言，尤其是以各类社会救助为主。社会救助是指国家和社会对由于各种原因而陷入生存困境的公民，给予财物接济和生活扶助，以保障其最低生活需要的制度。尤其是城市居民最低生活保障制度对于满足城市贫困家庭的基本生存需求，调整资源配置，实现社会公平，维护社会稳定有非常重要的作用。[①] 因此，政府的资助实际上实现了对城市居民家庭的兜底保障作用。有了政府的兜底保障，其贫困脆弱性指数自然降低。因此，这里再次提醒政策设计者，要降低城市居民家庭的贫困脆弱性，构建以社会救助制度为主体的社会安全网是非常重要的举措，也是可行的路径之一。

CFPS 调查对户主的参保情况进行了分析，主要是调查他们领取离退休金，参加基本养老保险、企业补充养老保险、商业养老保险、城镇居民养老保险等情况，参保情况对贫困脆弱性有着负向的影响，换言之，越是有社会保障的支持，其贫困脆弱性越低。这再次彰显了养老保险、社会救助等社会保障项目在消减城市居民家庭贫困脆弱性中的重要作用，再次提醒决策者在后期的政策设计中尤其要发挥社会保障的重要作用。但是需要注意的是，现有的一些研究表明，从公共政策选择的角度讲，用于缓解贫困脆弱性的干预手段不同，适当的保险计划和其他的消费平滑措施对于消费波动的贫困脆弱性很有效，但可能对于低消费水平的贫困脆弱性就不那么有效，治理后一类贫困脆弱性可能需要对资本的投资和积累。

7. 重要事件

CFPS 对城市居民家庭过去一年发生的重要事件的情况进行了调查，这些重要事件主要包括婚丧嫁娶、孩子出生、子女考学等，回归分析的结果显示重要事件收入对贫困脆弱性有重要影响，且是正向相关关系。可能的解释是，这些重大事件，基本上都会涉及人情往来。一些调查数据显示，有些地方家庭的人情往来消费会占到家庭总消费的三成到五成，婚丧嫁娶等人情往来有时会成为普通家庭的沉重负担之一。[②] 因此，重大事件的收入其实也意味着支出，这也在一定程度上导致城市居民家庭贫困脆弱

---

① 祝建华：《城市居民最低生活保障制度的评估与重构》，中国社会科学出版社 2011 年版，第 103—116 页。

② 张沁、陈昌文：《西部农村家庭的需求压力及其货币化贫困》，《乐山师范学院学报》 2008 年第 3 期。

性指数的变化。

8. 就业状况

从就业状况来看，同样出现对贫困脆弱性的负向影响。失业状态与全职就业和退出劳动力市场两种状态相比，其贫困脆弱性要更低，这一结果与上一章按就业状态分类的贫困脆弱性分布统计结果一致。同上一章的分组数据的分析一样，这样的结果实际上是与预期相背离的。常规而言，失业者更难获取收入，其抵御社会风险的能力更低，贫困脆弱性应该更高。

9. 社会关系

CFPS通过一系列指标来考察城市居民家庭的社会关系，例如，在家庭成员生病时谁来照顾这一问题上，回归分析显示生病照顾（家人照顾，-.042）与贫困脆弱性成负向关系，换言之，生病家人照顾的家庭相对于那些生病无人照顾的家庭的贫困脆弱性要低。这实际上是家庭社会关系的直观反映，社会资本以关系网络的形式存在，社会关系越密切，其社会资本的强度越大，家庭所拥有的抵御社会风险的能力就越强，其贫困脆弱性就会越低。相反，从"资助他人"来看，资助他人意味着要付出更多的金钱，尤其是在高风险社会，这会进一步削弱家庭抵御风险的能力储备，因此其贫困脆弱性就会越高，呈现正向的关系。

第二节 基于2013年截面调查数据的分析

一 自变量的处理

在本研究中选取以下变量作为自变量来进行分析。（1）基本特征变量：城市、年龄、文化程度、婚姻状况、健康状况、就业状况、家庭规模、家庭代数、60岁以上老年人人数、18岁及以下儿童人数、慢性病患者人数、重病患者人数、残疾人数、失业下岗经历；（2）家庭资产：住房性质、住房面积、家庭欠的外债、经济来源；（3）社会保障：是否低保户、最大困难；（4）教育状况：是否辍学、是否会择校、知识技能老化程度、教育负担、失学的风险、教育投入；（5）医疗状况：有无体检、医疗费用来源、有无经济原因不就医、是否因照顾病人不去工作；（6）家庭支出：月消费支出、医疗支出、教育支出；（7）社会关系：邻里互动、有无好朋友、好朋友数量、社区参与情况；（8）关键事件：30项较为重要的关键事件（包括分居、离婚、丧偶、复婚、结婚、职业变化、购买住房、卖出房屋、自然灾害、意外伤残、家庭添丁、好友去世、家庭成员去世、失业、自己或家人患重病住院、儿女结婚、生意上重大变化、收入锐增或锐减、工伤事故、老人搬出、迁居、坐牢、离退休、配偶外出工作、配偶停止工作、有人开始读书、家庭成员辍学、家庭成员毕业、撤村建居、城市拆迁）；（9）应对行动：失业后的行动（包括节衣缩食、减少或不去旅游、与亲朋往来减少、小孩辍学、不开汽车、停止孩子课外培训、变卖值钱物品、停止娱乐活动、外出寻找新工作、其他）、为看病采取的行动（包括存款支出医疗费、向亲戚朋友借钱、向银行贷款、追回欠款、变卖值钱东西、接受亲友捐赠、接受社会捐赠、小孩辍学、外出打工、寻求单位帮助、寻求媒体帮助、寻求社区街道帮助、拖欠医疗费用、借高利贷、日常支出医疗费用、其他）、避免患病采取的行动（不在高风险环境中活动、保障营养、保障休息、普及卫生知识、培养卫生习惯、加强体育锻炼、改善居住和饮水条件、其他）。

　　为便于分析，需要对以上41个变量进行处理。（1）对于定类变量——城市、文化程度、婚姻状况、就业状况、住房性质、经济来源、是否低保户、最大困难、低保功能、是否辍学、是否择校、有无体检、医疗费用来源、有无经济原因不就医、是否因照顾病人不去工作、有无好朋友、30项关键事件、失业后的行动、是否找工作、为看病采取的行动、避免患病采取的行动等定类变量，通过虚拟变量转换；（2）对于定序变量——健康状况、失业下岗经历、邻里互动情况、社区参与情况、知识技能老化程度、教育负担、失学的风险、教育投入等，通过赋分的方式进行变量转化；（3）对于年龄、家庭规模、家庭代数、60岁以上老人数量、18岁以下未成年数量、慢性病患者数量、重病患者数量、残疾人数量、住房面积、家庭欠的外债、月消费支出、医疗支出、教育支出、好朋友数量等定比层次变量，不需要处理，直接用原始数据进行统计分析。

　　在进行多变量的回归分析之前，先对各变量进行相关分析，这种分析在所用数据的样本量不是足够大的情况下显得尤为重要，一来检验前面的交互分析，进一步验证变量之间的关系，通过相关分析，了解变量间的相关程度；二来通过对变量间的相关分析，首先剔除与因变量不相关或相关性很小的变量，减少进入模型的变量数，尽可能消除样本的缺陷，从而提高模型的拟合度。

（1）城市、年龄、文化程度、婚姻状况、健康状况、就业状况、家庭规模、家庭代数、60岁以上老年人人数、失业下岗经历、住房性质、住房面积、家庭欠的外债、是否低保户、最大困难、医疗费用来源、经济来源、是否会择校、失学的风险、教育投入、有无体检、因经济原因不就医、是否因照顾病人不去工作、月消费支出、教育支出、有无好朋友、好朋友数量等变量与因变量"贫困脆弱性指数"有显著性相关；

（2）30项较为重要的关键事件中，离婚、丧偶、结婚、职业变化、购买住房、卖出房屋、家庭添丁、失业、工伤事故、迁居、坐牢、配偶外出工作与因变量"贫困脆弱性指数"有显著性相关；

（3）失业后的行动中，节衣缩食、减少或不去旅游、与亲朋往来减少、停止娱乐活动与因变量"贫困脆弱性指数"有显著性相关；

（4）为看病采取的行动中，存款支出医疗费、向亲戚朋友借钱、接受亲友捐赠、接受社会捐赠、外出打工、寻求社区街道帮助与因变量"贫困脆弱性指数"有显著性相关；

（5）避免患病采取的行动中，不在高风险环境中活动、保障营养、保障休息、普及卫生知识、培养卫生习惯、加强体育锻炼、改善居住和饮水条件与因变量"贫困脆弱性指数"有显著性相关。

同时，在进行回归分析，引进自变量的时候，有的时候为了研究的需要，不一定要依据他们的统计重要性，我们也可以改而根据理论的需要来引进一些自变量。因此，在下面的系列多元回归分析中，自变量的引进，除了根据引进上面的相关分析得出的有显著性相关的变量以外，还适当地根据理论的需要引进一些变量和剔除一些变量来进行分析。

二 多元回归分析结果

模型的确定系数 R^2 为.401，调整的确定系数为.386，方程解释力为40.1%。从容忍度来看，进入方程的自变量之间不存在共线性问题。标准化回归系数（Beta值）表明，在城市居民家庭贫困脆弱性的几个影响因素中，影响力大小依次为城市（杭州，.209），文化程度（初中，-.190），总消费支出（.176），住房面积（.167），文化程度（小学及以下，-.160），家庭人口（.140），失业行动（节衣缩食，-.130），关键事件（购买住房，.116），城市（衢州，.114），关键事件（迁居，

.098),婚姻状况（已婚,.086),文化程度（高中或中专,-.084),房屋类型（拆迁安置安居房,-.083),经济来源（经营收入,.082),经济来源（打零工收入,-.080),房屋类型（廉租房,-.079),看病行动（向亲朋借钱,-.078),低保户（-.076),看病行动（受亲友捐赠,-.062),最大困难（生活消费支出高,.059),房屋类型（经济适用房,-.057),全职就业（.055),经济来源（下岗津贴,-.052)。

表4-2　　　　2013年调查贫困脆弱性影响因素多元回归分析

多元相关系数（R）	.633
确定系数（R Square）	.401
调整确定系数（Adjusted R Square）	.386
方程标准误（Standard Error）	.209

方差分析表（Analysis of Variance）：

	自由度（df）	平方和（Sum of Squares）	均方和（Mean Square）
回归方程	23	26.346	1.145
残差	899	39.365	.044
F=26.160	sig=.000		

Variables in the Equation

自变量	偏回归系数	标准误（B）	标准化系数	T	sig	容忍度
(Constant)	.294	.030		9.883	.000	
住房面积	.001	.000	.167	6.171	.000	.913
总消费支出	4.155E-6	.000	.176	6.622	.000	.940
失业行动——节衣缩食	-.097	.020	-.130	-4.784	.000	.901
购买住房	.072	.017	.116	4.255	.000	.891
城市——杭州	.118	.018	.209	6.619	.000	.669
全职就业	.030	.017	.055	1.789	.074	.703
低保	-.080	.029	-.076	-2.748	.006	.872
家庭人口	.028	.005	.140	5.089	.000	.881
看病行动——向亲朋借钱	-.060	.021	-.078	-2.859	.004	.888
经济来源——打零工收入	-.090	.031	-.080	-2.905	.004	.877
文化——初中	-.115	.020	-.190	-5.753	.000	.612

续表

文化——小学及以下	-.126	.026	-.160	-4.819	.000	.606
迁居	.080	.022	.098	3.651	.000	.916
经济来源——经营收入	.070	.023	.082	3.025	.003	.903
城市——衢州	.073	.020	.114	3.650	.000	.681
房屋类型——廉租房	-.133	.045	-.079	-2.924	.004	.905
房屋类型——拆迁安居房	-.074	.024	-.083	-3.094	.002	.937
困难——生活消费高	.039	.018	.059	2.194	.029	.910
婚姻——已婚	.054	.018	.086	3.050	.002	.833
文化——高中或中专	-.055	.020	-.084	-2.741	.006	.718
看病行动——受亲友捐赠	-.088	.037	-.062	-2.366	.018	.957
房屋类型——经济适用房	-.068	.031	-.057	-2.180	.030	.971
经济来源——下岗津贴	-.160	.080	-.052	-2.004	.045	.985

从整体来看，这些影响因素主要包括地区、文化程度、消费支出（总消费、生活消费支出）、家庭资产（住房面积及类型）、家庭规模、应对风险的行动（失业后、看病）、关键生命事件（购房、迁居）、婚姻状况、就业状态、经济来源等几个方面。具体分析如下：

1. 地区因素

从影响力系数来看，地区因素是影响城市居民家庭贫困脆弱性的重要因素，这个在前文已经进行过多次分析，东部地区的城市（杭州、衢州）与中部、西部地区的城市相比，其家庭的脆弱性相对要高一些。前文已经进行过具体的解释，这里不再赘述。

2. 文化程度

文化程度是影响贫困脆弱性的重要因素，这与前文的分析结果较为一致，两者呈现反向的关系，换言之，户主文化程度越高的家庭的贫困脆弱性越低。按照一般的解释，文化程度是人力资本的重要体现，文化程度高，意味着其拥有的人力资本高，这个家庭抵御社会风险的能力就相应高，按照我们在第二章提到的贫困脆弱性的四维分析框架，在社会风险因素一定的情况下，抵御社会风险的能力与采取的行动决定了最后的脆弱性后果。

3. 消费支出

在本次调查中也对消费支出进行了详细的区分，包括教育支出、医疗支出等具体项目，但最后的回归分析结果显示，只有总消费支出进入回归模型中，统计显著。这里显示消费支出越高，贫困脆弱性越高。可能的解释是，消费支出高，意味着更多的金钱支出，在一定程度上会削弱家庭抵御社会风险的能力，从而影响其贫困脆弱性。在问卷中询问的城市居民家庭面临的"最大困难"中，"生活消费支出高"（.059）也是其中重要的因素。近几年来，城市的CPI持续高位运行，房价居高不下，老龄化进程加快，城市居民的生活负担急剧加重，所有的这些都形成巨大的风险冲击。因此，消费支出的增加不仅仅是削弱了城市居民家庭抵御社会风险的能力，各类高昂的消费支出也在一定程度上形成了事实上的风险冲击因素。抵御能力的下降，风险冲击的上升，贫困脆弱性可能会增加。

4. 家庭资产

家庭资产一直以来被看成是家庭抵御风险的重要能力储备。"住房面积"（.167）与贫困脆弱性呈现正向的关系，换言之，住房面积越大的家庭，其贫困脆弱性可能会越高。这与CFPS调查的结果一致。可能的解释就是住房虽然可能是家庭的重要资产，但也可能成为家庭负债的重要来源，也就是说，家庭负债，包括向银行借贷等，很大一部分原因来自家庭的房产，这可能成为重要的风险冲击来源。实际上本次调查中询问的重大事件中，购买房屋（.116）、迁居（.098）等重大的关键生命事件确实增加了城市居民家庭的贫困脆弱性。

从城市居民家庭目前居住的房屋产权类型来看，那些居住房屋为拆迁安居房（-.083）、廉租房（-.079）、经济适用房（-.057）的家庭，与那些购买商品房等的家庭相比，对贫困脆弱性的影响是负向的，换言之，其贫困脆弱性指数相对要低。可能的解释是，这些房屋类型主要是以政府提供的社会保障性住房为主，例如廉租房、安居房、经济适用房等，也就是说，这些家庭的住房主要来自政府的资助，有了政府的兜底保障，其贫困脆弱性相对较低就可以理解了。在本次调查中对城市居民家庭的类型进行了划分，分为低保家庭、退保家庭与常态家庭，从回归分析的结果来看，低保户（-.076）的贫困脆弱性相对于常态家庭与一般家庭来讲反而要低一些。这进一步佐证了前文的结论，政府的社会保障政策对消减城市居民家庭的贫困脆弱性起着至关重要的作用，在后期的政策设计中，需要对各类社会救助制度以及社会福利制度进行评估与设计，围绕消减贫困脆弱性的目标，进行前瞻性的政策安排。

5. 家庭规模

本次调查还对家庭规模与结构进行了统计分析。回归结果显示，家庭人口（.140）是影响城市居民家庭贫困脆弱性的重要因素。家庭人口越多，家庭规模越大，家庭的消费支出就会越高，家庭负担就会越重，其抵御风险的能力就会降低，最后导致贫困脆弱性指数的上升。但这是一般常理的推测，实际的结果需要进一步的检验。因为家庭规模只是一个单一的指标，要整体衡量家庭规模所带来的影响，一般需要与家庭的结构结合起来分析，也就是说，不仅要考察家庭的人口数，还要考察家庭的代数、家庭的人口构成情况，比如老年人、年轻人的比例以及彼此在家庭内部的分工等。实际上有很多研究表明，家庭规模越大，家庭对于风险的抵御和防范能力就越强。[①] 而针对近些年中国家庭小型化的趋势所带来的后果，很多人趋向于认为家庭规模由大向小的转变使家庭内部承受风险的能力减弱，因此需要更完善的福利计划来保护家庭成员。所以针对这一回归分析结果，可能的解释就是家庭规模的增加导致家庭消费支出的增加，城市居民家庭出现"高消费、低收入"的生活状态，贫困脆弱性会增加。有关家庭规模对贫困脆弱性的具体影响机制，还需要进一步的研究验证。

6. 应对风险的行动

行动分析是本研究的一个创新之处。但由于"行动"非常难以测量，尤其是家庭的行动更是如此。本次调查中主要是通过询问城市居民家庭在家庭主要成员失业以后所采取的措施以及为家庭成员看病、预防生病所采取的措施来表示其"行动"要素。从回归分析的结果来看，失业以后的部分家庭会采取"节衣缩食"（-.130）的行动，部分家庭在家庭成员生病以后为筹集医药费等，会采取"向亲朋借钱"（-.078）、"接受亲友捐

[①] 王增文、邓大松：《农村家庭风险测度及风险抵御和防范机制研究——兼论农村社会保障制度抵御风险的有效性》，《中国软科学》2015年第7期。

赠"（-.062）等行动。数据显示，采取这些行动会导致贫困脆弱性的降低，两者呈现反向的关系。"节衣缩食"是一般家庭面临贫困风险冲击时的一种被动行动策略，其目的在于通过这种行动来维持家庭的基本生存需要。而"向亲戚朋友借钱"以及"接受亲友捐赠"，体现的是这些家庭较为强大的社会关系网络，其在面临困难时能够得到亲朋好友的帮助，这些非正式的社会支持力量能够在一定程度上提高这些家庭抵御风险的能力，消减其贫困脆弱性。这在一定程度上提醒决策者，基于消减贫困脆弱性的目标，行动干预是可选的路径之一，可以考虑通过一定的"助推"机制帮助家庭采取正确的行动策略来消减贫困脆弱性，后文将围绕这一问题详细论述。

7. 关键生命事件

家庭生命周期理论为人们提供一个有用的框架，用来预见家庭都要经历的发展阶段，提供了对于家庭"问题出现在过去的经历，现在试图去处理任务，将来要往哪里去"的视野。这是一种关注家庭能力的更积极的角度，认为家庭能够保持稳定性和连续性的同时，能完善并改变其结构。[①] 在家庭生命周期过程中一些关键生命事件至关重要。所谓关键生命事件，是指在个体或家庭的生命历程中发生的具有重大影响的事件，这些事件往往具有突发性、影响深远的特点。根据生命周期理论的假设，在人的一生中，往往有些时间节点极其关键，有些事件极其关键，把握不好会影响一生的生存与发展。实际上，人的生存与发展的轨迹是由许多必然性与偶然性组成的。在一定的社会背景下，人的生存与发展具有必然性，要符合时代的特点，遵循人类社会发展的客观规律。但是，在特定的环境下，人的生存与发展又具有偶然性，一些偶然发生的事件往往极大地改变了很多人的人生轨迹。社会中的个体具有一定的群体特征，这是其必然性的体现，符合时代的特点，同时，社会中的个体之所以具有差异性，每个个体的发展具有不同的结局，这是其偶然性的体现，一些关键的生命事件往往在其中发挥了重要的作用。[②] 从这个意义上讲，我们有必要对城市居民家庭在一定时间内发生的关键生命事件进行考察，分析这种关键生命事件对贫困脆弱性的影响，使后期的政策干预更有针对性。调查一共列举了

[①] 徐汉明、盛晓春：《家庭治疗——理论与实践》，人民卫生出版社 2010 年版，第 125 页。
[②] 祝建华：《缓解城市低保家庭贫困代际传递的政策研究》，浙江大学出版社 2015 年版，第 79 页。

30项重要的关键生命事件,回归结果显示,购买房屋(.116)、迁居(.098)对城市居民家庭有显著性影响。显而易见,在高房价时代,普通家庭购买房屋是一件非常大的消费支出,很多家庭会选择在银行贷款等方式来完成这一家庭行动,这无疑增加了家庭的风险冲击因素,而迁居同样如此。关于此问题我们在家庭资产部分的分析中已经有详细说明,不再赘述。需要注意的是,可能由于数据收集的问题,本次调查并没有完全展示出一些重要事件对城市居民家庭贫困脆弱性的影响,但这些重要的事件在很大程度上的的确确会形成对城市居民家庭的风险冲击,削弱其抵御社会风险的能力,提升了其贫困脆弱性。这有待后期的研究进一步佐证。

8. 婚姻状况

婚姻状况对城市居民家庭贫困脆弱性的影响与CFPS的调查结果一致,已婚的家庭相对于未婚家庭而言,贫困脆弱性指数相对要高。本次调查的家庭绝大多数为已婚家庭,一些研究表明,已婚女性决策者比单身女性决策者更倾向于投资风险资产和股票,更倾向于增加风险资产和股票在总资产中的配置比重。[1] 这些研究实际上为已婚家庭风险因素增加提供了一定的佐证。但常规推测,良好的婚姻组合实际上是抵御社会风险的重要保障,已婚的家庭比未婚的家庭抵御风险的能力更强。因此,一方面是已婚家庭可能比未婚家庭承担更多的家庭负担,面临更多的风险,另一方面已婚家庭可能拥有更强的抵御风险的能力。因此,结合CFPS的数据分析结果,我们很难直接得出结论就认为婚姻会导致贫困脆弱性指数的上升,否则的话,那么消减贫困脆弱性的措施就要变成解除婚姻了,很显然,这种结论是比较武断的。对婚姻状况如何影响贫困脆弱性这一问题,还需要进一步的研究推进。但至少有一点可以肯定,已婚家庭的家庭负担比未婚家庭要重,其贫困脆弱性的确要高于未婚家庭。

9. 就业状态

回归分析的结果显示,全职就业(.055)与临时就业、个体经营、离退休三种其他类型的就业状态相比,其贫困脆弱性要高。这一结果与在CFPS调查中失业状态的家庭贫困脆弱性要低的结果类似。如果将两次调查的结果结合起来看,以是否就业为基准,就业与失业处于就业状态的两端,户主全职就业的家庭的贫困脆弱性趋向于更高,户主失业的家庭的贫

---

[1] 王琎、吴卫星:《婚姻对家庭风险资产选择的影响》,《南开经济研究》2014年第3期。

困脆弱性趋向于更低。对此结果研究者尚未找到合理的解释，可能的解释就是有工作的，更容易失去工作，他们虽然不贫困，但是比起失业的，他们要更脆弱。

10. 经济来源

家庭的经济来源也是城市居民家庭贫困脆弱性的重要影响因素。从回归分析的结果来看，经济来源基本上与贫困脆弱性呈现反向的关系，经济来源为"经营收入"（.082）的家庭贫困脆弱性更高，经济来源为"打零工收入"（-.080）的家庭贫困脆弱性更低，同样，经济来源为"下岗津贴"（-.052）的家庭贫困脆弱性趋向于更低。狭义的经营收入，指商品生产经营者按照商品经济的要求安排企业各项微观经济活动，改善经营管理，提高经济效益所获得的经营性劳动收入，主要包括产品（商品）销售收入、经营服务收入、工程承包收入、租赁收入等，通俗而言，就是指家庭从事个体经营、商品买卖的收入，用调查过程中访谈对象的话来讲，就是"做点小买卖"。这类收入一般来讲，变动性较大，经济不景气的时候很有可能会亏损，我们在调查问卷中还通过关键生命事件中的"生意上的重大变化""收入上锐增锐减"来表示这种状况，很显然，经营收入的风险性较高，贫困脆弱性与风险有密切的关系，由此其贫困脆弱性趋向更高。经济来源为打零工收入和下岗津贴的家庭一般经济状况比较差，甚至是城市中正在接受低保救助的贫困家庭，其收入的变动性较小，贫困脆弱性也较小。实际上，根据李丽等人的研究，需要对贫困脆弱性进行分解，区分为两种情况，一种为低收入的脆弱性，一种为变动性的脆弱性。低收入的脆弱性主要源于收入水平低下，其一般平均收入低于贫困线，一般的贫困家庭的脆弱性就是属于收入低下的脆弱性；另一种则是变动性的脆弱性，这些家庭之所以脆弱是由于收入的不稳定，但其平均收入水平一般要高于贫困线。① 针对变动性的脆弱性，需要做的就是如何促进这类家庭的收入稳定性，减少其变动性，针对低收入的脆弱性，则需要想办法提高其收入水平，一般类似社会救助等转移性支付的社会保障制度就发挥了重要的作用。因此，这提醒决策者，消减城市居民家庭的贫困脆弱性，需要根据具体情形采取不同的公共政策干预措施，一类政策的目的在于提高收入，另外一类政策的目标在于减少收入波动性。

---

① 李丽：《中国城乡居民家庭贫困脆弱性研究》，经济科学出版社2012年版，第145页。

小　结

1. 影响城市居民家庭贫困脆弱性的因素众多，主要包括户主文化程度、消费支出、家庭资产（包括住房、金融等在内）、所在地区、婚姻状况、就业状态、重要事件、应对风险行动、经济来源、社会保障、社会关系等。

2. 文化程度与城市居民家庭的贫困脆弱性呈现反向关系，文化程度越高的家庭，贫困脆弱性越低，因此，如何提升家庭的人力资本是消减城市居民家庭贫困脆弱性的重要途径。

3. 家庭资产对城市居民家庭的贫困脆弱性的影响要具体分析，部分家庭资产的影响呈现的是负向关系，部分呈现的是正向关系。也就是说，家庭资产越多，抵御风险的能力越高，贫困脆弱性越低，但类似房产等家庭资产，由于借贷等多种原因，在某种程度上是家庭风险的重要来源，会扩大家庭面临的风险冲击，从而提升家庭的贫困脆弱性。这也提醒决策者，如何通过合理的机制引导城市居民家庭进行良好的资产储备极其重要。

4. 消费支出的扩大会提升城市居民家庭的贫困脆弱性，尤其是在经济不景气的时期，许多家庭可能会呈现出"高消费、低收入"的状态。因此，如何合理的引导消费也是消减城市居民家庭贫困脆弱性的重要途径之一。

5. 地区差异会影响城市居民家庭的贫困脆弱性。东部地区相对于西部地区和中部地区而言，处于这个地区的城市居民家庭的贫困脆弱性要更高。贫困脆弱性不仅仅由收入决定，高收入未必低脆弱性，很多经济发达地区的生存压力和生活压力非常大，无形中大幅度增加了生活在其中的城市居民家庭的社会风险，提升了其贫困脆弱性。

6. 家庭规模、婚姻状况的因素与家庭负担有关，家庭规模越大，家庭负担越重，已婚家庭的家庭负担要重于未婚家庭。因此家庭规模大、已婚家庭的贫困脆弱性相对于其他类型的家庭要高。如何多途径减轻现代城市居民家庭的生活负担是消减其贫困脆弱性的重要途径。

7. 关键生命事件是导致收入变动的重要因素，一些关键事件甚至可能会导致家庭立刻陷入贫困。因此，关键生命事件是影响城市居民家庭贫困脆弱性的重要因素。提醒决策者，在家庭的关键时期给予及时的帮扶，能够在很大程度上消减这些家庭的贫困脆弱性。

8. 应对风险的行动也是影响城市居民家庭贫困脆弱性的重要因素。一些行动能够改善家庭生存与生活环境，提升收入，而一些行动则会对家庭可能面临的社会风险实施早期干预，提前预防，从而消减这些家庭的贫困脆弱性。决策者要通过合理的"助推"机制，引导家庭采取合理的早期干预行动和后期应对行动，来消减贫困脆弱性。

9. 就业状态也是影响城市居民家庭贫困脆弱性的重要因素。有工作的人更容易失去工作，虽然不贫困，但是其脆弱性可能会更高。这是一种变动性的脆弱性，其收入可能在贫困线之上，但由于在高风险社会中可能出现收入的不稳定性而导致贫困脆弱性提升，与这一问题相关的还有家庭的经济来源对贫困脆弱性的影响。如果经济来源不稳定，其脆弱性也可能会更高。因此，如何通过各种措施来促进家庭收入的稳定性，是消减变动性的脆弱性的重要途径。

10. 社会保障体现的是来自政府的正式社会支持，而其他的社会关系则体现的是一种来自个人的非正式社会支持。根据社会支持理论，家庭所拥有的社会支持网络越强大，就越能够应对各种社会风险冲击。数据分析显示出接受政府正式的社会支持（如社会救助等）以及拥有家人、亲戚、朋友资助的非正式支持（如生病照顾等）的家庭，其贫困脆弱性要更低。因此，如何进一步强化城市居民家庭的社会支持体系将是消减贫困脆弱性的可选途径。可以通过干预个人的社会网络来改变其在个人生活中的作用，特别对那些社会网络资源不足或者利用社会网络的能力不足的个体，政府、社会组织以及个人，可以给予这些家庭更多的帮助，帮助他们扩大社会网络资源，提高其利用社会网络的能力。

综上来看，发挥社会救助的兜底保障作用，建立合理的家庭子女补贴制度，构建积极的"助推"机制等，都是消减贫困脆弱性的可选政策设计，能够消减基于收入低下的贫困脆弱性和基于变动性的贫困脆弱性。

第五章

城市居民家庭贫困脆弱性的比较分析

根据世界银行的定义，贫困脆弱性是指"度量应对冲击的复原——冲击导致未来福利下降的可能性"，即由于风险或冲击而使得家庭或个人未来生活水平降到贫困线以下的概率或可能性。其包括了两个重要的方面，风险冲击以及抵御风险的能力。正如前文所述，脆弱性的测量存在三种不同的方法，即预期贫困的脆弱性（Vulnerability as Expected Poverty，VEP）、低期望效用脆弱性（Vulnerability as Low Expected Utility，VEU）、风险暴露脆弱性（Vulnerability as Uninsured Exposure to Risk，VER）。本研究除了根据面板数据对贫困脆弱性进行测度以外，还需要进一步结合2013年的截面数据对城市居民家庭的基本生活状况进行分析，关注贫困家庭在风险冲击后所暴露的特征的层面的分析，同时还关注于家庭现在面临哪些潜在风险导致他们更容易在将来陷入贫困。

2013年的截面数据调查的资料收集方法主要采用结构式问卷调查的方法。在全国东部、中部和西部地区抽取3个省份4个城市，调查点的选择主要考虑了地区的分布和城市的类型两个因素。从全国东部的浙江省、中部的湖南省、西部的广西壮族自治区一共抽取4个城市，包括2个省会城市（代表大城市）、2个普通城市（代表中小城市），这几个城市分别为杭州、衢州、长沙、桂林。各城市调查样本的抽取采用多阶段抽样的方法进行。在每一个城市中，依据各个城区中城市低保家庭的分布情况，采用简单随机抽样的方法抽取1—2个城区，然后再从这些城区中按照街道、社区的层次，逐步抽取符合条件的城市居民家庭，这些家庭包括低保家庭、退保家庭和常态家庭。每个家庭根据Kish选择法，选取一个成年人作为最后的调查对象。实际调查抽取的总样本数为1228个。调查的样本情况见第三章的表3-1。

贫困脆弱性主要分析家庭在遭受风险冲击以后未来陷入贫困的概率与

可能性，这是一种对未来的预期与判断。实际上无论是前文计算贫困脆弱性指数的计量模型，还是加上"行动"因素的四维分析框架，其基础都是基于现状的判断。因此，这里有必要进行横向的对比，将城市居民家庭分为低保家庭、退保家庭以及常态家庭来进行对比分析。本研究把城市居民家庭的脆弱性分为：第一，生存脆弱性，包括收入与支出、就业、医疗、住房等层面的脆弱性；第二，发展脆弱性，包括教育、社会关系、社会保障层面的脆弱性；第三，城市居民家庭的风险、行动与关键事件。

第一节 城市居民家庭生存的脆弱性

生存是发展的前提与基础，也是贫困脆弱性分析最重要的环节。在生存层次，主要涉及收入、就业、住房、医疗等维度。

一 收入与支出层面的劣势

调查数据显示不同类型家庭的主要收入来源呈现显著性差异，低保家庭的收入来源是以"固定工资收入"为主（30.1%），其次是"救济金"（25.3%）和"退休金"（20.5%），退保家庭是以"固定工资"为主（31.4%），其次是"退休金"（28.6%）和"经营性收入"（20.0%），一般常态家庭则主要是以"固定工资"为主（52.6%），其次是"退休金"（25.9%）和"经营性收入"（11.1%）。需要注意的是，常态家庭依靠"固定工资"作为主要收入来源的比例明显要比其他两类家庭要高很多，此外，在低保家庭中，依靠"打零工收入"也是非常重要的来源之一，在比例上比一般的常态家庭要高，调查数据见表5-1。

表 5-1　不同类型家庭的经济主要收入来源交互分类与检验　　　　（%）

经济来源	家庭类型		
	低保家庭	退保家庭	常态家庭
固定工资收入	30.1	31.4	52.6
经营收入	6.0	20.0	11.1
下岗津贴	1.2	5.7	0.6
救济金	25.3	—	0.4
打零工收入	9.6	8.6	5.6

续表

经济来源	家庭类型		
	低保家庭	退保家庭	常态家庭
退休金	20.5	28.6	25.9
亲朋资助	1.2	—	0.6
家庭积蓄	1.2	5.7	1.1
贷款借款	—	—	0.3
其他	4.8	—	1.7
$X^2 = 273.665$ $df = 18$ $p < 0.001$			

尽管所有家庭的收入来源主要以固定工资收入为主，但一般常态家庭对此的依赖性明显要强于其他两类家庭，而低保家庭除了固定工资收入以外，救济金收入成为其重要的来源，再就是低保家庭领取的退休金以及其他相应的救助性津贴。之所以"救济金"没有排在第一位，主要原因在于低保是补差救助，是在低保家庭收入的基础上，对照当地的最低生活保障标准而补上两者之间的差值，这种差值有时并不是特别的高，甚至可能比他们获取的工资性收入要低很多。因此，救济金也有可能不是主要的收入来源，但在低保家庭的日常生活中扮演着非常重要的角色。可以看下面的案例：

> 王××，1965年2月出生，油茶厂病退，月工资1058元，妻子患慢性胃病、精神分裂症，女儿患精神分裂症。全家靠每月1058元维持生活，目前住在政府安置的廉租房中，因为位置偏远，交通不便，现在想办理残疾证，申请医疗救助。(G-1)

> 平××，男，1959年11月出生，离异。下岗失业多年，一直没有工作，而且体弱多病，靠打零工维持生活，由于身体不好，不能干重活，所以收入也不多，大概每个月600多元的样子，女儿1989年8月出生，由于意外导致肢体残疾。现在每个月领取低保金580元（两个人，补差），基本上政府发放的低保救助金是其生活的主要来源之一。(C-1)

这些城市居民家庭生活极为贫困，很多低保家庭主要依靠政府的救助才能勉强维持生活,加上老弱病残等特征,贫困脆弱性指数很高。

表 5-2 的统计结果显示,不同类型家庭的家庭总收入与总支出均呈现显著性差异,城市低保家庭的总收入与总支出明显要低于其他两种类型的家庭,总收入和总支出居于中间的为退保家庭,最高的为常态家庭。

表 5-2　　不同类型家庭的总收入与总支出交互分类与检验(%)

	总收入			总支出		
	低保家庭	退保家庭	常态家庭	低保家庭	退保家庭	常态家庭
2300 元及以下	13.1	8.6	7.4	6.0	8.6	4.9
2301—4300 元	4.8	—	0.8	2.4	—	0.2
4301—10000 元	19.0	—	5.2	7.1	—	2.4
10001—20000 元	17.9	11.4	8.6	21.4	20.0	10.1
20001—50000 元	23.8	42.9	29.2	44.0	48.6	50.6
50001—10 万元	15.5	34.3	34.1	3.6	17.1	19.5
10 万元以上	6.0	2.9	14.6	15.5	5.7	12.4
	$X^2=67.647$　df=12　p<0.001			$X^2=45.132$　df=12　p<0.001		

调研还询问了这些家庭最主要的三项支出,涉及住房支出、饮食支出、穿着支出、交通费、投资支出、教育支出、医疗支出、人情往来、还债、娱乐支出、其他 11 个方面的支出,先算出每个选项在各个选择上的百分比,然后进行加权处理,最后计算出各个选项的顺序指数,经过计算可以得出,总体而言,在所有家庭中,第一是饮食支出,第二是医疗支出,第三是教育支出。在低保家庭中,第一是饮食支出,第二是医疗支出,第三是住房支出,退保家庭中,第一是饮食支出,第二是医疗支出,第三是教育支出,在常态家庭中,第一是饮食支出,第二是医疗支出,第三是教育支出。由此可见,不管是低保家庭、退保家庭,还是一般常态家庭,饮食支出始终是排在第一位的,其次是医疗与教育,低保家庭略有差异,住房支出排在第三位。在调查开展的 2013 年,中国城镇的恩格尔系数为 35%,依然处于比较高的水平,在城市居民家庭的消费支出结构中,饮食支出依然占据最重要的地位,这也从侧面反映出社会发展程度与富裕程度,许多中国城市居民家庭更多的还是在为维持生存而奋斗。此外,医疗、教育、住房这些本应该由政府提供的公共产品,却成为中国城市居民消费最大的支出项目,值得深思。这也提醒政策研究者,如何进一步地通

过良好的制度设计，完善公共产品供给，促进公共服务均等化，减轻居民的医疗、教育、住房负担，将是消减这些家庭贫困脆弱性的重要手段与方式。

从调研中的一些个案可以看出，医疗费用支出等是这些家庭最大的支出项目。

> 刘××，男，1967年4月生，家住××2幢103室，本人原来是附近运河边的造船厂的职工，后来造船厂倒闭，他本人下岗失业在家，平常偶尔打打零工。妻子詹××原是杭州纺织厂的工人，后来也下岗失业。妻子在旁边的夜市上摆摊，卖一点袜子等小商品贴补家用。但是2005年5月刘××突发脑梗死成残疾，妻子既要抚养8岁的女儿，又要负担家庭开支，长期劳累，加上精神负担过重而肾病复发。目前，这个家庭为看病已经花去医药费30多万元，除国家报销了部分以外，大部分需要自己拿出来，负担很重。（H-1）

再来看一个衢州的居民家庭的情况：

> （Q-N-F-1）"是啊，欠了一屁股的钱，到处借，现在来看，将近二十多万哦。就是老头子动手术的开销、住院、手术费等，杂七杂八加一起就多了。现在有两个娃，一个上初中，一个才小学二年级，我自个，怎么说呢，动还是能动，不想动也要动啊，就这两年在小区门口弄了个早餐铺，没有帮手哦，做不了多的，就卖一点饭团。血汗钱啊，弄回来，全交给医院了，再就是吃饭，真受不了了，以后咋办哦。"

这个家庭由于有妻子在外面卖早餐的一点收入，加上她丈夫病退以后的一点生活补贴，收入刚刚超过低保标准一点点，所以没有纳入低保救助，算是常态家庭，但就是这样一个家庭，他们的主要收入主要是用在衣食支出和医疗支出上，由此可见，衣食、医疗、教育是城市居民家庭贫困脆弱性的重要影响因素。

二 就业层面的生存脆弱性

主要考察的是不同家庭接受调查的调查对象的职业状况，这些调查对象绝大多数都是家庭的户主，其职业状况对整个家庭而言至关重要，是获取生存基本资料的必要因素。

从统计数据来看，不同类型家庭的调查对象的就业状况呈现显著性差异，低保家庭与退保家庭和常态家庭相比，明显从业不足。如表5-3所示，城市低保家庭的调查对象"无业（失业或下岗）"的比例明显高于其他两种类型的家庭，达到23.8%，退保家庭的调查对象为2.9%，常态家庭则只有5.6%。再加上"身体良好一直无业"以及"身体病残无业"的比例，没有工作的比例达到35.7%，远高于其他两种类型家庭。相反，"全职就业"的比例，低保家庭为22.6%，退保家庭为34.3%，常态家庭则为44.3%，常态家庭"全职就业"的比例明显比低保家庭要高很多。就业不足会影响家庭收入，进而影响家庭的生活状态，从贫困脆弱性的理论来解释，就业不足是风险应对能力缺乏的表现，这些家庭在面临社会风险冲击时，由于就业不足，无法获取生存与发展所必需的生活资源，其后期陷入贫困或贫困恶化的概率要高很多，也就是其贫困脆弱性的水平相对要高。这也从一个侧面印证了脆弱的家庭不一定贫困，但贫困的家庭可能会更脆弱的结论。

表5-3　不同类型家庭过去三个月的就业状况交互分类与检验（%）

就业状况	家庭类型		
	低保家庭	退保家庭	常态家庭
全职就业	22.6	34.3	44.3
临时性就业	8.3	8.6	5.8
个体经营	—	14.3	5.3
离退休（不在职）	22.6	28.6	30.8
无业（失业/下岗）	23.8	2.9	5.6
身体良好一直无业	1.2	5.7	1.0
身体病残无业	10.7	—	1.2
学生	7.1	2.9	4.6
其他	3.6	2.9	1.4

$X^2 = 110.658$　$df = 16$　$p<0.001$

此外，从不同类型家庭成员的失业经历来看，也存在一定的差异性，常态家庭没有失业经历以及失业次数要明显好于退保家庭和低保家庭。

表 5-4　不同类型家庭失业经历交互分类与检验（%）

失业经历	家庭类型		
	低保家庭	退保家庭	常态家庭
没有	55.4	31.4	71.7
1 次	24.1	54.3	19.1
2 次	9.6	5.7	4.9
3 次及以上	10.8	8.6	4.3

$X^2 = 42.658$　$df = 6$　$p < 0.001$

对一般家庭而言，没有工作或者失业后首要的任务应该是寻找工作以保证生活资料的来源。从表 5-5 来看，失业以后这些家庭在找工作中遭遇的困难也存在显著性差异，对低保家庭而言，"工作能力不够""身体病残"的比例要远高于其他两种类型家庭，分别达到 22.6%、32.3%，而退保家庭只有 15.0%、10.0%，常态家庭则更低，分别为 6.5%、3.4%。需要注意的是，对常态家庭而言，年龄、学历以及就业信息的获取是最大的障碍。从贫困脆弱性的角度来看，年龄确实会影响整个家庭的贫困脆弱性指数，这在前几章的分析中已经得出相关结论。而教育（学历）也是重要的人力资本，也是影响其就业，进而影响其贫困脆弱性的重要因素，进一步印证了前几章的研究结论。

表 5-5　不同类型家庭找工作的困难交互分类与检验（%）

找工作的困难	家庭类型		
	低保家庭	退保家庭	常态家庭
工作能力不够	22.6	15.0	6.5
得不到足够的信息	6.5	10.0	22.4
技术老化	9.7	—	5.3
年龄太大	6.5	25.0	25.9
学历不够	12.9	15.0	17.9
招聘单位歧视	—	5.0	1.5
身体病残	32.3	10.0	3.4
其他	9.7	20.0	17.1

$X^2 = 58.839$　$df = 14$　$p < 0.001$

来自湖南长沙的个案佐证了这一点。

（C-N-M-1）"老了，老了啊，学啥啥都不会，这个微信还是女儿上次回家给我弄的，以前都不知道怎么用，算是赶了点时髦了，不过也确实方便多了哦……也出去找过工作，人家不要啊，为啥，嫌你年纪大呗，反应又慢，唉，这以后的日子就这样过一天算一天吧，就盼望女儿能出息点，现在在读大学，还很争气，读的是师范学校，还是全国重点的，你知道的，听说毛主席以前在那里读过书。"

而就业信息的获取不足反而是常态家庭要高于退保家庭和低保家庭，对此的解释是，一般来说，低保家庭这类贫困家庭受到国家各级政府的极大关注，各级政府也给予这类家庭更多的救助，无论是从生活救助还是从就业救助来看，这类家庭失业以后，获取就业信息反而不成问题，倒是普通的常态家庭，政府与社会的关注度不够。这也提醒政策设计者，在进行救助帮扶等制度设计时，不仅仅要考虑贫困家庭的需求，也要给予一般的普通家庭足够的支持，因为普通家庭的贫困脆弱性指数未必比贫困家庭的贫困脆弱性指数低，这些家庭即使现在不贫困，但如果由于社会支持不足，其后期陷入贫困的可能性会更大。注意到这一点，也是贫困脆弱性研究的意义所在。这一点在表5-6中进一步得到佐证。

正如数据显示，低保家庭在失业以后，其生活来源主要依靠"社会救济"与"失业救济金"的比例累计达到47.5%，而一般的常态家庭则主要依靠"家庭其他成员"和"储蓄"，累计为56.7%，常态家庭自助的比例要高很多，而从政府得到的支持则明显要少很多。同样从表5-7的数据也可以看出，失业以后低保家庭得到来自社区、区或区级以上政府的帮助的比例高达40%，而常态家庭则更多地依靠父母、家人和朋友的帮助。从这一点来看，贫困家庭由于标签效应比较明显，受到社会的关注度也比较高，能够得到更多的来自政府层面的支持，实际上也确实如此，在研究者以往的研究中也发现很多低保家庭获取的实际资助和由于低保家庭的身份带来的附带福利，在一些经济发达地区要明显高很多，甚至在一定程度上会形成所谓的"悬崖效应"，影响了社会救助制度的效率。① 这也进一步提醒决策者,要对高风险社会中一般的城市居民家庭给予足够多的关注和支持,防止他们陷入贫困,尤其是对其生存层面的贫困脆弱性有清晰的判断,提前干预,早期预防,消减其贫困脆弱性,防止陷入贫困。

表 5-6　不同类型家庭失业后生活来源交互分类与检验（%）

失业后生活来源	家庭类型		
	低保家庭	退保家庭	常态家庭
下岗生活费	7.5	25.0	10.1
失业救济金	10.0	20.8	13.2
社会救济	37.5	12.5	1.2
储蓄	15.0	12.5	23.6
依靠家庭其他成员	17.5	4.2	33.1
亲友救济	—	8.3	4.0
借债	7.5	—	3.1
其他	5.0	16.7	11.7

$X^2 = 110.251$　df = 14　$p < 0.001$

表 5-7　不同类型家庭失业期间提供帮助交互分类与检验（%）

失业谁提供帮助	家庭类型		
	低保家庭	退保家庭	常态家庭
同学	11.4	2.1	3.7
同事	1.4	6.3	5.3
邻居	2.9	4.2	2.0
朋友	7.1	14.6	14.5
父母	8.6	10.4	12.8
兄弟姐妹	4.3	4.2	10.8
子女	1.4	0.0	1.4
其他亲戚	8.6	12.5	5.5
社区	30.0	18.8	13.6

---

① 祝建华:《城市居民最低生活保障制度的评估与重构》,中国社会科学出版社 2011 年版,第 75—77 页。

续表

失业谁提供帮助	家庭类型		
	低保家庭	退保家庭	常态家庭
街道	7.1	6.3	3.7
区及区级以上政府	10.0	—	2.9
工作单位	—	8.3	2.4
其他企业	1.4	2.1	1.0
民间组织	—	—	1.0
其他	—	—	1.4
无任何帮助	5.7	10.4	17.9

三 医疗层面的脆弱性

医疗、教育、养老被称为当今中国民众面临的三大难题，这也是中国民众面临的三大高风险领域，尤其是医疗问题。许多家庭由于遭遇重大疾病威胁，面临巨额的医疗费用支出，同时由于病残导致失业无法获取生活来源，因病致贫的情况比比皆是。

在表5-8的数据显示因为经济困难而未就医的家庭比例中，低保家庭与退保家庭（实际上之前也是低保家庭）的比例要远高于一般常态家庭，这三种家庭的比例为34.9%、32.4%与12.2%。这样的结果很容易解释，家庭所拥有的应对风险的能力是决定其采取应对风险行动的重要因素。一般常态家庭的经济状况要比低保家庭好很多，因此其在面临疾病风险冲击的时候，应对的行动是有差异的。贫困家庭在遭遇疾病风险冲击时更为脆弱。正如前文所分析，一般的常态家庭由于缺乏较为有效的社会支持，遭遇风险的时候"自助"的比例比较高，这在表5-7的数据也可以体现出来。在表5-9中，医疗费用的来源，在三类家庭中如果有医疗保险，医疗保险是最主要的来源之一，除此之外，常态家庭的医疗费用来自"自己的储蓄"的比例要明显高于其他家庭，达到20.4%。

表5-8　不同类型家庭因经济困难未就医交互分类与检验（%）

经济困难未就医	家庭类型		
	低保家庭	退保家庭	常态家庭
有	34.9	32.4	12.2

续表

经济困难未就医	家庭类型		
	低保家庭	退保家庭	常态家庭
没有	65.1	67.6	87.8

$X^2 = 41.473$ df = 2 p < 0.001

表 5-9　不同类型家庭医疗费用来源交互分类与检验（%）

医疗费用来源	家庭类型		
	低保家庭	退保家庭	常态家庭
公费医疗	10.7	5.7	13.0
缴纳的医疗保险	54.8	68.6	59.9
医疗救助	7.1	2.9	0.6
商业保险	1.2	2.9	1.7
自己的储蓄	13.1	11.4	20.4
子女或家庭成员	8.3	2.9	1.9
借的	2.4	2.9	1.6
其他	2.4	2.9	0.8

$X^2 = 52.603$ df = 14 p < 0.001

可以推测的是，医疗保险与家庭储蓄所能应付的医疗支出还是局限于一般的医疗支出，而一旦这些家庭遭遇重大疾病的威胁，不同类型的家庭采取的行动可能会有一定的差异。表5-10统计了不同类型家庭为给家庭成员看病而采取的各种行动。除了一般的日常支出医疗费用以外，常态家庭较多的依靠"家庭存款支出"，低保、退保与常态家庭三类家庭在这一指标上的比例分别为37.1%、36.0%、52.6%。此外，还有寻求亲戚朋友帮助，"向亲戚朋友借钱"的比例也比较高。尤其需要注意的是，低保家庭（包括之前是低保家庭但是已经退保的家庭）"寻求社区街道帮助"的比例要高于一般的常态家庭，其比例分别为7.3%、6.0%、1.0%，这再次证明了在面临风险冲击时，贫困家庭得到的正式社会支持要高于一般的常态家庭。此外，常态家庭有一定的比例去寻求单位和媒体的帮助，对此的解释是这类家庭的信息渠道要比一般的贫困家庭要通畅很多，他们知道可以借助媒体的力量来帮助解决问题。再结合表 5-11 的数据进行分析，在不同类型家庭中，低保家庭更有可能比一般的家庭因为需要照顾家中病人而选择不去工作。对此问题的解释是：低保家庭，包括之前是低保家庭但是已经退保的家庭，一方面，这些家庭本身致贫的原因很有可能就是重病重残所致，不能出去工作成为必然；另一方面，尽管这些家庭能够得到来自政府等机构的正式社会支持，但是这种社会支持在重病大病面前还是显得杯水车薪，难以解决实质性的问题，由于缺乏有效的资源支撑，这些家庭中的成员不得不选择中断工作而去照顾家中病人。由此可见，无论是贫困家庭还是一般的常态家庭，在面临疾病风险的冲击时，同样的显得应对无力，贫困脆弱性程度都很高，而对于贫困家庭而言，选择不出去工作照顾病人，可能会导致恶性循环，减少工作导致收入锐减，收入锐减又看不起病，如此循环往复，其脆弱性更值得关注。

在调研中的一些个案也充分证明了这一点：

（G-D-F-1）51 岁，桂林市人，癌症患者："我就是身体不好，一直要吃药，病得还是很重的，什么病我也不说了，反正估计是治不好了。我啊，还有一个姐姐、一个哥哥，他们有时来一下，支援我一点，过年过节啊，吃的、用的东西资助一下，就跟领导送关怀一样，过来看看，只能这样了，他们也有家有口的，都不容易，我就这样活着呗，拖一天是一天了。以前是有老公的，你知道，自从我病了以后，照顾了我好多年，一直也没法出去工作，还有一个儿子要养啊，上学啊，接送啊，都是他一手一脚的。我不想拖累他，七搞八搞，后来还是离婚了，儿子跟着他，可能要好过一些。我们这些人真是可怜啊，什么都没有了，现在没钱吃药，有时候，有个病友会，QQ 群里面的，搞点活动，发点药，那个免费的，也有点用，我也不知道，可能有点用吧，反正就这样。"

这个个案对象患有癌症，需长期治疗，丈夫曾为她治病没有出去工作，她只能得到来自家庭的一些非正式支持，由此可见，这样的家庭是贫病交加的典型。不过在访谈中她没有提到她其实是低保户，还有一部分来自政府的社会救助支持。可能桂林属于中国西部地区，低保救助的标准本身就不高，相对于东部地区而言，在保障力度等方面有一定的差距。

表 5-10　　不同类型家庭看病行动交互分类与检验（%）

看病行动	低保家庭	退保家庭	常态家庭
家庭存款支出	37.1	36.0	52.6
向亲戚朋友借钱	15.3	10.0	9.6
向银行贷款	0.8	2.0	0.3
追回欠款	—	2.0	0.8
变卖家中值钱东西	2.4	2.0	0.9
接受亲友捐赠	4.0	8.0	2.6
接受社会捐赠	2.4	—	0.5
小孩辍学	—	—	0.1
外出打工	6.5	6.0	3.1
寻求单位帮助	—	—	0.6
寻求媒体帮助	—	—	0.2
寻求社区街道帮助	7.3	6.0	1.0
拖欠医疗费用	—	—	0.1
借高利贷	0.8	—	0.2
日常支出医疗费用	20.2	26.0	24.9
其他	3.2	2.0	2.3

表头：家庭类型

表 5-11　　不同类型家庭照顾家人无法工作交互分类与检验（%）

照顾家人无法工作	低保家庭	退保家庭	常态家庭
有	31.7	25.7	12.3
没有	68.3	74.3	87.7

$X^2 = 27.684$　df = 2　$p < 0.001$

最后，我们用一组数据来说明城市居民家庭在医疗层面的贫困脆弱性。具体如表 5-12 所示，在调查对象健康状况的对比中，常态家庭要明显好于低保家庭与退保家庭，"比较健康"以上低保家庭的比例只有32.2%，退保家庭为45.7%，而一般的常态家庭则为68.1%。有将近三分之一的低保家庭成员没有任何的体检，而不定期的体检的比例也要比常态家庭要低很多。而从60岁以上老人的数量、18岁以下儿童的数量、慢性病患者人数、重病患者人数、残疾人人数等来看，这三类家庭差异不是特别明显，换言之，不管是什么类型的城市居民家庭，都同样面临着养老、医疗等方面的压力。但从医疗费用支出来看，低保家庭要明显高于其他两类家庭，低保家庭平均医疗费用支出达到14055.15元，退保家庭为6815.71元，而一般的常态家庭为9104.05元。实际上这也与中国低保家庭的类型结构有关，很多低保家庭本身就是因病致贫，所以其医疗费用支出比较高是比较正常的现象。不过这也进一步提醒决策者，城市居民家庭在医疗层面的脆弱性尤其值得关注，如何提高这些家庭应对医疗风险的能力，消减医疗层面脆弱性是值得思考的问题之一。

表5-12　　　不同类型家庭医疗状况交互分类与检验（%）

	家庭类型		
	低保家庭	退保家庭	常态家庭
调查对象身体状况***			
很健康	15.5	17.1	27.1
比较健康	16.7	28.6	41.0
一般	35.7	48.6	24.9
比较不健康	21.4	5.7	5.3
很不健康	10.7	—	1.7
体检情况**			
有定期体检	43.4	51.5	44.5
有不定期体检	28.9	36.4	41.6
没有体检	27.7	12.1	13.9
60岁以上老人（人）	1.49	1.48	1.67
18岁以下儿童（人）	1.26	1.13	1.22
慢性病患者（人）	1.29	1.20	1.31
重病患者（人）	1.00	1.00	1.13
残疾人（人）	1.13	1.00	1.05
全家年医疗费（元）	14055.15	6815.71	9104.05

*** p<0.001　** p<0.01　60岁以上老人、18岁以下儿童、慢性病患者、重病患者、残疾人的数量以及全家年医疗费均为均值

在衢州的调研中，一个社区主任对研究者的介绍：

（Q-C-F-2）"这户人家这个人主要就是身体太差了，有很多毛病，做重体力活吃不消，这还不算是最惨的，有一些家庭基本上全家都有疾病，有一些病啊，可能是家族性的还是遗传性的，也很奇怪，每个人都有，你看岳××他们家，老婆有精神分裂症，儿子、女儿也有，我的个天啊，这个家算是基本完了，最惨的就是这种。"（Q-2）

这一个案访谈资料再次验证了城市居民家庭医疗层面的脆弱性。

四 住房层面的脆弱性

如果将拆迁安置房、安居房、经济适用房、自有私房、已购商品房、已购房改房等算作自有住房的话，根据调查数据显示，城市居民家庭自有住房的比例还是比较高的，低保家庭达到65.1%，退保家庭为68.6%，常态家庭为83.8%。但三类家庭相比，常态家庭自有住房的比例明显要高于其他两类家庭。正所谓"居者有其屋""有恒产者有恒心"，住房对城市居民家庭的重要性不言而喻。在中国，住房往往与教育、社会保障等资源紧密关联，在不确定性不断增加的城市社会生活中有一个固定的居所不仅意味着一种资产，同时也是生存与发展的基础，更重要的是能够提升其生活的信心，增强抗逆力，降低贫困脆弱性。但目前仍有约五分之一的常态家庭和三分之一的低保家庭没有自己的住房，以租房为主，生活不安定因素大幅度增加。从定性访谈的资料来看，也进一步证实了这一观点。这是研究者在杭州访问的一个居民家庭的情况，他们主要是住在政府提供的廉租房里面。

（H-D-M-3）："我们现在住的是廉租房，三墩的，很早就搬过来了，以前还不愿意过来，你可能不知道，这个地方，以前是远啊，坐公交车都不方便，现在好多了，边上的房子都卖1平米2万多元了，你说好不好，有什么用呢，这房子又不是我的，廉租房也是租的啊，是国家的啊，50多平米，一家三口，住住也足够了，明年儿子就要上大学了，就要搬出去了，不知道还让不让住啊，18平米一个人嘛，怕不达标，不让住，到时候住哪里去呢，走一步看一步吧。"

类似廉租房这类政府提供的保障性住房确实在解决城市居民家庭的住房问题上发挥了重要的功能,尽管面积较小,但作用不容小觑。

表 5-13　　不同类型家庭居住房屋类型交互分类与检验(%)

房屋类型	低保家庭	退保家庭	常态家庭
租住单位房	7.2	5.7	2.7
租住公房	6.0	8.6	2.2
租住私房	6.0	2.9	6.2
廉租住房	13.3	5.7	1.5
拆迁安置房	6.0	5.7	5.3
安居房	2.4	2.9	5.2
经济适用房	6.0	2.9	5.4
自有私房	16.9	20.0	18.1
已购商品房	14.5	20.0	25.9
已购房(房改及部分产权)	19.3	20.0	23.9
集体宿舍	1.2	—	0.5
亲朋借住	1.2	2.9	1.0
其他	—	2.9	2.1

$X^2 = 72.264$　df = 24　$p<0.001$

表 5-14　　不同类型家庭住房面积交互分类与检验(%)

住房面积	低保家庭	退保家庭	常态家庭
20 平方米及以下	4.8	2.9	2.8
21—50 平方米	20.2	14.3	9.6
51—100 平方米	60.7	62.9	62.2
101 平方米及以上	14.3	20.0	25.3

$X^2 = 14.015$　df = 6　$p<0.05$

另外,调查显示,低保家庭、退保家庭与常态家庭在住房面积上存在显著性差异,相对而言,低保家庭住房面积偏小的比例要高于一般常态家庭,而大部分城市居民家庭的住房面积都集中在 100 平方米左右。很显然,住房面积的大小与这些家庭的经济状况密切相关。换言之,要让城市居民家庭获得稳定的住所，实现资产的自我储备，增强生活发展的信心，需要多渠道帮助这些家庭提高收入，改善居住环境。在研究者的调查中，浙江省妇女儿童基金会实施的"焕新乐园"项目更好地诠释了这一要义。"焕新乐园"项目给浙江省有6—16岁儿童的低保家庭改善居住环境，并提供陪伴服务，极大地增强了这些低保家庭儿童的自信心。以往这些家庭的儿童因为家庭经济条件的限制，居住环境不好，很多孩子没有自己的书房或独立的房间，在与同伴的交往中明显自信心不足，从来不会邀请小伙伴到家中玩耍，但是通过"焕新乐园"项目的居住环境改造以后，他们有了自己独立的书房或房间，干净整洁的居住环境提升了这些孩子与同辈群体交往过程中的自信心。通过这一举措，能够帮助贫困家庭儿童走出经济与心理的困境，从而增强自我发展的能力，有利于防止贫困的代际传递，消减这些家庭的贫困脆弱性。

第二节 城市居民家庭发展的脆弱性

在比较了不同类型家庭在就业、医疗、住房等生存层面的脆弱性以后，有必要对这些家庭在发展层面的脆弱性进行比较分析。发展层面主要包括教育、社会关系、社会保障等。

一 教育的发展脆弱性

教育有广义和狭义之分。广义的教育泛指一切有目的地影响人的身心发展的社会实践活动。狭义的教育是指专门组织的教育，它不仅包括全日制的学校教育，也包括半日制的、业余的学校教育等。它是根据一定社会的现实和未来的需要，遵循年轻一代身心发展的规律，有目的、有计划、有组织、系统地引导受教育者获得知识技能，陶冶思想品德、发展智力和体力的一种活动，把受教育者培养成为适应一定社会（或一定阶级）的需要和促进社会发展的人。实际上，我们这里理解的教育，在更大程度上就是一种人力资本投资。所谓人力资本投资，是指投资者通过对人进行一定的资本投入（货币资本或实物），增加或提高人的智能和体能，这种劳动能力的提高是最终反映在劳动产出增加上的一种投资行为。父母创造条件，让子女参加各种学校教育以及职业培训，父母对子女的培养等，都属于教育的范畴。本研究中的教育主要包括家庭成员所有相关的教育活动，不仅仅局限于家庭中子女的教育，成年人的教育投入也是家庭人力资本投资与再生产的重要环节。

从调查的数据来看，三种不同类型的家庭在教育费用支出上略有差异，一年的教育费用支出在 1000 元以下的比例，低保家庭要高于常态家庭，在 5001—10000 元这个区间，则是常态家庭高于低保家庭的，同样的，在 10001—20000 元这个区间，常态家庭也是高于低保家庭的，但是在 20001 元及以上的教育费用支出中，低保家庭要高于其他两类家庭。一般而言，教育费用支出与家庭经济状况有密切关系，实际上如果将数据合并，以 5000 元为界，在 5000 元以上的教育费用支出中，低保家庭的比例为 62.5%，退保家庭为 53.0%，常态家庭为 74.1%。换言之，常态家庭的教育费用支出一般比低保家庭的教育费用支出要高，可能的解释是，除了一般的学校教育支出三类家庭差不多以外，常态家庭更有能力给予孩子课外的一些教育投入，比如参加学前辅导班、各类培训班等，这类教育费用支出已经占据了一般家庭教育费用支出的绝大部分比例，尤其对这些家庭中的子女还处于义务教育阶段而言，更是如此，一般义务教育阶段除了个别私立学校以外，一般的公立学校的费用基本差不多，更大的差异来自课外的投入，参加各种培训班的费用支出已经成为城市居民家庭的重要负担。对低保家庭而言，其依然停留在满足基本生存需要阶段，对教育这类促进发展的投资，由于经济条件的限制而显得力不从心。

表 5-15　　不同类型家庭年教育费用支出交互分类与检验（%）

教育费用支出	家庭类型		
	低保家庭	退保家庭	常态家庭
1000 元及以下	15.6	11.8	3.8
1001—5000 元	21.9	35.3	22.1
5001—10000 元	25.0	35.3	34.8
10001—20000 元	15.6	5.9	25.6
20001 元及以上	21.9	11.8	13.7

$X^2 = 18.149$　df = 8　$p<0.05$

表 5-16　　　　不同类型家庭是否择校交互分类与检验（%）

是否择校	家庭类型		
	低保家庭	退保家庭	常态家庭
会	29.3	5.0	29.7
否，没必要	22.0	45.0	40.3
否，经济困难	36.6	40.0	15.5
否，政策规定就近入学	12.2	10.0	14.5

$X^2 = 23.518$　df = 6　p < 0.01

再来看择校的情况，低保家庭与常态家庭在花钱或通过购买学区房的方式为孩子选择好的幼儿园、学校就读的比例大致差不多，常态家庭认为"否，没有必要"的比例要高于低保家庭，但是因为经济困难而选择不择校的比例，低保家庭则要高于常态家庭。实际上这个指标测量的主要还是家长对择校问题的态度，低保家庭在回答这一问题时明显较多地考虑了经济因素，而常态家庭则可能更多地从教育理念等角度来回答这一问题，而那些会择校的家庭并没有体现出差异性，最大的可能性就是关于子女教育，不管是低保家庭还是一般的常态家庭，只要其能力允许，都会尽可能地创造一切条件给孩子提供力所能及的教育资源。

研究者在杭州的调查中遇到的这个个案更是充分证明了这一点，是否选择学校，有很多因素的制约，而有没有能力进行学校的选择，实际上是家庭抵御风险能力的直观体现。

（H-4）：这是一个事实孤儿家庭，父母健在，但因为吸毒、盗窃，所以坐牢和强制戒毒，两个孩子没人抚养，教育状况堪忧。"双胞胎，好事情啊，两个很聪明的姑娘啊，可惜，一下成了孤儿，什么情况，也不是真的孤儿吧，爸爸妈妈因为吸毒，关进去了，没人照顾了，爷爷奶奶早就不在了，只能放到阿姨家。住在余杭郊区，很远的，我们这个地方是个小镇，位置偏，学校也不怎么好，上不了好学校啊，怎么办，只能这样了，好好的，原来听说姑娘的家住的房子还是杭州的一个很好的学区，多少人想进去都进去不了，真的作孽啊，跑去吸毒，害了自己，害了孩子。你说放在原来的家里吧，这么远，谁去照顾啊，没法子啊，我们社区干部也只能帮一点是一点，国家政

策有的,不会少了她们的,心疼啊。"(H-C-F-4)

从以上调查数据的分析可见,教育已经成为影响城市居民家庭生活的重要因素。不管是低保家庭还是一般的常态家庭,如果没有经济因素的限制,可以预见的是,教育支出还会迅速上升,成为这些家庭生活的重大负担。在当前社会中各类课外辅导班、培训班盛行,家长彼此之间比拼投入的现象更是充分说明了这一点。因此,如何通过合理的机制进行正确的引导,规范家庭的教育支出行为将是研究者需要思考的问题之一。

表5-17 不同类型家庭对孩子成长的不利影响交互分类与检验(%)

家庭影响	家庭类型		
	低保家庭	退保家庭	常态家庭
太忙无暇兼顾学习	19.6	31.8	35.4
经济困难教育投入不足	43.5	22.7	13.5
父母文化低无法辅导	19.6	18.2	12.1
住房拥挤无好学习环境	4.3	—	3.8
突发变故心理打击严重	2.2	—	2.0
缺失伙伴交往能力不足	—	13.6	11.8
溺爱导致不良后果	—	9.1	7.7
条件太优越无法自立	—	—	0.9
其他	10.9	4.5	12.7

$X^2 = 43.232$ df = 16 $p < 0.001$

最后,我们再来看不同类型家庭在子女成长过程中所可能造成不利影响的因素。如表5-17所示,"经济困境教育投入不足"的低保家庭为43.5%,要远高于退保家庭的22.7%和常态家庭的13.5%。此外,"父母文化低无法辅导"的低保家庭的比例也要高于常态家庭。而常态家庭在"太忙无暇兼顾学习"以及"缺失伙伴交往能力不足"的比例上要高于低保家庭。换言之,不同类型的家庭在子女教育上面临的问题有较大差异,贫困家庭的主要问题在于经济与父母文化程度,而常态家庭的主要问题在于父母的时间以及小伙伴的缺失。这也再一次提醒决策者,在制定相关的反贫困政策时,需要考虑到不同类型家庭的不同状况,帮忙贫困家庭首先解决基本生存问题再谈发展,可以给常态家庭的父母提供社会服务,帮助他们从日常繁忙的谋生状态中解放出来，等等，这些都是可以考虑的消减城市居民家庭贫困脆弱性的措施。

二 社会关系的脆弱性

广义的社会关系是人们在共同的物质和精神活动过程中所结成的相互关系的总称，即人与人之间的一切关系。社会学从结成社会关系的主体将社会关系分为个人与个人的关系、个人与群体的关系、群体与群体的关系以及社会现象之间的关系。个人与个人的关系是全部社会关系的起点，是社会中最简单、最基本的关系；个人与群体的关系，如一个职员与公司的关系；群体与群体的关系，它更集中地体现了社会关系的基本倾向；社会现象之间的关系，这是高层次、大范围的社会关系，如失业现象与犯罪现象的关系。在这里，我们主要从狭义上去理解社会关系，这里主要是指个人与个人、个人与群体之间的关系，在本研究中主要是城市居民家庭成员与其他社会成员之间的关系以及家庭成员与社区等组织之间的关系。我们从邻里互动、社区活动参与、有无好朋友、好朋友数量、谁提供的帮助最多等指标来对城市低保家庭、退保家庭以及常态家庭的社会关系进行梳理。

社会关系是城市居民家庭生存与发展过程中的重要资源，也是其抵御风险的重要能力的表现。个体与家庭生活在社会网络之中，在全球化发展的今天，没有任何一个人能够在这个网络中独善其身。贫困脆弱性的理论也将社会关系当作家庭应对风险的重要社会资本，在"风险—能力—行动—结果"的四维分析框架中均可见社会关系的重要地位。由于良好的社会关系的缺乏，家庭没有正式的社会支持与非正式的社会支持，在风险社会中会进一步加大其生存与发展的风险；由于缺乏良好的社会支持，其获取社会资源的能力受到局限，应对风险的能力下降。应对风险能力下降的同时，还会导致其采取应对风险行动的局限，这两者是相辅相成的关系，最后就会导致贫困脆弱性的后果。因此，我们将社会关系的脆弱性当作重要的维度进行分析。

在调查中询问了遇到困难谁提供帮助最多，一共有同学、同事、邻居、朋友、父母、兄弟姐妹、子女、其他亲戚、社区、街道、区及区级以上政府、工作单位、其他企业、民间组织、其他15个选项，先算出每个选项在各个选择上的百分比，然后进行加权处理，最后计算出各个选项的顺序指数，经过计算得出，总体而言，在所有家庭中，第一是兄弟姐妹，第二是父母，第三是朋友。在低保家庭中，第一是父母，第二是兄弟姐妹，第三是社区。在退保家庭中，第一是兄弟姐妹，第二是父母，第三是朋友，在常态家庭中，第一是兄弟姐妹，第二是父母，第三是朋友。从这个调查结果不难看出，无论是低保家庭、退保家庭，还是一般的常态家庭，他们遇到困难给予帮助最多的还是家人，其中以父母和兄弟姐妹为主。这充分说明传统的伦理关系在中国人的社会生活中依然发挥了重要的作用，家人、亲戚、朋友之间的互帮互助是其社会关系网络的重要体现。

在调研中的一些个案也充分证明了这一点：

（H-D-M-5）42岁，劳改释放人员："不说了，说了也白说，你也知道的，我们这种人，谁看得起你？找个事情做，不是直接不要你，就是搞不了几天，找个理由就把你给开了，恼火，要是以前的脾气，早跟他们干起来了。还是担心老妈，七十多岁的人了，腿又不好，还天天给我烧饭，唉。（访问员追问：'家里还有其他人吗？'）是有个姐姐，早几年嫁了，姐夫嘛，也是跑运输的，前几年还可以，现在日子也很一般，还有儿子，姐姐有时候过来接济我一点，唉，怎么说呢，我知道自己不成器，伤了她的心，接济我，可能也是可怜老母亲一个人辛苦。算了，不说这个了。"

当然，给予低保家庭社会支持的还有一个重要的机构，那就是社区，社区在这里实际上扮演着政府的代言人的角色。低保家庭由于经济困难，需要领取低保救助金，与他们直接联系，接触最多的就是基层的社区组织，实际上这代表着政府的正式社会支持。这种调查结果与我们的一般判断也是一致的。表5-18的调查数据进一步佐证了这一判断。

表5-18　不同类型家庭提供教育资助的机构交互分类与检验（%）

教育资助机构	家庭类型		
	低保家庭	退保家庭	常态家庭
社区	23.2	17.2	6.2
街道办事处	8.5	—	1.8
区和区级以上政府	12.2	3.4	3.0
工作单位	2.4	6.9	6.7

续表

教育资助机构	家庭类型		
	低保家庭	退保家庭	常态家庭
非政府组织	—	—	0.7
学校	6.1	3.4	8.8
其他	2.4	—	2.5
没有任何组织	45.1	69.0	70.4

$X^2 = 77.786$ df = 14 $p < 0.001$

正如表5-18的调查数据显示，在给予城市居民家庭教育资助的机构中，社区始终是排在最前列的，而且，这三类家庭也存在显著性差异，低保家庭受到来自社区的教育资助的比例明显要高于其他退保家庭与一般的常态家庭，其比例分别为23.2%、17.2%、6.2%。低保家庭相对于一般家庭而言，得到了更多的来自政府的社会支持，这也构成了低保家庭应对风险能力的重要部分。因此，以上调查结果提醒决策者，为提升城市居民家庭应对风险的能力，改善其应对风险的行动，消减其贫困脆弱性，一方面，可以采取多种引导措施，进一步强化家庭的互帮互助的功能，另一方面，要通过社会救助等正式的制度安排，进一步增强这些家庭的正式社会支持。从而构建一个完整的社会支持网络，帮助这些家庭消减其贫困脆弱性。

政府通过社区提供的正式社会支持往往是很多城市居民家庭得以维持基本生存的重要支撑性因素。

（C-C-F-3）："这次你们大学生来了，要和你们说说，其实我们每年都接待不少的大学生，暑假啊，搞一些社会实践，我看还是不错的，有些孩子还很贴心，懂得我们社区人的辛苦，我们也愿意和你们聊天。怎么说呢，累是累一点，但有社区群众的肯定，还是很开心的。社区的工作很庞杂，生老病死，什么事情都要管，社区里面没有刺头还好说一点，如果有那么一两个刺头，就麻烦死了。不过多数人还是很理解我们的，你看刚刚说的那家，董××，老公一直在床上瘫着，就靠她一个人，弄了一个缝补店，做点裁缝活，贴补家用。他们楼道组长就向我们汇报了，其实我们也早就注意到了，专门到她家看了下，真的是什么东西都没有啊，你们有一个叫什么词来着，家徒、家徒（访问员补充："家徒四壁"），对，家徒四壁，就是这个样子。后来我们主动核查了以后，给她家申请了低保，定期派人去慰问，过年过节的时候，还帮忙联系医院，上次还派了一个护工阿姨去照顾她丈夫一段时间，那个时期突然加重住了院，钱呢，有一部分是申请的救助基金，一个企业捐助的，有一部分，就是我们社区干部凑的一点点。董××每次见到我，都眼泪汪汪，感谢的话说了一遍又一遍，心酸、欣慰，这就是社区干部的生活。现在她女儿也大学毕业了，日子也好过了一点，好开心的，你不知道。哦，对了，她女儿上大学的时候，社区还向街道和区里申请了教育救助金，也算是尽一点点力吧。"

表5-19　不同类型家庭社会关系交互分类与检验（%）

	家庭类型		
	低保家庭	退保家庭	常态家庭
邻里互动**			
经常串门	42.9	40.0	42.8
见面打招呼	44.0	40.0	51.6
基本不说话	9.5	14.3	4.0
根本不认识	3.6	5.7	1.6
社区活动参与			
经常参加	37.0	42.9	36.9
偶尔参加	28.4	31.4	38.7
从不参加	34.6	25.7	24.4
有无好朋友***			
有	66.3	79.4	88.6
无	33.7	20.6	11.4
好朋友数目（人）	2.35	3.86	3.80
好朋友的帮助			
工作方面	12.1	10.0	7.6
生活方面	24.1	26.7	19.2
人际关系	19.0	23.3	20.2
精神方面	32.8	36.7	46.7

续表

	家庭类型		
	低保家庭	退保家庭	常态家庭
经济方面	3.4	3.3	2.8
学习方面	3.4	0.0	0.5
其他方面	5.2	0.0	3.1

** $p<0.01$ *** $p<0.001$ 好朋友数目为均值。

表5-19的数据显示，不同类型家庭的社会关系也呈现出显著性差异。在"邻里互动"这一指标中，一般的常态家庭要好于低保家庭，见面打招呼甚至串门的比例，常态家庭为94.4%，低保家庭与退保家庭为86.9%、80.0%。在"社区活动参与"方面，"从不参加"的比例低保家庭要高于退保家庭与常态家庭，分别为34.6%、25.7%、24.4%。"有无好朋友"的比例低保家庭要低于退保家庭与一般常态家庭，在"好朋友数目（人）"上也存在差异，低保家庭"好朋友数目（人）"平均为2.35%，而退保家庭与一般常态家庭为3.86%、3.80%。这从另一个侧面说明低保家庭的社会关系要明显弱于一般的常态家庭，这主要与低保家庭的家庭经济状况有关，由于收入低下，一方面，其缺乏与他人广泛交往的信心，另一方面，其他的人也不太愿意同他们交往，这符合一般的生活常理的推测。需要注意的是，从这些家庭的"好朋友的帮助"来看，这三类家庭也略有差异，给低保家庭、退保家庭提供的帮助以"精神方面"和"生活方面"的帮助为主，一般的常态家庭则主要以"精神方面"和"人际关系"方面为主。事实上也确实如此，包括低保家庭与退保家庭在内的低收入家庭，他们更需要的也是经济层面的帮助。而精神层面和人际关系层面的帮助能够进一步在改善其生存状况的同时促进其发展。因此，这提醒政策研究者，不仅要关注城市居民家庭生存层面的需求，更需要关注其精神和人际关系层面的需求，促进其发展，消减其发展层面的脆弱性。

三 社会保障层面的脆弱性

社会保障是指国家通过立法，积极动员社会各方面的资源，保证无收入、低收入以及遭受各种意外灾害的公民能够维持生存，保障劳动者在年老、失业、患病、工伤、生育时的基本生活不受影响，同时根据经济和社会发展状况，逐步增进公共福利水平，提高国民生活质量。社会保障一般包括社会救助、社会福利、社会优抚、社会保险等，我们将社会保障看着是对城市居民家庭的一种正式的社会支持。社会保障在城市居民家庭的日常生活中扮演着重要的作用。尤其是在高风险的社会，社会保障的救助和保障功能显得日益重要。在本研究中，我们具体分析了低保救助的作用等，一方面希望对这些家庭的社会保障状况进行基本描述，另一方面也期望通过分析来对相关的社会保障制度的效果与功能进行初步的评估。

如表5-20的调查结果显示，低保给低保家庭和退保家庭带来的最大帮助还是解决了其"生活有基本衣食保障"问题，相对于其他方面的功能，诸如缓解医疗、教育等方面的压力的作用则小得多。这说明低保救助目前依然能且只能实现保障贫困家庭基本生存需要的功能。[1]

表 5-20　　　　　　　　获取低保资格带来的最大帮助

	频数	百分比
生活有基本衣食保障	71	67.0
缓解重病的照顾压力	7	6.6
缓解残疾的照顾压力	5	4.7
子女教育负担减轻	8	7.5
改善了住房环境	2	1.9
医疗费用负担减轻	7	6.6
能腾出时间照顾孩子	1	0.9
没有什么帮助	5	4.7
Total	106	100.0

如表5-21所示，从城市居民对医疗保障、教育保障、生活保障、住房保障、养老保障、就业保障以及整体的社会保障的满意度来看，不同类型家庭在生活保障、住房保障方面有显著性差异，低保家庭和退保家庭，尤其是低保家庭，对生活保障（这里主要是指低保救助等生活救助制度）的满意度要高于常态家庭。在住房保障方面同样如此。而在医疗保障、教育保障、养老保障、就业保障等方面，非常满意的比例都不高，比较多的集中于比较满意和一般的维度。这至少从一个侧面反映出中国的社会保障制度建设还需要进一步加强，以适应高风险社会的需求，尤其在帮助城市

---

[1] 这个结论可以见研究者之前的研究《城市居民最低生活保障制度的评估与重构》，中国社会科学出版社2011年版，第122—123页。

居民家庭应对社会风险、消减贫困脆弱性方面，社会保障制度能且应该能发挥出其应有的作用。

表 5-21 不同类型家庭生活状况满意度交互分类与检验（%）

		很满意	比较满意	一般	较不满意	很不满意	不清楚
医疗保障	低保家庭	4.8	34.9	36.1	8.4	12.0	3.6
	退保家庭	8.6	20.0	40.0	11.4	17.1	2.9
	常态家庭	5.0	26.4	42.3	15.9	6.6	3.9
教育保障	低保家庭	3.6	19.3	36.1	1.2	4.8	34.9
	退保家庭	8.8	20.6	26.5	11.8	5.9	26.5
	常态家庭	2.3	18.4	39.6	10.1	4.1	25.6
生活保障***	低保家庭	9.9	40.7	27.2	13.6	7.4	1.2
	退保家庭	8.8	32.4	32.4	8.8	5.9	11.8
	常态家庭	2.9	13.8	31.8	7.7	4.6	39.1
住房保障**	低保家庭	7.3	23.2	22.0	9.8	7.3	30.5
	退保家庭	8.6	17.1	17.1	17.1	—	40.0
	常态家庭	2.4	14.5	29.3	8.8	6.6	38.4
养老保障	低保家庭	9.5	27.4	34.5	9.5	8.3	10.7
	退保家庭	5.7	25.7	42.9	14.3	5.7	5.7
	常态家庭	5.0	24.1	40.8	13.0	6.2	10.9
就业保障	低保家庭	7.2	12.0	30.1	8.4	9.6	32.5
	退保家庭	2.9	14.7	29.4	17.6	5.9	29.4
	常态家庭	1.8	13.0	37.7	11.9	6.5	29.2
总体保障	低保家庭	8.5	31.7	40.2	8.5	7.3	3.7
	退保家庭	5.9	26.5	47.1	14.7	5.9	—
	常态家庭	3.4	26.4	47.5	11.9	5.4	5.4

*** $p<0.001$ ** $p<0.01$

第三节 城市居民家庭的风险、行动与关键事件

贫困脆弱性与风险紧密相关，应对风险的能力与采取的行动是决定城市居民家庭后期陷入贫困的概率的重要因素。但实际上风险同贫困脆弱性一样，是不能直接观测到的。因此，这里研究者试图通过调查数据的分

析,描述城市居民家庭可能潜在的风险以及采取的行动。

一 城市居民家庭的潜在风险

表5-22的数据描述了不同类型家庭当前面临的最大困难的情况,低保家庭、退保家庭与常态家庭存在显著性差异。我们选取排在前4位的项目进行对比,低保家庭面临的最大困难依次是"残疾人需要照顾"(19.0%)、"教育负担重"(14.3%)、"失业没有工作"(11.9%)、"重病人需要照顾"(10.7%)、"生活消费支出高"(10.7%),退保家庭面临的最大困难依次是"收入低,吃饭成问题"(17.1%)、"生活消费支出高"(17.1%)、"养老压力大"(14.3%)、"教育负担重"(11.4%),常态家庭面临的最大困难依次是"生活消费支出高"(23.2%)、"教育负担重"(14.4%)、"住房拥挤"(9.2%)、"医疗负担重"(7.3%)。很明显,低保家庭主要的风险来自重病重残以及失业的风险冲击,常态家庭面临的主要风险来自生活成本的上升等。不管是哪一种家庭,生活支出、教育负担都是共同面临的问题。

表5-22 不同类型家庭当前最大的困难交互分类与检验(%)

最大困难	家庭类型		
	低保家庭	退保家庭	常态家庭
失业没有工作	11.9	5.7	4.4
重病人需要照顾	10.7	2.9	4.1
残疾人需要照顾	19.0	5.7	1.2
教育负担重	14.3	11.4	14.4
收入低,吃饭成问题	9.5	17.1	4.2
单亲无法照顾小孩	—	2.9	0.5
养老压力大	4.8	14.3	6.6
住房拥挤	2.4	8.6	9.2
医疗负担重	9.5	2.9	7.3
工作不稳定	2.4	—	4.4
生活消费支出高	10.7	17.1	23.2
其他	4.8	11.4	20.6

$X^2 = 160.576$　$df = 22$　$p < 0.001$

看下面这个个案

（Q-D-M-4）"5年前就离婚了，为啥，你说为啥，没钱了呗，还身体不好，什么事情都摊上了，这就是命，我也不怨谁，是吧。以前还可以踩踩三轮子，这两年，这车子也没人坐了，自己又腰椎间盘突出，重的事情也做不了啦。还是担心孩子，儿子上初中了，不听话，成绩也不好，想给他找个老师补一补，好贵啊，一个小时100多块，就那个什么数学班，我一个兄弟的孩子也在那上的，据说还可以，这开销好大的，必须得出，不然考不出好学校，不能重复我的老路子啊，唉！"

表 5-23　　　　不同类型家庭未来消费交互分类与检验（%）

未来消费	家庭类型		
	低保家庭	退保家庭	常态家庭
住房消费	11.4	12.4	11.3
自身教育	2.5	1.0	1.9
子女教育	11.0	17.5	16.8
结婚消费	4.2	4.1	6.5
生活消费	26.3	24.7	26.6
医疗消费	24.2	18.6	15.0
人情往来	10.6	10.3	12.5
赡养父母	5.9	6.2	6.8
其他	3.8	5.2	2.5

再来看不同类型家庭未来消费支出的估计，表5-23的数据显示，几乎所有家庭未来消费支出排在第一位的还是"生活消费"，排在第二位的略有差异，低保家庭和退保家庭是"医疗消费"，而常态家庭则是"子女教育"，低保家庭排第三位的消费支出是"住房消费"，退保家庭是"子女教育"，常态家庭则是"医疗消费"。换言之，对低保家庭而言，其主要的消费支出集中在满足生存需要层面，而常态家庭和退保家庭则逐渐转移到"教育支出"这类发展性需求层面。这既是这些家庭在未来可能的

主要消费支出项目，也是这些家庭在未来面临的最大的风险冲击来源。政策研究者需要根据不同类型家庭的不同风险冲击，采取有针对性的应对措施，防止陷入贫困或贫困恶化，消减其贫困脆弱性。

表5-24　不同类型家庭不同生活主观判断交互分类与检验（%）

		非常大	比较大	一般	比较小	非常小	没有
知识技能老化程度**	低保家庭	18.1	24.1	27.7	2.4	3.6	24.1
	退保家庭	22.9	31.4	34.3	2.9	2.9	5.7
	常态家庭	9.6	28.3	36.0	9.0	5.4	11.7
继续学习期望**	低保家庭	12.3	16.0	12.3	14.8	9.9	34.6
	退保家庭	6.1	15.2	30.3	15.2	9.1	24.2
	常态家庭	11.4	29.2	24.2	11.7	7.2	16.3
继续学习可能性**	低保家庭	9.9	8.6	12.3	18.5	13.6	37.0
	退保家庭	—	15.2	18.2	21.2	21.2	24.2
	常态家庭	7.8	18.8	25.4	18.6	11.4	18.0
父母文化程度对子女影响***	低保家庭	21.0	21.0	14.8	6.2	3.7	33.3
	退保家庭	23.5	20.6	23.5	5.9	2.9	23.5
	常态家庭	19.5	32.5	23.3	8.4	3.5	12.7
家庭教育负担**	低保家庭	14.6	19.5	11.0	9.8	4.9	40.2
	退保家庭	9.1	9.1	15.2	21.2	6.1	39.4
	常态家庭	8.7	20.7	26.9	8.4	6.5	28.7
家庭成员失学风险**	低保家庭	9.9	8.6	7.4	13.6	14.8	45.7
	退保家庭	—	6.1	21.2	9.1	15.2	48.5
	常态家庭	1.8	4.6	11.7	13.7	14.9	53.3
谋生压力对教育影响	低保家庭	16.5	21.5	11.4	6.3	7.6	36.7
	退保家庭	9.1	12.1	18.2	12.1	9.1	39.4
	常态家庭	7.9	16.6	20.2	9.2	9.9	36.8
获取优质教育能力	低保家庭	7.3	11.0	29.3	9.8	12.2	30.5
	退保家庭	2.9	11.8	23.5	17.6	8.8	35.3
	常态家庭	5.8	17.8	32.8	9.4	7.7	26.7
自己或子女的教育投入**	低保家庭	14.8	17.3	16.0	6.2	9.9	35.8
	退保家庭	6.1	18.2	36.4	6.1	3.0	30.3
	常态家庭	10.9	29.5	26.8	6.2	2.0	24.6

*** $p<0.001$ ** $p<0.01$。

表 5-24 对不同类型家庭对自己生活的不同维度的主观判断进行了分类统计。数据显示，除了"谋生压力对教育影响"三类家庭没有太大差异性以外，在"知识技能老化程度""继续学习期望""继续学习可能性""父母文化程度对子女影响""家庭教育负担""家庭成员失学风险""获取优质教育能力""自己或子女的教育投入"等维度上均有显著性差异，具体而言，低保家庭与退保家庭知识技能老化程度要明显高于常态家庭；常态家庭继续学习的期望要高于低保家庭与退保家庭；常态家庭继续学习的可能性整体要高于低保家庭与退保家庭；低保家庭父母文化程度对子女教育的影响要高于一般常态家庭；相对而言，低保家庭的教育负担更重，失学的风险更大；低保家庭获取优质教育的能力要弱于一般常态家庭；但从教育投入来看，低保家庭比常态家庭要大。以上几点一般都比较符合常规，唯一需要解释的是低保家庭的教育负担与教育投入比常态家庭要高的现象。事实上，本次调查所询问的是这些家庭中的调查对象的主观认知，也许低保家庭的实际教育投入费用并没有常态家庭高，但是由于低保家庭本身收入就比较低，在他们看来，这些教育投入占据了他们家庭收入的比例非常高，其在主观上就会认为教育负担和教育投入都比较大。

总结来看，无论是什么类型的城市居民家庭，日常生存需要的满足，教育、医疗等方面的负担与支出等，都是这些家庭面临的主要风险。此外，相对于低保家庭与退保家庭而言，其家庭成员的知识技能老化程度、父母文化程度对子女的影响等方面也是其存在的巨大风险。知识技能的老化直接导致的是其在就业过程中的社会竞争力不足，影响其生活资源的获取能力，而父母文化程度偏低对子女教育造成的影响，则有导致贫困代际传递的社会风险。这些都是政策研究者需要重点考虑的问题，在后期的政策设计中，需要采取多种措施，缓解这些家庭的各类风险冲击，提升其风险应对能力，消减贫困脆弱性。

二 城市居民家庭风险认知与行动

(一) 风险认知

在调查中还询问了城市居民对各种问题的认知状况，这些问题涉及对社会风险的认知、城市拆迁的看法、未来生活的预估、财富与贫困的传递、穷人的奋斗、撤村建居、父母教育、子女教育、家庭人力资本投资、工作、社会关系、健康、政府作用、经济发展、社会保障、社会组织、企业责任、朋友帮助、困难、未来信心、社会不公平等方面。实际上是对这些家庭在对社会风险认知上的一种客观描述。表 5-25 的数据显示，不同类型家庭在"社会充满各种风险""城市拆迁改变很多人生活""父母教育影响子女未来""社会关系是家庭重要资源""前途渺茫没有信心""不公平现象非常普遍"等问题的认知上存在显著性差异，在其他方面则基本没有太大差别。整体而言，除了"前途渺茫没有信心"以外，常态家庭在以上几个问题的认知度上，选择赞同的比例比低保家庭和退保家庭要高，常态家庭对社会风险的认知、对教育的重要性、对社会关系的重要作用、对未来生活的判断、对不公平现象的认识等都更趋向理性，而低保家庭对未来则更显得没有信心。这是需要引起决策者注意的现象，一方面我们通过各种制度安排，不断给予城市中的贫困家庭帮助，但在唤起这些家庭的风险应对意识和自我发展信心等方面还需要更多的努力。

表 5-25　　不同类型家庭社会认知交互分类与检验（%）

		很赞同	比较赞同	一般	不太赞同	很不赞同
社会充满各种风险**	低保家庭	15.5	39.3	32.1	10.7	2.4
	退保家庭	32.4	41.2	8.8	14.7	2.9
	常态家庭	28.8	45.1	18.8	6.4	0.8
城市拆迁改变很多人生活*	低保家庭	15.5	50.0	26.2	6.0	2.4
	退保家庭	20.6	50.0	26.5	—	2.9
	常态家庭	28.3	48.8	19.4	3.0	0.6
未来充满不可知与不可控	低保家庭	14.6	40.2	34.1	8.5	2.4
	退保家庭	17.1	45.7	28.6	5.7	2.9
	常态家庭	24.4	42.6	26.9	5.0	1.1
财富与贫困都可以传递	低保家庭	11.9	38.1	29.8	16.7	3.6
	退保家庭	14.3	45.7	20.0	14.3	5.7
	常态家庭	15.0	36.0	23.5	20.0	5.4
穷人付出更多才能改变现状	低保家庭	47.6	39.3	6.0	6.0	1.2
	退保家庭	48.6	34.3	8.6	2.9	5.7
	常态家庭	49.4	36.5	9.6	3.8	0.7
撤村建居改变很多人的生活	低保家庭	21.4	47.6	22.6	6.0	2.4
	退保家庭	28.1	56.3	15.6	—	—
	常态家庭	26.1	47.8	22.5	2.9	0.7

续表

		很赞同	比较赞同	一般	不太赞同	很不赞同
父母教育影响子女未来*	低保家庭	28.9	38.6	21.7	8.4	2.4
	退保家庭	41.2	47.1	8.8	2.9	—
	常态家庭	39.6	43.1	13.7	3.0	0.6
子女良好教育决定未来生活	低保家庭	31.0	45.2	17.9	6.0	—
	退保家庭	23.5	38.2	29.4	8.8	—
	常态家庭	35.7	42.1	16.8	5.0	0.5
家庭要重视人力资本投资	低保家庭	35.7	36.9	22.6	3.6	1.2
	退保家庭	38.2	38.2	20.6	2.9	—
	常态家庭	42.1	42.8	13.5	1.5	0.1
工作是正常社会的必要保障	低保家庭	31.0	50.0	17.9	1.2	—
	退保家庭	40.0	45.7	14.3	—	—
	常态家庭	47.3	39.8	11.7	1.0	0.1
社会关系是家庭重要资源*	低保家庭	26.2	48.8	21.4	3.6	—
	退保家庭	28.6	51.4	20.0	—	—
	常态家庭	43.3	40.8	14.6	1.0	0.3
健康身体是家庭幸福保障	低保家庭	45.2	40.5	11.9	2.4	—
	退保家庭	61.8	29.4	8.8	—	—
	常态家庭	63.1	28.0	8.0	0.7	0.2
政府对家庭有重要支持作用	低保家庭	21.4	45.2	23.8	6.0	3.6
	退保家庭	32.4	35.3	23.5	5.9	2.9
	常态家庭	24.9	37.3	27.9	7.3	2.5
良好经济是美好生活保障	低保家庭	33.3	50.0	15.5	1.2	—
	退保家庭	45.7	37.1	17.1	—	—
	常态家庭	44.7	41.1	12.2	1.7	0.4
社保制度是家庭重要保障	低保家庭	25.0	46.4	22.6	6.0	—
	退保家庭	17.6	58.8	20.6	2.9	—
	常态家庭	34.7	42.6	19.3	2.9	0.5
社会组织应该发挥更大作用	低保家庭	27.4	45.2	22.6	3.6	1.2
	退保家庭	35.3	41.2	20.6	2.9	—
	常态家庭	36.9	42.2	18.3	2.2	0.5

续表

		很赞同	比较赞同	一般	不太赞同	很不赞同
企业应该承担更多责任	低保家庭	34.5	31.0	28.6	3.6	2.4
	退保家庭	34.3	34.3	17.1	11.4	2.9
	常态家庭	32.3	39.8	22.3	5.0	0.6
社会中很难找到信赖的朋友	低保家庭	14.3	31.0	33.3	19.0	2.4
	退保家庭	22.9	37.1	22.9	14.3	2.9
	常态家庭	14.2	26.8	30.8	23.3	4.9
前途渺茫没有信心**	低保家庭	8.4	30.1	32.5	16.9	12.0
	退保家庭	9.1	21.2	33.3	33.3	3.0
	常态家庭	6.6	15.0	30.7	33.3	14.4
遇到困难总得到很多人帮助	低保家庭	19.3	34.9	32.5	12.0	1.2
	退保家庭	17.1	34.3	42.9	2.9	2.9
	常态家庭	10.5	31.8	36.1	16.4	5.2
不公平现象非常普遍**	低保家庭	22.9	37.3	32.5	2.4	4.8
	退保家庭	37.1	31.4	20.0	8.6	2.9
	常态家庭	40.5	32.1	20.3	6.2	0.9

*** $p<0.001$ ** $p<0.01$ * $p<0.05$

再来看看这个个案访谈的情况，从中可以窥见当前部分城市居民家庭在面临风险冲击时的心态。

（C-D-M-4）"我们这是个中部城市，发达也不发达，有钱的人到哪里都好，我们嘛，到哪里都过不好，一句话，没钱呗。你看看，你看看电视里面那些贪官，格老子的，一个个几个亿几个亿地贪污，国家咋不把这些孙子给枪毙了呢，你看我们老百姓，过的什么日子，看病没地方，住的这是个什么破地方，不知道将来的希望在哪里？下一代，唉，要学习好才好啊，不学习，啥都不会，拿什么出去和别个比？屁哦，我看。你说这个还有没有希望，我不知道，国家有没有希望，我们也管不了，不过这几年，日子也还算可以，有人来管我们了，你看，去年，雨下得特别大，时间又长，一下子就内涝了，街道的人出面，把我们安置到宾馆里面住，呵呵，也算是享受了一把，这样搞，关心老百姓，还是有些希望的。"

部分城市居民，尽管对生活有些悲观，尽管遭遇各种各样的困难，但看到政府的社会支持，还是有一定的生活信心。

(二) 应对风险行动

根据本研究的分析框架，"风险—能力—行动—后果"共同构成了贫困脆弱性分析的四个维度，对行动的分析至关重要。两个面临同样社会风险冲击的家庭，拥有的应对风险的能力也极其相近，但是采取的行动不同可能会直接导致这些家庭最后的贫困脆弱性指数不同。

从表5-26的数据来看，城市居民家庭在失业以后，他们采取的最大的行动之一就是"节衣缩食"，然后是"外出寻找新工作"，接着是"减少或不去旅游"，需要注意的是，在低保家庭中，"与亲朋往来减少"要明显高于其他两类家庭，低保家庭在面临低收入困境以及失业风险的同时，会人为地收缩社会交往圈，这实际上不利于贫困家庭的脱贫。

表5-26 不同类型家庭失业后生活变化交互分类

家庭生活变化	家庭类型		
	低保家庭	退保家庭	常态家庭
节衣缩食	40.6	31.7	26.0
减少或不去旅游	11.6	7.3	17.2
与亲朋往来减少	10.1	2.4	6.7
小孩辍学	—	2.4	0.5
很少甚至不开汽车	1.4	2.4	3.7
减少、停止课外培训	1.4	2.4	1.4
变卖值钱物品	1.4	2.4	1.6
减少停止娱乐活动	10.1	4.9	10.4
外出寻找新工作	21.7	39.0	24.6
其他	1.4	4.9	7.8

表5-27 不同类型家庭预防生病行动交互分类

预防行动	家庭类型		
	低保家庭	退保家庭	常态家庭
避免高风险环境	9.1	5.1	7.6

续表

预防行动	家庭类型		
	低保家庭	退保家庭	常态家庭
保障营养	17.8	20.3	18.0
保障休息	16.9	21.5	16.1
普及卫生知识	9.6	7.6	10.0
培养卫生习惯	12.8	16.5	15.2
加强体育锻炼	21.0	24.1	24.8
改善居住和饮水	8.7	3.8	7.2
其他	4.1	1.3	1.1

再来看看不同类型家庭如何采取行动预防疾病。表5-27的数据显示，城市居民家庭一般都会采取"加强体育锻炼""保障营养""保障休息""培养卫生习惯"等措施来预防家庭成员患病。这种行动初步看来确实是应对健康风险比较值得提倡的，也是比较可行的方案。

一些个案的访谈也从侧面代表了部分城市居民的认知与做法。

（Q-D-F-5）"要说平常还是注意的，什么都注意，让孩子加强锻炼，学校里面不是也搞体育考试吗，这方面还是比较注意的。上次他爸爸失业了，其实也就是换一个单位，你说的，不存在，怎么可能让小孩不上学，这绝对不可能，再苦也不能苦孩子，对吧，我们文化程度不高，这个还是晓得的。"

（三）关键生命事件

所谓关键生命事件，是指在个体或家庭的生命历程中发生的具有重大影响的事件，这些事件往往具有突发性、影响深远的特点。根据生命周期理论的假设，在人的一生中，往往有些时间节点极其关键，有些事件极其关键，把握不好会影响一生的生存与发展。实际上，人的生存与发展的轨迹，是由许多必然性与偶然性组成的。在一定的社会背景下，人的生存与发展具有必然性，要符合时代的特点，遵循人类社会发展的客观规律。但是，在特定的环境下，人的生存与发展又具有偶然性，一些偶然发生的事件往往极大地改变了很多人的人生轨迹。社会中的个体具有一定的群体特征，这是其必然性的体现，符合时代的特点，同时，社会中的个体之所以具有差异性，每个个体的发展具有不同的结局，这是其偶然性的体现，一些关键的生命事件往往在其中发挥了重要的作用。从这个意义上讲，我们有必要对城市居民家庭在一定时间内发生的关键生命事件进行考察，分析这种关键生命事件对其生存与发展的影响，使后期的政策干预更有针对性。

表5-28统计了不同类型家庭近5年来所经历的关键事件，不难发现，在众多的事件中，"患重病住院"（12.1%）、"失业"（10.5%）、"家庭成员毕业"（6.8%）、"家庭成员去世"（5.8%）、"迁居"（5.8%）、"有人开始读书"（5.3%）、"职业变化"（4.7%）是低保家庭经历的最为关键的事件，对其生活产生巨大的影响。"失业"（14.4%）、"购买住房"（10.3%）、"家庭添丁"（9.3%）、"患重病住院"（8.2%）、"家庭成员去世"（8.2%）、"好友去世"（6.2%）、"职业变化"（5.2%）、"离退休"（5.2%）等是退保家庭经历的最为关键的事件。"购买住房"（9.8%）、"患重病住院"（7.9%）、"家庭添丁"（7.8%）、"家庭成员去世"（7.4%）、"有人开始读书"（7.1%）、"职业变化"（6.3%）、家庭成员毕业（5.7%）等是常态家庭经历的最为关键的事件。"患重病住院""家庭成员去世""失业""职业变化""有人开始读书"等是几类家庭经历的共同的关键事件。"患重病住院"一方面会降低家庭成员获取各种经济社会资源的能力，另一方面会增加家庭的医疗费用支出，社会风险进一步增大；"家庭成员去世"会给城市居民家庭形成巨大的打击，给其生活造成巨大的影响；"失业"会导致家庭经济状况进一步恶化，对低保家庭更是如此；"有人开始读书"意味着教育负担的增加，因学致贫的风险出现；"职业变化"主要体现在职业的变动和不稳定性上，这也是家庭面临的风险之一，会在一定程度上影响其贫困脆弱性。不难看出，低保家庭、退保家庭、常态家庭面临的生活压力与社会风险略有差异。这在一定程度上影响了这些家庭应对社会风险的能力，甚至在一定程度上影响了这些家庭应对社会风险所采取的行动。不同家庭所拥有的能力、采取的行动不一样，最后决定了这些家庭的生存、生活状况以及贫困脆弱性的高低。

表 5-28　　城市居民家庭关键生命事件分布表

	家庭类型		
	低保家庭	退保家庭	常态家庭
分居	2.6	1.0	1.1
离婚	3.7	2.1	0.9
丧偶	3.2	—	1.3
复婚	—	—	0.3
结婚	0.5	2.1	5.5
职业变化	4.7	5.2	6.3
购买住房	4.2	10.3	9.8
卖出房屋	1.1	3.1	1.7
自然灾害	1.6	1.0	1.0
意外伤残	3.2	2.1	1.9
家庭添丁	3.7	9.3	7.8
好友去世	3.2	6.2	4.6
家庭成员去世	5.8	8.2	7.4
失业	10.5	14.4	4.8
患重病住院	12.1	8.2	7.9
儿女结婚	3.7	4.1	3.8
生意重大变化	—	1.0	1.4
收入锐增锐减	4.7	2.1	3.5
工伤事故	1.6	1.0	0.3
老人搬出	1.1	—	0.6
迁居	5.8	2.1	4.5
坐牢	0.5	—	0.1
离退休	3.2	5.2	4.4
配偶外出工作	1.1	1.0	1.9
配偶停止工作	2.1	2.1	1.7
有人开始读书	5.3	3.1	7.1
家庭成员辍学	1.6	—	0.4
家庭成员毕业	6.8	2.1	5.7
撤村建居	1.6	2.1	0.7
城市拆迁	1.1	1.0	1.7

再来看下面一些家庭的基本情况：

（H-5）李××，男，××社区××小区1-2-703，2012年出车祸后截肢，不能工作，家庭收入急剧下降，生活困难。

（C-4）钟××，男，1969年12月出生，××社区松园路1-2-302，有酗酒的习惯，2010年离婚，女儿2岁，跟随前妻生活。

（Q-6）江××，××社区，2011年从单位退休，自己又与人合伙开了一家棋牌室，平常收入不错，自己又在其他单位兼职返聘，月收入有上万元，加上退休金，算是这个城市的高收入阶层。

（G-3）肖×，××社区，1961年10月出生，以前是国有企业员工，后来企业改制，在下岗待业一年后，开了家餐馆，妻子也在餐馆帮忙，日子不好不坏，四平八稳。

（H-6）熊××，××社区，1965年出生，从原来的纺织厂下岗，和妻子一起在夜市摆地摊卖花，收入不稳定，目前和男方父母居住在一起，有一个23岁的女儿，已经大学毕业，零星贴补家用，家庭条件有所改善。

（G-4）俞××，××社区，1955年出生，已经退休，妻子2012年因病去世，现在和已经成家的女儿居住在一起，每天就出去打打牌，到处溜达。

（C-5）赵×，女，1967年9月出生，××社区1-3-401，2003年夫妻二人一起下岗，开过餐馆，摆过地摊，打过零工，有一家家政公司，收入还可以。但是，2012年6月丈夫车祸去世，家庭失去经济支柱，目前家政公司也已经关闭。

这些都是研究者在实证调查过程中采集到的一些个案，这些个案家庭都在不同的时间点上发生了一些关键的生命事件，有失业，有丧偶，有子女大学毕业，也有离退休后进一步发展，等等，各种各样的生命事件构成了这些家庭生命谱系中重要的环节，对整个家庭的生活产生了巨大的影响。

小 结

1. 城市居民家庭的收入来源存在显著性差异，救济金是低保家庭重要的收入来源，低保家庭得到来自政府部门正式的社会支持比较多。不管是哪一类家庭，饮食支出依然占据了城市居民家庭的首要地位，说明中国城市居民家庭的生活质量还有待进一步提高。

2. 低保家庭因为身体病残而无业的比例要明显高于其他家庭，其在失业以后寻找工作的时候面临的困难也与其他类型家庭存在显著性差异，知识技能老化、身体病残成为其主要障碍因素。低保家庭失业以后依赖救济金的比例要明显高于其他类型家庭，社区以及政府的正式支持起到非常重要的作用。

3. 无论是低保家庭、退保家庭还是一般的常态家庭，他们遇到困难给予帮助最多的还是家人，其中以父母和兄弟姐妹为主。这充分说明传统的伦理关系在中国人的社会生活中依然发挥了重要的作用，家人、亲戚、朋友之间的互帮互助是其社会关系网络的重要体现。家庭的互助功能在城市居民家庭生活中的作用不容忽视。为提升城市居民家庭应对社会风险的能力，改善其应对社会风险的行动，消减其贫困脆弱性，一方面，可以采取多种引导措施，进一步强化家庭的互帮互助的功能，另一方面，要通过社会救助等正式的制度安排，进一步增强这些家庭的正式社会支持，从而构建一个完整的社会支持网络，帮助这些家庭消减其贫困脆弱性。

4. 城市居民家庭在医疗层面的脆弱性尤其值得关注，如何提高这些家庭应对医疗风险的能力，消减医疗层面脆弱性是值得思考的问题之一。无论是贫困家庭，还是一般的常态家庭，在面临疾病风险的冲击时，同样的显得应对无力，贫困脆弱性程度都很高。而对于贫困家庭而言，选择不出去工作照顾病人，可能会导致恶性循环，减少工作导致收入锐减，收入锐减又看不起病，如此循环往复，其脆弱性更值得关注。

5. 住房对城市居民家庭的重要性不言而喻。在中国，住房往往与教育、社会保障等资源紧密关联，在不确定性不断增加的城市社会生活中有一个固定的居所不仅意味着一种资产，同时也是生存与发展的基础，更重要的是能够提升其生活的信心，增强抗逆力，降低贫困脆弱性。但是需要注意的是，仍然有大量的常态家庭和低保家庭没有自己的住房，这些家庭较多的租房住，生活的不安定因素大幅度增加。这一类群体的贫困脆弱性值得关注。

6. 教育已经成为影响城市居民家庭生活的重要因素。不管是低保家庭还是一般的常态家庭，如果没有经济因素的限制，可以预见的是，教育支出还会迅速上升，成为这些家庭生活的重大负担。当前社会中各类课外辅导班、培训班盛行，家长彼此之间比拼投入的现象更是充分说明了这一点。因此，如何通过合理的机制进行正确的引导，规范家庭的教育支出行为将是研究者需要思考的问题之一。在制定相关的反贫困政策时，需要考虑到不同类型家庭的不同状况，帮忙贫困家庭首先解决基本生存问题再谈发展，可以给常态家庭的父母提供社会服务，帮助他们从日常繁忙的谋生状态中解放出来，等等。这些都是可以考虑的消减城市居民家庭贫困脆弱性的措施。

7. 不仅要关注城市居民家庭生存层面的需求，更需要关注其精神和人际关系层面的需求，促进其发展，消减其发展层面的脆弱性。

8. 城市居民最低生活保障制度在低保家庭反绝对贫困过程中起到一定的作用，其基础性的地位值得重视，但政策效果与功能有限。城市居民家庭目前面临的主要压力还是来自基本生活、医疗、教育等领域，这在一定程度上提醒政策的设计者，要帮助城市居民家庭摆脱贫困，消减贫困脆弱性，需要综合性的配套制度，进行制度的组合设计。

无论是什么类型的城市居民家庭，日常生存需要的满足，教育、医疗等方面的负担与支出等，都是这些家庭面临的主要风险。此外，相对于低保家庭与退保家庭而言，其家庭成员的知识技能老化程度、父母文化程度对子女的影响等方面也是其存在的巨大风险。知识技能的老化直接导致的是其在就业过程中的社会竞争力不足，影响其生活资源的获取能力，而父母文化程度偏低对子女教育造成的影响，则有贫困代际传递的社会风险。这些都是政策研究者需要重点考虑的问题，在后期的政策设计中，需要采取多种措施，缓解这些家庭的各类风险冲击，提升其风险应对能力，消减贫困脆弱性。

在城市居民家庭的风险认知层面，一方面我们通过各种制度安排，不断给予城市中的贫困家庭帮助，但在唤起这些家庭的风险应对意识和自我发展信心等方面还需要更多的努力。此外，如何帮助这些家庭采取正确合理的应对风险的行动对消减其贫困脆弱性至关重要。

9. 一些关键生命事件是城市居民家庭生命历程中重要的事件，会在一定程度上导致这些家庭致贫或生活改善，从而间接对生活其中的子女的未来产生影响，使得其贫困代际传递呈现阶段性特征，这提醒政策的设计者，对城市贫困家庭的政策干预，需要考虑这些关键生命事件的影响，依据生命周期理论，制定相应的专项制度，增强这些家庭应对社会风险的能力，帮助这些家庭采取正确的行动，从而避免陷入社会排斥，导致贫困脆弱性的加深。

第六章

消减城市居民家庭贫困脆弱性的
政策理念、目标与原则

根据世界银行的定义，贫困脆弱性是指由于风险冲击而使得家庭或个人未来生活水平降到贫困线以下的概率或可能性。我们在第二章提出了由外在风险、家庭应对风险能力、采取的应对行动以及脆弱性后果一起构成的贫困脆弱性的四维分析框架，结合前面几章有关贫困脆弱性的具体测度结果以及贫困脆弱性的比较分析，本研究试图提出消减贫困脆弱性的若干政策设计思路。

第一节 消减贫困脆弱性政策设计的理念

一 上游干预的理念

"上游干预"本是在健康医疗领域常用的概念，主要是指在疾病发生之前通过倡导健康的生活方式，养成良好的生活习惯以及必要的医疗干预措施等，预防疾病的发生或疾病的恶化，尤其是在人的生命周期的关键节点上采取必要的干预措施，能够起到事半功倍的效果，正所谓"预防重于治疗"的理念。这一理念同样适用于各类关系到国计民生的公共政策中。在公共政策设计过程中，倡导"上游干预"的理念，针对社会发展过程中可能出现的问题，进行有效的公共政策设计，提前预防，提前干预。纵观中国现行的反贫困制度安排，基本可以下这样的判断：早期干预极少甚至没有，绝大多数的社会政策设计都是应急型的事后补救，关注的是对贫困的"下游干预"。当然，这也与早期干预的政策难以设计、目标群体难以把握有一定的关系，但很遗憾的是，整体的社会政策设计理念并没有更新到"早期干预"的阶段。这种事后补救型的社会政策措施，只有当贫困者陷入极端赤贫，生存难以为继的时候，才会给予一定的资金和物质帮助。事实证明这种制度的成本高，效率低。而按照风险管理的理论，在经济全球化的环境下消除贫困不仅代价高昂，也是很难实现的事情，因而只有预防贫困才能达到消除贫困的目的。[①]

(一) 在关键生命事件节点的上游干预

在社会风险日趋升高，不确定性不断加大的现代城市生活中，一些关键的生命事件会对城市居民家庭的生活产生重大影响，甚至成为家庭贫困或贫困恶化的直接诱因。这就提醒政策设计者，要根据生命周期理论，对贫困家庭中所发生或即将发生的一些关键生命事件进行提前干预，抓住核心的节点，增强家庭预防与应对社会风险的能力。

在家庭的生命周期中有许多关键的生命事件，例如，本研究在实证调查中列举的30项关键生命事件就是其中一部分，包括了分居、家庭添丁、迁居、离婚、好友去世、坐牢、丧偶、家庭成员去世、离退休、复婚、失业、配偶外出工作、结婚、自己或家人患重病住院、配偶停止工作、职业变化（调动、升迁）、儿女结婚、有人开始读书、购买住房、生意上发生重大变化、家庭成员辍学、卖出房屋、收入大量增加或锐减、家庭成员毕业、自然灾害、工伤事故、撤村建居、意外伤残、老人搬出、城市拆迁等，基本涵盖了家庭的日常生活、婚姻、教育、医疗、住房、就业、社会关系等各个方面。其中的任何一件事情，都有可能导致家庭消费支出的大幅度增加，或者大幅度的增加家庭的收入，或改变家庭的生态结构与社会关系网络，从而对家庭成员的生活产生重要的影响。

"上游干预"的政策设计主要是在这些关键生命事件的节点，通过相应的预防性措施，消除贫困产生的条件和机制，切断贫困产生的链条，例如，家庭为防止家庭成员患病以及医疗费用支出过多所采取的一系列体检以及预防疾病的措施，从政府公共服务供给的角度来讲，也就是如何给家庭提供疾病预防的公共服务。此外，一些促进就业的业前培训计划也被视作反贫困的早期干预措施。不仅仅是政府，包括家庭在内的各种主体，都应该按照生命周期理论的观点，针对不同年龄阶段群体的特点，采取不同的对应措施，预防贫困的发生，减少个体面临的贫困风险，防患于未然，

---

① 徐月宾、刘凤芹、张秀兰：《中国农村反贫困政策的反思——从社会救助向社会保护的转变》，《中国社会科学》2007年第3期。

将干预时机提前，形成对群体的社会保护。在一些关键的时间节点上，例如，儿童学龄前期，甚至是在母亲的孕期，如果母亲或儿童缺乏足够的营养、缺乏足够的健康照顾、缺乏必要的育儿知识，都有可能导致儿童自身的营养不良，体质较差，甚至影响到正常的学校教育的完成，这些其实都是贫困代际传递的重要根源之一。因此，在儿童时期进行上游干预，将会起到有效地恢复人力资本投资能力的作用，从而避免贫困代际传递。①

这种"上游干预"不仅仅对贫困家庭的子女有效，而且会惠及家庭中的父母。家庭教育也是家庭生命周期中比较关键的生命事件。如果在这一时间节点上有良好的早期干预，将极大地有利于家庭后期生活状况的改善。例如，在这个时期，帮助家庭中的父母接受正常的教育，能够有较好的职业流动的机会，能够逐步提高自己的收入，从而增加自己的社会资本，在这个时期，如果能够解决这些家庭父母的后顾之忧，使其能够有更多的机会获取更多的社会资本，就显得非常重要。另外，尽管九年义务教育减免学杂费，但父母依然要为孩子支出一大笔开支，不管是贫困家庭还是一般家庭都是如此。这种投资是长期的，短时间也是得不到回报的，在高风险的社会环境中，很多贫困家庭的父母可能迫于生存的现实压力而做出让孩子辍学务工的选择。所以，全额的奖学金、免费的早餐与午餐、免费的学习用品，都可能会对贫困家庭的孩子的学校教育提供巨大帮助，降低贫困家庭子女辍学的可能性，帮助他们完成中学阶段的教育。②

(二) 降低不确定性的上游干预

不确定性原是量子力学的概念，主要是指测量物理量的不确定性，在不同的时间点上测量可能会得到不同的结果。后来不确定性的概念广泛用于经济学中，尤其指经济行为者事先并不知道自己决策行为的后果。高度不确定性是现代社会的重要特征。人的行为很难预知未来的后果，社会政策无法确切地评估其所带来的收益与风险，个体在职场上的心理会出现极大的不安定感，如此等等，似乎一切显得不可捉摸，难以预测，社会风险由此急剧增加。尤其是随着全球化进程的加快，全世界人民都会暴露在诸多不可预知的社会风险之中。一些研究者根据不确定性产生的根源，分为自然的不确定性和社会的不确定性。自然的不确定性也可称为环境的不确

---

① 祝建华：《贫困代际传递过程中的教育因素分析》，《教育发展研究》2016 年第 3 期。
② 祝建华：《贫困代际传递过程中的教育因素分析》，《教育发展研究》2016 年第 3 期。

定性,这种不确定性典型的例子就是影响农业收成的天气状况。社会的不确定性与政治经济制度、政治局势、方针政策等密切相关。自然的不确定性是非人力所能控制的,而社会的不确定性就是人为造成的,因而也能为人力所控制。[1]

人类一直寻求减少不确定性。为应对野兽的袭击和自然的风险,原始人类开始群居群猎,目的也是降低个体打猎面临的不确定性;人类从群体狩猎的原始人进化到可以从事现代农业生产的农民,可以更好地保障粮食供应;居住在海边的渔民为了降低航海的风险,又发明了保险,也是为了应对出海捕鱼可能产生的不确定性和风险。随着科学技术的进步和人类文明的发展,人类逐渐通过自身的努力,采取多种早期干预的措施,开始能够慢慢降低部分来自自然界的不确定性,例如,通过修建大坝,能够在雨季来临之前预防洪涝灾害的发生,通过修建水渠和水库,能够在干旱的自然天气来临前储备足够多的水,用于饮用和灌溉。虽然并不能很好地预测何时会有洪水,何时会有干旱的天气,但进行早期的储备,一般情况下是可以应对这种不确定性的。至于社会的不确定性与人的行为有关,因此提升能力,进行资产储备是早期应对这种社会不确定性的主要措施,尤其在金融领域更是如此,储蓄的行为就是一种典型的应对不确定性的做法。

但现代社会日趋复杂,不确定的因素也是多种多样,例如,由于经济全球化的推动,劳动力市场灵活性加大,大量的非正规就业人口出现,尤其是在服务业、建筑业以及部分制造业等行业中。在这种就业模式下的从业人员,其工作一般是不稳定的、暂时性的,相应的薪资水平也比较低。一方面,非正规就业者在获得培训、职业发展和职业流动方面存在着诸多的障碍,在一定程度上限制了非正规就业者的发展,影响了其薪资水平。同时,许多人在非正规就业中医疗、养老保险等社会保障基本处于缺失状态。另一方面,由于非正规就业造成从业人员的流动性与分散性,工会组织削弱,从业人员很难形成一个强大的利益维护组织。职工在遭受雇主不公待遇时,无法找到有效渠道维护他们的权利。[2] 劳动力市场的非正规就业极大地增加了其生活的不确定性。此外,人口结构的变化,低出生率以

---

[1] 孙凤:《中国居民的不确定性分析》,《南开经济研究》2002年第2期。
[2] 祝建华、颜桂珍:《我国城市新贫困群体的就业特征分析》,《中州学刊》2007年第3期。

及高老龄化的风险日趋增大，家庭生活的不确定性进一步增加。如果说家庭储蓄与资产投资能够在一定程度上降低家庭的部分不确定性的话，那么这些社会的不确定性在很大程度上单纯依靠个体或家庭的力量是无法应对的。因此，政府有必要通过一定的早期干预措施，帮助这些家庭提升应对不确定性的能力，进行良好的资产储备和人力资本储备，将会在一定程度上降低这种不确定性。国际上有很多反贫困的项目设计很好地贯彻了早期干预的理念，例如，墨西哥的"机会"（Oportunidades）项目的设计，这是一种典型的"上游干预"的实践。其依据就是贫困家庭不能进行足够的人力资本投资，并因此陷入贫困的代际传递的恶性循环。根据该方案的设想，贫困家庭都意识到投资在孩子身上的好处，但是付不起上学的货币与机会成本，甚至对他们的孩子是立刻参加劳动力市场的劳动还是继续进行学习所可能产生的后果极度不确定。一般的个体更趋向于风险厌恶，更倾向于把握一些更为确定的事情，降低风险，因此早早地让孩子辍学，参加工作可能成为一种选择。因此这个方案就是提供给父母相应的收入，换取他们送孩子去上学。该计划为参与的村庄提供教育资助、营养品，普及卫生和营养方面的知识，并通过银行转账向当地母亲提供现金购买食品。这个方案的重点在于对城市与农村贫困家庭进行人力资本投资，提高这些家庭的教育、保健、营养以及儿童成长方面的水平，并长期改善他们未来的经济状况，减少贫困。[①]

（三）消减风险与脆弱性的上游干预

风险并不是一个新概念，在经济学上，风险主要是指生产目的与劳动成果之间的不确定性。广义的风险强调风险表现为收益不确定性，风险可能会带来损失、获利或者无损失也无获利；狭义的风险强调风险表现为损失的不确定性，风险只能表现出损失。本研究是从狭义的角度来理解风险的。对家庭而言，风险又表现为内部风险和外部风险。外部风险主要是由于自然环境、社会经济结构的变迁等因素所导致的风险，例如洪涝灾害、失业、社会保障缺失等，而内部风险则主要指家庭内部结构与因素的变化所带来的风险冲击，例如家庭收入的下降、资产的减少、人员的变动等。按照贝克的定义，现代社会早已进入风险社会，即在全球化发展的背景下，由于人类实践所导致的全球性风险占据主导地位的社会发展阶段，在

[①] 祝建华：《贫困代际传递过程中的教育因素分析》，《教育发展研究》2016年第3期。

这样的社会里，各种全球性风险对人类的生存和发展存在着严重的威胁。

风险与不确定性的增加，极大地增加了城市居民家庭的脆弱性。人人都是脆弱性的，只是根据其面临的风险冲击和不确定性程度不同，脆弱性的指数有高有低。超过一定临界值的脆弱性家庭其陷入贫困的风险急剧增大，因此需要多渠道的干预措施。根据本研究的分析框架，贫困脆弱性与风险冲击、能力与行动有着密切而直接的关系，因此，如何消减贫困脆弱性重点在于如何应对风险冲击，而这其中能力的提升与行动的改善就成为重点。风险具有客观性、普遍性、可识别性、损失性、不确定性的特征，主要由风险因素、风险事故和损失构成。风险因素是指引起或增加风险事故发生的机会或扩大损失幅度的条件，是风险事故发生的潜在原因；风险事故是造成生命财产损失的偶发事件，是造成损失的直接的或外在的原因，是损失的媒介；损失是指非故意的、非预期的和非计划的经济价值的减少。那么降低风险冲击重点就在于如何消除风险因素，避免风险事故，减少风险损失。制定"上游干预"的政策能够消除风险因素，避免最终演化成对城市居民家庭的风险冲击。正是由于风险的不确定性，因此其应对的措施一定是事前的早期干预。世界银行提出的社会风险管理框架（Social Risk Management，SRM）强调三大策略和三大安排，即预防策略、缓解策略与应对策略，国家、市场与社会三大安排。其中，预防策略是最优先的策略。[①] 换言之，依托于国家、市场以及社会三大主体，贯彻"上游干预"的理念，进行预防策略的政策设计，可以消除各种风险因素，避免风险事故，从而能够有效地降低家庭面临的风险冲击，减少风险损失，从而消减家庭的贫困脆弱性。

从本研究的实证调查结果来看，文化程度与城市居民家庭的贫困脆弱性呈现反向关系，文化程度越高的家庭，贫困脆弱性越低，因此，可以采取相应的"上游干预"的举措，在儿童时期就开始投资人力资本，这是消减城市居民家庭贫困脆弱性的有效途径之一。此外，在调查中也发现就业问题成为影响城市居民家庭贫困脆弱性的重要因素，如何对那些有工作的人进行早期的干预，提供各种职业培训，帮助他们保持强有力的职业竞争力，避免后期失业的风险也是消减贫困脆弱性的可行途径。尤其值得注

[①] Holzmann, Robert and Jorgensen, Steen, "Social Risk Management: A New Conceptual Framework for Social Protection, and Beyond." *International Tax and Public Finance*, No. 8, 2001, pp. 529-556.

意的是社会保障制度在消减城市居民家庭贫困脆弱性中的作用，这也是本研究的初衷之一，如何发挥政府的主导作用，进行合理的公共政策安排，防患于未然，进行"上游干预"，让城市居民家庭都能够得到来自政府的正式社会支持，从而消减其贫困脆弱性，这也是值得思考的问题。

总之，"上游干预"的理念强调的是以预防为主，提倡在生命周期的关键生命事件节点的提前介入，通过降低家庭生活的不确定性、消除风险因素的方式来消减家庭的贫困脆弱性，避免家庭陷入贫困或贫困恶化。这一理念是指导国家、市场以及社会在进行相关的政策设计与制度安排时应该贯彻的主要理念之一。

二 社会保护的理念

卡尔·波兰尼（Karl Polanyi）最早提出"社会保护"（Social Protection）一词，主要指出西方社会的现代化面临的双重反向运动支配的状态，一方面市场存在不断的扩张运动，另一方面则是社会的反向保护运动。社会保护，就是指国家采取各种形式的干预，保护个人免受市场不测因素所造成的种种伤害。[1] 从 20 世纪 90 年代开始，在国际研究文献中，"社会保护"一词日渐取代了人们过去常用的"社会保障"（Social Security）。特别是在世界银行、亚洲开发银行、国际劳工组织和经济合作与发展组织（OECD）等国际机构的推动下，社会保护的政策框架在不断完善的基础上，逐渐被越来越多的国家和政府机构以及学术机构所认同。[2]

1992 年，欧盟理事会采纳了欧盟委员会提出的两大建议——"社会保护目标和政策的趋同"和"社会保护体系中足够的资源和社会救助的通用标准"，之后又陆续通过了有关社会保护的三大通讯文件。在 2000 年，里斯本战略出台，首次将社会保护政策置于与宏观经济政策和就业政策同等重要的位置，通过三者间的协同来构建"欧洲社会模式"。在之后的 2010 年"欧洲 2020"战略中，把社会保护看作生产性要素，同时也是消除贫困和社会排斥、实现包容性增长的重要手段，强调养老金、医疗保健和公共服务等在维持社会凝聚方面的重要性。构建社会保护体系逐渐成

---

[1] ［英］卡尔·波兰尼：《大转型》，冯钢、刘阳译，浙江人民出版社 2007 年版，第 8—15 页。

[2] 刘璐婵、林闽钢：《全球化下社会保护的兴起与政策定位》，《广西经济管理干部学院学报》2011 年第 2 期。

为减少贫困与社会排斥，降低不平等，为弱势群体提供社会支持，促进人力资本投资，提升生产率，促进社会稳定的重要纲领性政策举措。① 这对中国有着重要的启示，例如，在本研究实证调查中出现的许多有工作的人反而贫困脆弱性高，实际上要关注这些"有业贫穷"（Working Poor）群体。社会保护还提倡进行人力资本投资，干预重心由"事后保护"转向"早期预防"，由解决贫困问题转向减少人们的贫困风险。这些都是我们在消减城市居民家庭贫困脆弱性过程中可以有效借鉴的理念。

2012年6月，国际劳工大会通过《关于国家社会保护底线的建议书》（第202号），建议书认为社会保护底线是国家确定的一套基本的社会保障担保，为旨在防止或消除贫困、脆弱性以及社会排斥方面提供保护。国家社会保护底线应至少包括4项社会保障：（1）提供一系列构成基本医疗保健的商品和服务，包括产妇护理，满足可用性、可访问性、可接受性和质量；（2）至少在国家定义的最低水平上为儿童提供基本保障，包括营养、教育、保健和其他必要的物品和服务；（3）为在工作年龄无法赚取足够的收入，特别是有疾病、失业、生育和伤残的人员提供至少是国家定义的最低水平的基本收入保障；（4）为老年人提供至少是国家定义的最低水平的基本收入保障。② 建议书中列出了一些具体的津贴项目，例如儿童津贴、失业津贴等项目，非常值得借鉴。

（一）基于"兜底线"的社会保护

"兜底线"的社会保护强调的是对公民提供最低限度的社会保护，通俗而言就是构建社会安全网，防止全体公民因为各种风险冲击而落入贫困线以下，以满足基本生存需要为基本目标。这种"兜底线"的社会保护理念，强调的是国家主导责任，强调的公民接受国家救助的权利，当公民在生活难以为继的时候，有权利从国家获取包括衣食住行、教育、住房、就业等在内的最低标准的救助。很显然，这种社会保护的策略是一种事后补偿的应对型策略。

无论是基于反贫困还是消减脆弱性的目标，我们认为，构建"兜底线"的社会安全网是采取诸如能力提升、人力资本投资等预防性策略的必要前提和基础。如果没有"兜底线"的社会保护设计，无法保障公民

---

① 陈振明、赵会：《由边缘到中心：欧盟社会保护政策的兴起》，《马克思主义与现实》2015年第1期。

② 闻欣：《建立国家社会保护底线》，《中国社会保障》2014年第1期。

最基本的生存需求，不能解决那些生活难以为继、收入匮乏，处于社会最底层的赤贫者的需求，其他的社会政策安排都会是空中楼阁，难以实现。在本研究的实证调查中也发现，很多家庭的贫困脆弱性的类型属于收入低下的脆弱性，这些家庭的平均收入在贫困线以下，基本的生存需要难以满足，后期甚至有恶化的风险。帮助这些家庭消减贫困脆弱性的通行做法就是通过各种制度安排提升其收入，解决这种"收入匮乏"型的需求。当然，高风险社会公民面临的社会风险多样化，许多家庭面临的不仅仅是收入匮乏的问题，部分群体不能融入主流社会，在教育、医疗、居住、就业、社会关系等层面都是处于被排斥的境地，这也提醒我们，贫困已经进入新时期、新阶段，需要多维度认识贫困。"兜底线"的社会保护，不仅仅是停留在收入保护层面，需要构建多维度保护的"社会安全网"。在中国目前现状来看，社会安全网可以以低保为基础，其他制度协调与整合。低保能够保障贫困群体的基本生存需要，医疗、教育、就业、住房以及临时救助等专项救助制度成为低保制度的有益补充。

所以，强调社会保护并非抛弃应对型的事后补偿策略，恰恰相反，反倒是要进一步强化这种应对型的事后补偿策略的政策设计，这是其他诸如缓冲型、预防型策略实施的前提与基础。这也符合世界银行和国际劳工组织所提出的应对高风险社会各种风险冲击的预防策略、缓解策略与应对策略彼此协同应对的理念。"兜底线"的社会安全网不仅仅起着兜底保障的作用，更重要的这种"兜底保障"本身就是一种预防性策略。正如本研究实证调查的结果显示，底层民众的脆弱性反而较低，说明其后期的收入变动的概率较小，这与国家与政府对底层民众的关注度与投入力度比以往任何时候都要大有着密切的关系，各种社会救助制度，各种精准扶贫措施，都直接针对底层民众，这些家庭的生活与一般的常态家庭相比，反而后期变动变差的可能性大幅度降低，其基于收入变动的脆弱性一般较低。因此，为整个社会构建一个兜底保障的社会安全网尤其重要。

（二）基于"预防性"的社会保护

这是当前社会保护理念所大力倡导的做法。综合欧盟的积极社会政策取向，世界银行的风险管理框架以及国际劳工组织的社会投资策略，这种基于"预防性"的社会保护理念更强调人力资本投资，强调社会保险的保障，强调作用于家庭从而提升家庭的自我发展能力，强调关注儿童的早期干预，强调劳动力市场的社会保护。其关注的群体除了传统的贫困群体之外，也拓展到脆弱性群体，包括既贫困又脆弱的群体和不贫困但是脆弱的群体。在政策手段上更为积极主动，不仅仅局限于"收入匮乏"的底线保护，还包括能力提升、家庭资产投资等更为积极的措施；参与主体更为多元，不仅仅局限于国家这一单一主体，还提倡市场与社会力量的广泛参与；在具体方式上更有深度，不仅仅要解决收入贫困的问题，还要通过上游干预的策略，预防家庭陷入贫困，不仅要帮助已经贫困的家庭摆脱贫困，更重要的是让这些家庭能够获得自我发展和应对各类社会风险的能力；在目标对象上更为广泛，从贫困群体扩展到脆弱性群体，涵盖了经济社会发展过程中几乎所有的弱势群体；在政策效果上更为可持续，多元主体的参与，强调家庭功能的恢复以及自我发展，在维持生计、能力建设以及家庭经济能力的增强层面保持均衡发展，家庭应对风险能力进一步增强，且能够针对在家庭生命周期过程中的其他风险进行早期的预防，可持续性强。

从本研究的实证调查结果来看，每一个家庭都有一个脆弱性指数，每一个家庭都有可能是脆弱的，只是脆弱性程度不同。那些各项指标看起来越好的家庭，如户主的文化程度、收入、健康状况，甚至是地方经济发展程度等，其脆弱性反而会越高。因此，社会保护的理念不仅仅要关注那些贫困阶层，在高风险社会中尤其要关注那些中产阶层的居民家庭，重点关注那些中年人家庭，关注那些面临巨大生活压力、面临各种社会风险、脆弱性指数最高的家庭。在调查中也发现，城市居民家庭会出现"高消费、低收入"的脆弱性状态，这也提醒决策者，如何通过合理的机制引导城市居民家庭进行良好的资产储备极其重要。社会保护能够在家庭生命周期中的一些关键生命事件节点上提供必要的援助，基于"预防性"的理念，在这些关键生命事件发生之前能够及早通过能力提升、资产建设以及行动干预等措施，避免对家庭有损失的事件的发生或消减部分事件的消极影响，尤其是可能对家庭发展能力造成伤害的消极影响。例如，在家庭成员知识老化的同时，通过知识再培训等早期干预的举措，更新家庭成员的知识结构，增强社会竞争力，避免后期发生诸如由于知识老化而导致的就业过程中的社会竞争力不足而失业的事件。针对父母文化程度偏低可能对子女教育造成的影响，国际上一些基于社会保护理念设计的政策措施和项目计划，能够有效地缓解这种可能出现的贫困代际传递现象。

概言之，基于"预防性"的社会保护理念可体现为以下几个方面：

1. 通过风险管理预防风险冲击

很多国家主张通过社会保险项目来预防风险冲击，这是从国家层面给出的预防性策略。各种社会保险项目涵盖了家庭生命周期的各个阶段，包括生育、医疗、教育、失业、养老保险等。包括企业以及各种社会组织在内的社会力量，可以通过具体社会保护项目的形式来帮助家庭进行风险管理预防风险的冲击，例如实施儿童津贴计划、有条件的现金转移支付项目、开端计划等。对家庭而言，则需要将家庭生活与行动的重心由消极的应对变为主动的事前预防，让家庭的行动更具有前瞻性，例如，在经济危机时期，收入大幅度下降，可以采取节衣缩食而不是让小孩子辍学的行动来应对这种风险冲击。不管经济条件如何，重视教育，人力资本继续地投资于儿童，这种行动策略本身就是有预防性和积极的，保障了家庭成员未来应对社会竞争的能力，避免将来陷入贫困，实际上消减了这一家庭的贫困脆弱性。

2. 通过投资性策略增强家庭能力

阿马蒂亚·森认为许多家庭的贫困不仅仅是由于收入低下，更重要的是由于能力不足，是一种能力贫困。要消除这类贫困，最重要的措施就是通过多种渠道提升家庭的自我发展能力。人力资本投资被视为一条有效路径。人力资本投资主要有两个方向，一是关注儿童的早期教育与发展，二是直接作用于家庭中的成年人，通过教育培训等措施帮助其完成知识更新与技能提升。这两种方式都被证明是有效的，且与贫困的事后补救措施相比，成本较低，效果更好，且更为可持续。在这种理念指导下，一系列作用于儿童防止贫困代际传递的项目有序开展，一系列作用于劳动力市场中的从业人员的教育与技能培训提升计划也持续展开。

例如，儿童营养早餐计划能够帮助一些贫困家庭儿童完成小学教育和中学教育，改善贫困家庭儿童营养不良的状况。在美国，针对18岁以下儿童的救助行动很多，如最早的家庭救助项目"援助有未成年子女的家庭计划"，对儿童尤其是贫困的儿童的"贫困医疗补助制度"（Medicaid）。联邦政府和各州都有帮助贫困儿童的项目，如面向低收入家庭的学前教育"先行计划"（Head Start）、"学校免费早餐计划"、亚历山大市学前教育社区网计划（Alexandria Community Network Preschool Program）等，效果明显，成效显著。[①] 针对父母的教育培训计划也在拉美的

---

① 祝建华：《缓解城市低保家庭贫困代际传递的政策研究》，浙江大学出版社2015年版，第97页。

一些国家得以实施。这些计划能够进一步增进父母养育子女的责任心，提高养育子女的各项能力。让父母尊重子女的权利，保障子女健康成长与发展。尤其是当父母分开或者离婚的时候，对这些父母的教育培训，实际上能够起到对其子女提供社会与经济保护的作用。如果能够为父母提供良好的教育培训，尤其是那些设计良好，面向年轻母亲的文化课程，对这些母亲及其子女都有着非常明显的收益，而且这种收益对整个家庭的未来都有着持续的好处。在很多针对拉美国家的研究已经表明，低质量的、不足的学校教育对贫困家庭的年轻人来讲，使得他们缺乏足够的人力资本，妨碍他们获取较好的工作，不利于他们摆脱贫困。现在很多国家以及很多国际组织有开展大量行之有效的项目给家庭中的年轻成员提供技能培训的计划，帮助贫困家庭中的年轻人习得一技之长，使得这些贫困家庭中的年轻成员能够有潜力获取较高收入的工作以摆脱贫困。这些项目主要在一些专业技术学校，向那些已经参加工作的年轻家庭成员提供一些高质量、低成本和便利性的课程。而对贫困家庭中正在上小学或中学的年轻成员，政府可以通过提供奖学金、减免学费、提供学校午餐等方式，来帮助这些贫困家庭中的年轻成员完成学业。所以在很多国家的众多项目设计中，通过各种方式解决年轻人的学校教育与技能教育成为一项重要的举措。[①]

3. 通过助推来改善行动

我们认为，社会保护不仅仅在于兜底保护与预防干预，要消减贫困脆弱性，行动的改善是非常重要的环节。而行动的改善，除了通过"兜底线"的社会保护让脆弱性群体获取生存与发展的基础环境，通过"预防性"的社会保护让脆弱性群体能够得以能力提升，增加应对社会风险的能力和保障之外，还需要借助其他的社会保护性策略来推动。近年来，行为经济学的研究给我们提供了一个新的思路。"助推"（Nudge）一词在英文中的原意为"用肘轻推以引起某人的注意"。根据行为经济学家理查德·泰勒（Richard Thaler）和卡斯·桑斯坦（Cass Sunstein）的理论，助推理论的基本理论假设在于：人是社会人，其决策与选择会受到多种因素的影响，并非完全"理性"的，不一定能够做出对自己最有利的选择；助推通过非强制性的助推手段引导人的抉择，不仅没有约束人们的选择自

---

① 祝建华：《缓解城市低保家庭贫困代际传递的政策研究》，浙江大学出版社2015年版，第86—87页。

由，而且能够降低选择失败的风险。①

  助推是一种具体的行为机制和理念。理查德·泰勒和卡斯·桑斯坦认为"助推"指任何不采用禁止或是明显的经济刺激方式，却能影响人们行为向可预见方向发展的选择架构导向。② 通过导向性的方法，把最终选择权留给人们，这样的公共政策成本低廉行之有效，且更温和、更易被人们接受。③ 常用的助推工具有：一是设计默认项目，政府精心设计符合人们长远利益的默认选项供公众选择，并引导人们的选择；二是推送关键信息，将与公共目标及个人利益息息相关的各类信息以更加醒目直白的形式披露推送，帮助做出更佳选择；三是发送失误预警，告知人们行为的后果及可能损失；四是简化服务流程、限制服务内容；五是制造压力氛围；六是公开绩效结果，及时提供反馈是改变行为的重要手段。④

  社会安全网的构建，各种预防性措施的实施，并使其发挥最大效能，离不开对制度的宣传，提升对制度的认知与认可程度，自觉选择配合、支持制度；通过提升救助对象人力资本和改善其发展环境等柔性手段，使受助对象在不自觉的情况下走向能力恢复的道路。桑斯坦将产生重大危害的人类错误归纳为四大类，即偏见、短视及难以自控；忽略隐蔽的重要信息；盲目乐观；忽略或误用概率。⑤ 例如，在高风险社会中，贫困家庭面临着巨大的社会风险，有可能会为了基本的生存需要的满足而采取一些偏见、短视的不适当的行动，可能会导致家庭后期陷入贫困或贫困恶化的后果，尤其对下一代而言，短期的专注于维持基本生活必需品的满足，可能会忽略其人力资本投资的重要性。无论是贫困家庭中的父母还是子女的教育发展，以及整个家庭的人力资本投资，实际上都是行动策略的体现。也就是这些家庭在面临社会风险冲击时所采取的促进父母自身教育发展、促进家庭教育投资，保障子女健康成长与发展的重要行动。一些贫困家庭在

---

① ［美］理查德·泰勒、卡斯·桑斯坦：《助推：如何做出有关健康、财富与幸福的更优决策》，刘宁译，中信出版集团2015年版，第11—13页。
② ［美］理查德·泰勒、卡斯·桑斯坦：《助推：如何做出有关健康、财富与幸福的更优决策》，刘宁译，中信出版集团2015年版，第10—11页。
③ ［美］理查德·泰勒、卡斯·桑斯坦：《助推：如何做出有关健康、财富与幸福的更优决策》，刘宁译，中信出版集团2015年版，第55—58页。
④ 句华：《助推理论与政府购买公共服务政策创新》，《西南大学学报》2017年第2期。
⑤ ［美］卡斯·桑斯坦：《为什么助推》，马冬梅译，中信出版集团2015年版，第10—23页。

面临物价上涨、金融危机等社会风险的时候，往往为应付生存的压力，采取让子女辍学的行动，让子女辍学参加工作以弥补家庭生存的经济压力。这种行动从长远来看，是以牺牲子女的人力资本发展为代价的，最终会导致子女成年以后社会竞争力不足，生活状况堪忧，继承了父辈的与贫困相关的各种不利因素，贫困代际传递由此发生。[1]

基于此，如何通过多种途径增加这些家庭的选择机会，从而来保证其采取的应对风险的行动能够给这个家庭带来最大化和最长远的收益是政策设计过程中需要重点考虑的问题，这也是社会保护的理念在行动改善层面的直观体现。建立助推机制，给城市居民家庭提供更多的选择，并加以必要的引导，帮助其决策，能够在一定程度上实现对家庭的社会保护，通过行动的改善起到能力提升和预防风险的作用。

实际上国际上还提出了一种变革性策略来保障公民权利的实现的社会保护理念。这种主张主要认为无论是进行"兜底线"的保护性应对措施也好，还是进行能力提升的预防性策略也好，其前提与基础是公民能够享有公平、公正的权利，如果其基本的权利无法得到保障，始终处于不平等的社会环境之中，那些社会保护措施无疑是舍本逐末，没有抓住问题的实质和本源，难以真正达到其预期的效果。因此，变革性策略强调通过集体行动、管理变革、环境改善，甚至是政治变革等方式来实现对公民的社会保护，使公民能够取得平等的地位、完整的权利以及充分的资源。但由于这种变革性策略涉及面太广，幅度太大，难度也最大，本研究也难以完整地进行论述，也不是本研究的重点与核心，故可以暂时搁置起来，但并不意味着这一策略不重要，事实上变革性策略在一定程度上是基础，能够改变社会政策专注于细枝末节的制度性修补而非根本性变革的缺陷。

总之，社会保护更注重贫困的预防而非贫困后的补救，致力于解决贫困的根源而非仅仅是表象。它承认贫困的多维性，除了关注贫困群体外还关注脆弱群体，充分兼顾了贫困的动态性特征，更具前瞻性和战略性。[2]社会保护的理念不仅仅强调对高风险社会中的弱势群体的兜底保障作用，更强调的是能够通过多种机制来帮助家庭恢复功能，提升能力，自我发展，在这一过程中，社会保护更强调多主体的参与，强调多种资源的整合

---

[1] 祝建华：《贫困代际传递过程中的教育因素分析》，《教育发展研究》2016年第3期。
[2] 赵会、陈旭清：《社会保护政策：新时期贫困问题治理的新视角》，《安徽师范大学学报》2017年第5期。

与发展。因此，我们认为在消减城市居民家庭贫困脆弱性的政策设计过程中需要贯彻社会保护的设计理念。

第二节 消减贫困脆弱性政策设计的目标

根据本研究的实证调查以及前人的研究，城市居民家庭的贫困脆弱性可以分为两大类型，即收入低下脆弱性和变动性脆弱性。收入低下脆弱性的家庭的平均收入低于贫困线以下，基本上属于贫困家庭，要消减其贫困脆弱性，进行兜底线的收入保护是最为必要的措施之一，除此之外需要其他的上游干预和社会保护策略的跟进。变动性脆弱性的家庭的平均收入不一定比贫困线要低，其脆弱性主要是基于收入的变动和不稳定的因素，要消减这类家庭的贫困脆弱性，进行预防性和投资性的策略，降低社会风险，提升其能力，甚至改善其行动是必要的措施之一。从调查的数据来看，变动性脆弱性的比例非常大，尤其随着中国的反贫困不断取得巨大推进，基于变动性的脆弱性将会成为政策设计者在后期需要关注的重点。基于上游干预和社会保护的政策设计理念，我们将消减贫困脆弱性的政策设计的目标设定为构建社会安全网，减少社会风险，提升家庭能力和改善家庭行动。可以图示如下：

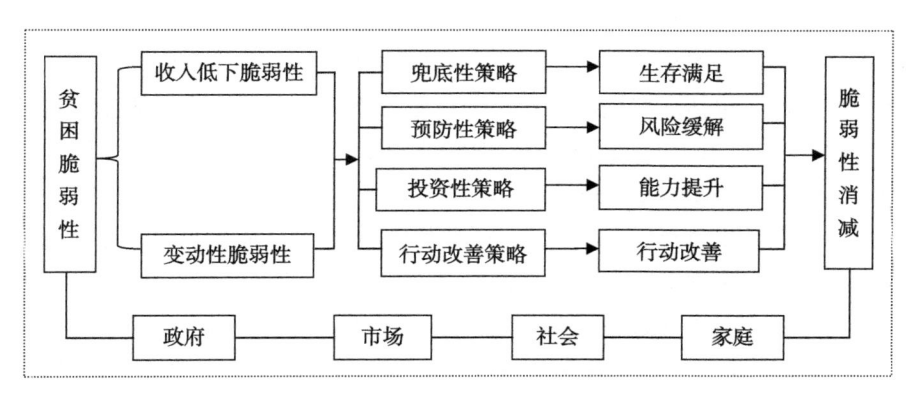

图 6-1 政策目标框架图

一 满足生存需要

生存满足的目标需要兜底线的社会安全网来实现，这是一种兜底性策略。不管是基于收入低下的贫困脆弱性还是基于变动性的贫困脆弱性，满足城市居民家庭的基本生存需要，构建兜底线的社会安全网都是最为基本的应对策略，尽管这种策略在很大程度上是事后补偿的应对型策略。所谓生存满足，就是基于需要与需要满足的理论，满足社会成员最基本的生存需要，这方面作为有效的政策就是社会救助制度。

"需要"（Need），从词源意义上讲，就是人对某种目标的渴求或欲望。需要是人的行为的动力基础和源泉，是人脑对生理和社会需求的反映。马克思认为"需要是人的本质属性"，[①] 满足正当需要是人不可剥夺的权利。人的需要是人对其生存、享受和发展的客观条件的依附和需求，它反映的是人在现实生活中的贫乏状态，可以理解为人反映现实的一种形式、积极行动的内在动因。马克思把人的需要分为自然需要、社会需要和精神需要。马斯洛（Abraham H. Maslow）的需要层次理论将人的需要分为各种等级，即生理的需要、安全的需要、社交的需要、自尊的需要、自我实现的需要。莱恩·多亚尔和伊恩·高夫在他们所著的《人的需要理论》一书中梳理了"相对主义与人的需要问题"、"有关人的需要的相关理论"、"实践中的人的需要问题"和"人类需要涉及的政治问题"。本研究主要关注"实践中人的需要问题"这一部分。

人的需要理论的基本观点就是将个人身体健康与自主视为人的基本需要，具体展开有生存与残疾、身体疾病、自主与精神病、学习与认知技术、社会职责与参与机会和批判性自主。而实现个人的基本需要是第一位的，如果一个人的最低水平需要都没有得到满足，那么他将根本没有能力做任何事情，包括那些期待他履行的特定行为，他也必须相信他拥有满足需要的权利。[②] 在具体实践层面，他们认为基本需要的实现需要一种被称为"满足物"的载体，"满足物"种类繁多，从中找到具有普遍性特征的满足物，归纳出特点，是进行下一步实践的关键。这种普遍性满足物的特点被赋予了一个新名字"中间需要"。这种需要可以提供一个稳固的基础，后续工作可以通过该基础上设立一系列主次要目标来实现。他们对"中间需要"进行了如下列举：营养食品和洁净的水、具有保护功能的住

[①] [德] 马克思：《马克思恩格斯全集（第3卷）》，中共中央马克思恩格斯列宁斯大林著作编译局译，人民出版社1982年版，第514页。

[②] [英] 莱恩·多亚尔、伊恩·高夫：《人的需要理论》，汪淳波、张宝莹译，商务印书馆2008年版，第122—123页。

房、无害的工作环境、无害的自然环境、适当的保健、童年期的安全、重要的初级关系、人身安全、经济安全、适当的教育、安全的生育控制和分娩。研究者给出了基本需要满足和中间需要满足的标准。基本需要满足需要根据最优化标准进行,要求根据总体基本需要满足水平最高的社会集团所达到的最新标准来确定批判性最优。在能力薄弱时期可酌情降低标准。而在"中间需要"标准的制定方面,书中认为实现健康和自主的优化,需要特定水平的中间需要的满足,一旦过线,任何额外的投入都不会提高基本需要满足,因此要求确定实现最优水平的基本需要满足所必需的最低水平的中间需要满足,即罗尔斯认为的最低投入水平最优。[①]

围绕社会救助是基于需要为本还是基于正义为本有着广泛的讨论。如何在需要的基础上满足正义的原则,在保障基本的基础上体现发展的取向,并使制度走向更为包容,更为规范,最终实现法制化成为众多发展中国家的可能选择路径之一。社会政策在本质上体现为对公民需要的满足,对"基本需要"的不同理解可能会导致制度朝着不同的趋势发展。1974年国际劳工组织首先正式使用了基本需要(Basic Needs)这个概念,包括:"第一,包括家庭私人消费的最低需要,如足够的食品、衣物和住宅,以及某些家具和家用器具。第二,包括当地社区提供的一些基本服务,如卫生的饮用水、卫生设施、公共交通、医疗和健康服务、教育以及文化设施。在任何情况下,基本需要都不应当仅仅等同于生理性的最低需要,它应当被置于民族自立的背景中,考虑到个人和人民的尊严,使他们没有障碍地自由把握自己的命运"。这是在满足基本生存需要的基础上体现社会正义的原则。因此,我们认为构建兜底线的社会安全网,满足公民的基本生存需要,应包含国际劳工组织所言的第一层次和第二层次的基本需要,这就是我们在讨论如何消减城市居民家庭贫困脆弱性的第一个目标生存满足的具体含义。这个层面的生存满足,除了基本的衣食需要之外,还包括基本的医疗、教育、住房、就业等维度的需要满足,当然,从社会救助制度本身来讲,强调的是保障适度,从标准和服务供给的广度与深度来讲,都是最基本的层面,所以称之为生存满足,只是这种生存满足较之以前只是局限于衣食需要的生存满足,内涵与外延要扩展了许多。

[①] [英]莱恩·多亚尔、伊恩·高夫:《人的需要理论》,汪淳波、张宝莹译,商务印书馆2008年版,第189—207页。

二　缓解风险冲击

人类发展过程中面临着各种各样的风险，涵盖社会生活的各个领域。主要包括：[①]

1. 环境和自然灾害：从全世界来看，与环境和气候变化相关的问题日益加剧，气候变化带来干旱、洪涝、飓风、台风和其他极端天气，导致海平面上升、缺水、植物和动物种群的迁移或灭绝和海洋酸化等问题。此外，大规模工业化和快速城市化也导致了许多其他环境威胁。缺水、卫生条件差、土地退化、土壤侵蚀、空气污染和生物多样性受到威胁等问题都日益严重。气候变化将导致农业收入的不确定性，进而增加他们的不安全感。收入和社会地位的提高往往同承受损失的能力和抗逆力的增强联系在一起。由于个人财产较少，且不能平等地获得帮助等原因，女性、残疾人士要摆脱灾害影响可能会面临更大障碍。儿童、妇女和老年人则尤为脆弱。

2. 经济风险：全世界有数百万家庭过着前途未卜、缺乏保障的生活，面临着收入低下的贫困威胁。由于缺乏私人储蓄、财产和足够的国家政策保障，因此这些家庭暴露在金融危机和自然灾害的风险之下。在发展中国家，有很多人是非正规就业，社会保险覆盖率低，经济不安全感很强烈。全球经济危机发生以后各国的经济复苏缓慢，发达国家许多人也面临强烈的不安全感，失业率大幅度上升。粮食价格波动对粮食安全和人类发展的威胁越来越大，一些地方的民众甚至面临饥饿的威胁。

3. 健康风险：健康冲击可能是最容易造成家庭和社会不稳定的因素之一，而饥饿和营养不良则进一步加剧了与贫困相关的健康威胁的风险。许多家庭因病致贫，家中经济支柱的健康不佳可能让整个家庭陷入贫困并长期无法摆脱。此外，艾滋病的传染、疟疾和结核病的迅速传播、登革热和猪流感的快速蔓延以及生物恐怖主义威胁的增加，都有可能进一步增加家庭面临的风险，增加其脆弱性。

4. 人身不安全：全世界目前并不太平，冲突和战乱使社会和人的安全受到冲击。突然爆发的公共暴力事件、恐怖组织袭击、街头帮派斗殴和

---

① 联合国开发计划署 UNDP：《促进人类持续进步，降低脆弱性，增强抗逆力》2014 年人类发展报告，2014 年版，第 33—52 页。

最终演变为暴力事件的抗议都会极大地威胁人们的生活。暴力犯罪和家庭暴力更进一步加剧人身的不安全感。

这是全世界范围内全人类发展过程中面临的风险冲击,这进一步增强了家庭的贫困脆弱性。如何消减城市居民家庭的贫困脆弱性,主要的目标之一就是如何降低这些风险冲击。对中国城市居民家庭而言,需要做到:①

1. 如何应对立体型贫困特征导致的贫困代际传递风险

城市贫困家庭在收入低下、经济困难的同时还存在着严重的教育与医疗、住房负担,呈现出立体性贫困的特征,有社会排斥的风险。一些城市贫困家庭由于经济状况较差的原因,导致其住房面积相对较小,在一定程度上影响了其子女的独立生活空间以及学龄期子女学习的空间。尤其是学龄期的子女在家中由于缺乏必要的学习环境,影响其学习成绩,这些在一定程度上会成为贫困代际传递的影响因素。收入低下的贫困家庭,其必要的生活支出受到影响,其生活水平亦维持在较低的水平,同时缺乏必要的教育投资。数据显示,这对参加工作的子女的收入水平产生影响,呈现贫困代际传递的特征。食品支出、教育支出以及医疗支出是目前城市贫困家庭中占据前三位的支出项目,可见维持基本生存需要、保障子女的教育以及身体健康需求是当前城市贫困家庭最大的需求。贫困代际传递呈现多面向的特征,这要求政策干预措施的动态性与综合性。

2. 如何应对城市贫困家庭的社会关系层面的排斥风险

研究发现,为城市贫困家庭提供帮助的主体前四位依次是"家人""亲戚""社区干部""朋友","家人""亲戚"是这些贫困家庭占主导地位的社会支持者,而"社区干部"在城市贫困家庭社会支持网中的比例明显要高于其他类型家庭。贫困程度的不同,或者说收入水平的不同直接影响了这些家庭的社会关系。除了传统的家庭互助功能依然发挥巨大的作用以外,城市贫困家庭对政府等行政组织的依赖性明显较大,因为社区等因素代表着政府的行政力量,街道、社区等会通过各种形式的救助来帮助这些贫困家庭恢复其自身的功能,从而达到满足贫困家庭基本生存需要的目的。这提醒政策设计者,后期在寻找消减贫困脆弱性的措施时需要重视

---

① 祝建华:《城市贫困家庭贫困代际传递的影响因素及政策干预》,《团结》2014年第3期。

家庭的功能，重视政策的因素，需要通过一定的政策设计来提升家庭的功能，这是政策设计的重点。

3. 如何应对教育投入不足导致的贫困代际传递

一些研究表明，教育是贫困代际传递的重要影响因素。缺乏必要的人力资本投资，会使下一代处于教育不足的状态，影响其后期在社会中的竞争力。调查显示，城市贫困家庭的经济困难现状，导致这些家庭在学龄期儿童素质教育上投入不足，由于经济困难的原因而无法为其子女选择教学质量较好的学校，由于父母忙于生计和文化程度偏低等原因，在辅导子女学习以及与子女娱乐互动等方面存在不足，极有可能导致这些家庭的子女呈现生活上缺人照应、行为上缺人管教、学习上缺人辅导的"三缺"状况。而这些城市低保家庭子女在教育上的不足会在一定程度上对其成年后的职业产生影响，低收入、不稳定的非典型性就业形态凸显了贫困代际传递的特征。

4. 如何应对因病致贫的风险冲击

医疗负担重、有病不能医的现象普遍存在于这些城市贫困家庭中，部分城市贫困家庭上一代健康状况较差，获取收入能力不足，直接影响其生活水平，进而影响儿童的成长与发展。这些家庭的家庭成员的医疗健康状况不容乐观，许多贫困家庭中的子女贫血的程度要明显高于其他正常的家庭，这对儿童的身心健康发展极其不利。此外，与正常家庭相比，贫困家庭更加不注重食品的营养搭配，导致儿童的营养健康状况不容乐观。城市贫困家庭提供的供养条件的不足，如膳食结构等都会影响到子女的营养状况和身体发育状况，其在后期竞争中可能会处于弱势。

5. 如何应对社会保障制度的不足与缺失的风险

基本上任何国家都存在一定程度的贫富差距，但是不同之处在于有些国家能够建立起保护底层阶级、维护底线公平的社会保障制度，同时具有合理的社会流动机制。一些贫困家庭在兜底和保基本的社会保障制度的支持下，能够维持基本的生存需要，能够逐步恢复一定的家庭功能，具备一定的摆脱贫困的能力。研究发现，我国城市贫困家庭在一些基本的社会保障项目上处于缺失的状态，这一方面可能是这些家庭对政府的制度安排不熟悉和不了解，另一方面则是政府在一些社会保障制度设计上本来就处于不完善和不健全的状况。这种制度支持的缺失无疑会导致这些家庭摆脱贫困更加困难，甚至可能会在一定程度上导致贫困的代际传递。现行城市低保制度政策效果与功能有限。城市贫困家庭目前面临的主要压力还是来自基本生活、医疗、教育等领域，这提醒政策的设计者，要消减城市居民家庭的贫困脆弱性，需要进行综合性的配套制度组合设计。

6. 如何应对突发的关键生命事件的负面冲击

在分析城市居民家庭近五年来所经历的关键事件中不难发现，在众多的事件中，"失业""成员开始读书""成员健康变化""受伤或患大病""家庭成员毕业"是城市居民家庭经历的最为关键的事件，对其生活产生巨大的影响。"失业"会导致家庭经济状况的恶化，尤其对城市贫困家庭而言更是如此。"成员开始读书"意味着教育负担的增加，这也是一部分家庭因学致贫的表现。"成员健康变化"以及"受伤或患大病"是城市居民医疗健康领域的重大变化，会导致因病致贫的现象出现。城市居民家庭生命历程中重要事件的负面冲击会增加城市居民家庭的贫困脆弱性，这提醒政策的设计者，对城市贫困家庭的政策干预，需要考虑这些关键生命事件的影响，依据生命周期理论制定相应的专项制度。

研究表明，家庭特征、家庭生产经营活动、家庭生育行为、早期家庭暴力、家庭教育与培训、家庭中老年人的角色、家庭中年轻劳动力的状况、家庭中父母的教育、营养与健康状况等都可能对贫困脆弱性产生深刻的影响。因此，可以试图通过各种途径改善家庭中的上述状况，从社会排斥风险的多面向性出发，着眼于整合整个家庭的经济、社会、文化、社会关系等层面的功能，尤其是注重恢复各个层面的自我发展能力来降低风险的冲击。[1]

三 提升家庭能力

家庭能力的提升被认为是消减贫困脆弱性的重要目标之一。很多家庭的贫困脆弱性指数很高，很多时候并不是因为贫困或者生活资料的缺乏，其实是抵御风险的能力差，在遭受风险冲击的时候无法应对，从而陷入贫困或贫困恶化。提升家庭抵御风险的能力被视作消减贫困脆弱性的重要手段。

一般而言，提升家庭能力主要在两个方面，一是家庭的经济资本的增

---

[1] Kate Bird, "The intergenerational transmission of poverty: An overview", Chronic Poverty Research Centre Working Paper No. 99, 2007, http://www.chronicpoverty.org/uploads/publication_files/WP99_Bird.pdf.

加，二是人力资本的投资。

保持经济增长，增加家庭收入是消减贫困脆弱性的重要因素，在一个经济停滞不前的社会，很难想象贫困脆弱性极高的家庭能够很从容的应对风险冲击。需要创造机会，保障家庭成员的就业以及获取收入的能力。父母，尤其是母亲，能够增加劳动力市场的参与度，获取更高的工资收入对整个家庭而言极其重要。一些社会救助和社会福利项目也可以在其中发挥重要作用，例如，家庭生育行为一般开始于父母生活的最佳时期，在这个时期，他们能够接受正常的教育，能够有较好的职业流动的机会，能够逐步提高自己的收入，从而增加自己的社会资本。在这个时期，早期育儿发展计划能够解决这些家庭父母的很多后顾之忧，使其能够有更多的机会获取更多的社会资本。如果可以为父母提供良好的教育培训，尤其是那些设计良好面向年轻母亲的文化课程，对这些母亲及其子女都将有非常明显的收益，而且这种收益对整个家庭的未来都有持续的好处。所以，无论是经济政策也好，还是一些社会政策安排也好，都有可能在不同的维度增加家庭的收入和资产，增强家庭的经济资本，提升家庭抵御风险的能力。

大量的理论和实证分析都表明，以教育、健康为主要指标的人力资本匮乏，是发展中国家贫困发生率长期居高不下、弱势人群陷入持久贫困的根本原因之一。[1] 人力资本理论认为教育可以增加劳动者的知识技能，提高劳动者的劳动生产率，并提高劳动者的个人收入，进而促进社会公平。换言之，人力资本理论认为教育不仅有利于消除贫困，而且能够为处于社会下层的年轻人提供相对公平的机会。[2] 英国曼彻斯特大学"持续性贫困研究中心"的研究认为，应该将注意力重点放在决定恢复力的结构性与个体性特征的培育上，以帮助和保护穷人避免"贫困代际传递"和免遭贫困的冲击。这实际上是提倡通过人力资本投资等渠道，恢复家庭的自我发展能力。"知识改变命运"，教育在个人成长与发展的过程中发挥着极其重要的作用。人力资本理论的创立者西奥多·舒尔茨认为，改善穷人福利的关键性因素不是空间、能源和耕地，而是提高人口质量，提高知识水平。可见，教育应当成为改变家庭脆弱性状况的主要途径。一些家庭存在

---

[1] 卢迈：《儿童早期发展与反贫困》，载王梦奎《反贫困与中国儿童发展》，中国发展出版社2013年版，第21页。

[2] 郭丛斌：《教育与代际流动》，北京大学出版社2009年版，第15页。

着教育投资不足、教育投资负担重以及教育投资抗风险能力弱等特点。而对家庭子女教育公平和对家庭子女教育救助的讨论则是基于家庭本身获取资源的薄弱能力而展开的，希望通过促进家庭子代向上层社会流动的反贫困政策理念来阻断贫困的代际传递，[1]切实改变贫困家庭子女的受教育状况，真正实现教育的公平，在观念上建立人力资本和社会资本的理念，在行动上策划和发展有效的职业训练方案。通过人力资本投资，让贫困家庭的子女能够有良好的健康与营养，有良好的学校教育，有良好的职业技能训练，能够有广泛的社会参与，积累生存与发展所必需的社会资本。当然，人力资本投资的形式可以有很多种，可以通过直接补贴的形式作用于贫困家庭儿童自身，帮助他们完成正常的基础教育，甚至接受更高、更好的教育，帮助他们获得健康的身体，帮助他们习得良好的生活习惯，帮助他们掌握必备的职业技能。还可以通过投资于贫困家庭中的父母，来间接投资于其子女，帮助贫困家庭父母进行职业技能培训，重返劳动力市场，给贫困家庭父母提供良好的育儿观念与方法，帮助这些父母在面临社会风险的时候采取正确的行动。国外一些日间照料中心的建立，也是为了能够让年轻的父母在其生命周期的黄金时期，能够腾出时间参与劳动力市场，能够获取与积累整个家庭生存与发展的社会资本。

家庭能力的提升很好地贯彻了"上游干预"与社会保护的政策设计理念。通过经济发展、社会救助提高家庭收入，通过公共服务供给降低家庭养育儿童的成本，通过各种社会服务，满足儿童与家庭的发展需要，使家庭中的成年人与儿童一起，都能够更好地融入社会，平等地参与社会活动。社会保护的最终目的是提高人力资本，实现人的发展，其本身并不是目的，而是手段。[2]所以，家庭能力的提升可以通过增加家庭收入与资产，开拓家庭社会关系，关注儿童教育与发展，进行人力资本投资等渠道来实现，通过一系列有针对性的制度安排，通过多元主体的广泛参与，以家庭功能恢复与提升为核心，帮助家庭增强在高风险社会中应对风险冲击的能力，从而消减家庭的贫困脆弱性。

---

[1] 刘精明、杨江华：《关注贫困儿童的教育公平问题》，《华中师范大学学报》2007年第2期。

[2] 史威琳：《城市低保家庭儿童社会保护制度分析》，《北京社会科学》2011年第1期。

四　改善家庭行动

根据前文的分析框架，贫困脆弱性的后果取决于风险、能力与行动等几个因素的综合作用。风险冲击是影响贫困脆弱性的重要因素，但并不是决定性因素，各种类型的社会风险可以通过有效的社会政策安排，诸如各种社会保险计划等进行有效的降低；家庭抵御风险的能力也是影响贫困脆弱性的重要因素，但也并不是唯一因素，家庭的能力也可以通过各种公共服务供给等来提升；与此同时，行动作为影响贫困脆弱性的重要因素之一，其重要性不言而喻。城市居民家庭所拥有的人力资本、物质资本、经济资本、社会资本，其生存与生活的家庭、社区、社会组织以及政府的社会支持网络，这些构成城市居民抵御风险的能力要素，在能力一定的前提下，采取何种行动也很关键。如果一个家庭即使拥有足够的抵御社会风险的能力，比如，拥有足够的家庭资产，但如果在风险冲击来临之时没有采取合理的家庭行动，很有可能会导致这种抵御风险能力的无效，反而会进一步加深风险的冲击，从而导致贫困脆弱性指数的进一步上升。因此，如何改善家庭的行动就成为政策设计者需要重点考虑的问题之一，这也是消减贫困脆弱性的主要目标之一。

拉美国家的有条件现金转移支付制度实际上是一种通过有条件的强制方式，帮助家庭采取合理的行动的一种制度设计。这些贫困家庭要获取现金补贴的前提条件就是要保障子女的正常学校教育和健康营养与医疗。这实际上就是一种典型的行动干预策略。对贫困家庭中正在上小学或中学的年轻成员，政府可以通过提供奖学金、减免学费、提供学校午餐等方式，来帮助这些贫困家庭中的年轻成员完成学业。可以通过各种方式解决年轻人的学校教育与技能教育。另外，除了家庭之外的其他主体，例如社区，可以通过整合各种社会文化因素，促进儿童的社区参与。国家可以通过社会救助制度的设计，对贫困家庭应对贫困和社会风险的行为进行早期的干预，保护这些家庭中的儿童和孕妇，这些家庭中的儿童和孕妇越早得到营养和健康的干预，对孩子身体与行为的发展越有利。[①]

一般而言，社会政策较多地体现为向公众提供满足人类需要的产品和服务，其主要目标是为那些通过自己的保险或应对机制避免风险的能力最

---

① 祝建华：《贫困代际传递过程中的教育因素分析》，《教育发展研究》2016 年第 3 期。

低的人提供支持。① 在一些制度实施过程中可能更为关注筹资和递送机制的效率，而很少关心"目标"人群，很少关心家庭的多样性需要，也不评价实际效果，最后会导致供给与服务的脱节。② 当前的许多社会政策更多的是一种政府的"家长意志"，在政策的制定过程中政府没有很好地倾听公众的声音，没有很好地分析公众的实际需求，这是导致很多政策执行不力，政策效果不佳，乃至政策失败的重要原因。公民参与是公民权利得以保障的体现，也是公民参与社会活动，进一步融入主流社会，促进整体社会融合的体现。集思广益将进一步有利于制度的发展。③ 由此，可以借助行为经济学的"助推"理论，通过助推的运用，扩大公众的参与，给公众更多的选择权，以此来改善家庭的行动。助推并不直接强制人们选择，它承认人类的思维缺陷，把目光放在选择架构的影响上，虽然具有一定的导向性，但却把最终选择权留给人们，这样的公共政策成本低廉，行之有效，而且更温和、更易被人们接受。④

通过家庭行动的改善，帮助家庭在面临风险冲击时能够做出最佳的应对风险的决策，是消减贫困脆弱性的重要目标之一。此外，需要注意的是，这种行动的改善不仅仅局限于家庭的行动，还可以通过助推的方式，扩大公众的参与，增加公众的选择权，帮助政府作出最佳的社会政策选择，将有利于政府决策的优化，从而有利于政策实际效果的发挥，从而与家庭行动一起，有效消减城市居民家庭的贫困脆弱性。

总结来看，贯彻"上游干预"和社会保护的政策设计理念，通过兜底性策略、预防性策略、投资性策略以及行动改善策略，以家庭为基本分析单位，满足家庭的生存需要，降低家庭面临的来自自然灾害和环境、经济、教育、健康、住房、就业等层面的风险冲击，提升家庭抵御社会风险的能力，改善家庭和政府的行动，在不确定性的社会中尽可能做出最佳最

---

① 沙琳：《中国的社会福利转型》，载沙琳《需要和权利资格：转型期中国社会政策研究的新视角》中国劳动社会保障出版社2007年版，第13页。

② 斯蒂芬·德沃鲁、沙琳：《社会政策是否满足了社会需求》，载沙琳《需要和权利资格：转型期中国社会政策研究的新视角》，中国劳动社会保障出版社2007年版，第26页。

③ 祝建华：《城市居民最低生活保障制度的评估与重构》，中国社会科学出版社2011年版，第200页。

④ ［美］理查德·泰勒、卡斯·桑斯坦：《助推：如何做出有关健康、财富与幸福的更优决策》，刘宁译，中信出版集团2015年版，第55—58页。

优的选择，这些就是消减贫困脆弱性的主要政策目标。

第三节　消减贫困脆弱性政策设计的基本原则

在"上游干预"与社会保护的理念指引下，在生存满足、风险缓解、能力提升和行动改善的目标规划下，进行消减贫困脆弱性的政策设计，还需要确立一些基本的原则。这些原则是指导政策设计和具体方案安排的重要保证，主要包括政府主导原则、多元主体参与原则以及可持续性原则。

一　政府主导原则

无论是反贫困还是消减城市居民家庭的贫困脆弱性，都需要社会政策干预，尤其是通过各种公共服务供给和制度安排，进行事后补救或事前预防的治理，目前来看被证明是最为行之有效的路径。政府主导责任主要包括推动立法、财政支持、管理监督和宏观调控以及负担制度运行的制度成本。

推动立法的前提是该领域的各种问题得到充分研究，提出了各种解决方案并经实践检验是行之有效的。从现状来看，人们为消减贫困脆弱性的努力显然还没有达到这一程度，仅仅是反贫困的各种政策设计与制度安排也还远未到立法的层面，尽管近几年来推动社会救助立法的呼声越来越高，各级部门也进行过各种尝试，但事实上社会救助领域依然存在着诸多问题，包括顶层设计与制度实施层面的问题一时之间都没有找到很好的解决办法。贫困脆弱性在很多人，尤其是政府部门的决策者看来，甚至可能是一个有些虚无的概念，在已经发生且困扰人类发展多年的贫困问题都尚未解决的情况下，如何去围绕一个着眼于未来预测与估量的判断进行政策设计确实是一个值得深思的问题。但正是由于当前反贫困政策的事后补偿缺陷以及滞后性的特征，才显现出消减贫困脆弱性的事前预防的优势以及前瞻性的效率，这正代表着社会政策发展的方向，如果能够进行前瞻性的上游干预的政策设计，将会打开政府决策的新局面，极大地提高制度的效率，降低制度的成本。所以，消减贫困脆弱性还是需要政府发挥主导作用，在推动研究、促进立法等层面有所作为。

提供财政支持无疑是政府主导责任的重要体现。再好的制度设计，如果没有有效的公共财政供给，也将会成为无源之水，无本之木，难以为继。政府在社会再生产过程中，通过多种收入形式，集中一部分国民生产总值或国民收入，用于满足其职能需要，例如通过财政拨付行政经费、教育经费、基本建设投资支出、优抚救济支出、扶贫支出，为保证因无劳动能力和其他要素而无收入或收入甚少者的最基本生活需要，通过转移性支出，如社会保障支出、救济支出、补贴等，使每个社会成员得以维持起码的生活和福利水平。关于这一点无须赘言，唯一需要注意的是需要优化财政支出结构，即财政资源内部的配置比例，尤其在关乎民生保障的社会事业支出方面更是如此。如果以往进行反贫困的战略，大量的财政支出用于社会救助与扶贫开发，那么在确立消减贫困脆弱性的政策目标以后，财政支出的结构可能需要调整。一方面，既要保障基本的兜底线的社会救助支出的需要；另一方面，还需要满足脆弱性群体识别、风险缓解、能力提升以及行动改善等方面的支出。另外，编制相关发展规划，制定反贫困与消减脆弱性领域的一系列法律法规建立健全管理服务机构，培训并有效配置相关专业工作人员，保障各项资金的合理安排筹措，完善相关服务设施，对各项社会服务的履行进行有效监督，不断动员与促进各项社会力量的参与等。[①]

坚持政府主导的原则还需注意两点。其一，中央与地方之间的权责分担问题。由于中国人口众多、地区发展不平衡以及多民族构成等特点，在明确中央政府的主导性以外，还需要明确包括各个地方政府在内的各个责任主体之间的权责分担。中央政府主导制度的改革与建设，同时考虑到巨大的地区差异性，需要充分调动地方政府在消减城市居民家庭贫困脆弱性问题上的投入和建设。中央政府与地方政府分担财政与监管责任等，在强化中央政府的责任的同时强化地方政府的责任。在一定条件下，中央政府可以通过财政转移支付方式，确保地方政府的职责与财力匹配。其二，适度地引入市场机制作为补充。政府不是万能的，不要排斥市场机制的介入，在保障社会公平的前提下，合理利用市场机制和市场资源，弥补政府主导功能的不足。围绕反社会排斥的目标，扩大公民参与，让公民参与到制度的设计与制度的实施和监督中来。从国际经验来看，20 世纪 60 年代

[①] 田俊乐：《我国城市社会救助中多元主体参与及协作问题研究——基于福利多元主义理论分析》，硕士学位论文，山西财经大学，2015 年。

开始的美国"伟大社会"建设很强调联邦政府的作用,尤其是"向贫困开战"计划,更是要求联邦政府整合和协调各级资源,保证各种项目计划的执行。这样做的理论基础在于约翰逊政府认为贫困的原因不仅仅在于个人,也在于社会,在个人与社会两者之间,因此要求将贫困与制度联系起来,要求政府承担起相应的政策风险导致的贫困后果。政府主导有着非常鲜明的好处,能够集中各种资源,推动各种项目计划的有效实施。但政府主导责任应该是有边界的。否则,就会出现美国"伟大社会"建设后期的政府严重财政负担,各种开支严重膨胀,在经济发展迅速、经济形势较好、政府财政相对比较充裕的时期问题并不明显,但一旦经济下行,政府将入不敷出。最后不得不大幅度削减开支,使得原本就只能依靠政府大幅度支出维持的许多项目停止,人民福利削减,引发多种不稳定因素。中国当前的一些经济发达地区,包括浙江省在内,地方财政相对比较好,能够支撑大量的福利支出,政府大包大揽,看起来毫无问题,这反而成为很多地方突显制度优越性和政府惠民的举措,政府责任的边界模糊不清。一旦经济下行,这种模式很显然是不可持续的。所以,一方面在强调政府主导责任的同时,要明确政府责任的边界,同时有意识地鼓励多种力量参与到反贫困的事业当中。

二 多元主体参与原则

政府主导不等于政府大包大揽,从当前流行的治理理论的内涵中,贫困脆弱性的消减是一种社会治理方式与手段,既重视政府功能发挥又重视社会力量群体合力。与此同时,还要关注在政府的机构组织下如何最大限度地保护公共利益,在有限的社会资源的条件下如何更有效地满足公共需求。这与社会力量的公益性和社会救助的救助服务是相关的。仅仅依靠市场,会因为垄断和公共物品的提供等方面存在市场失灵;仅仅依靠政府,会因为各种计划和行政命令而无法达到资源的最优化,最终实现不了人们的经济利益。这样就需要第三部门的介入管理。[①] 在一些公共产品的供给方面,社会力量可以发挥不可替代的功能,特别是在关爱弱势群体、促进社会公平正义、社会动员和社会倡导、提供社会服务等方面更是具有政府

---

① 郭艳丽:《我国非营利组织参与社会救助问题研究》,硕士学位论文,山东财经大学,2012年。

和市场无可比拟的优势，在促进经济、社会和人的全面发展中发挥了重要的作用。社会力量在治理过程中的参与，公民可以通过社会力量表达自己的意愿，与政府和其他组织互动，并通过组织的独立自治提高民众的参与度。

城市居民家庭贫困脆弱性的消减涉及兜底保障、风险缓解、能力提升、行动改善，每一个环节都不能仅仅依靠政府这一单一主体去完成，需要其他主体的广泛参与。可以利用不同主体的特色和优势，开展内容丰富、形式多样的社会救助项目，促进各主体之间的相互尊重、平等协商、沟通合作、互利共赢，以构建良性互动的风险预防网络。政府向社会组织、企业以及相关个人提供信息，企业有资金，但是缺乏相应的专业人员和专业运作，所以企业可以提供资金给社会组织，社会组织拥有专业的人员和专业技术，能够直接服务脆弱性群体，最后受益的脆弱性群体将信息反馈给政府，实现脆弱性群体的需求与政府、社会组织、企业（个人）救助供给的有效对接。

政府建立信息的定期发布制度，使其他的主体，尤其是企业（个人）、社会组织能获得需求者的信息。一般而言，民政部掌握着城市贫困人口、贫困家庭的信息，并建有低保对象档案，内容涉及他们的年龄、收入、致贫原因、家庭人口数等信息。这些信息能够帮助社会组织、企业或者慈善个体精准地找寻需要救助的对象，并提供精准的救助服务。

作为依靠生产、出售产品而营利的组织，企业并不善于从事社会救助，但是企业有其相应的社会责任，一些企业或为履行社会责任，或纯粹出于慈善的目的，需要通过提供资金的方式来帮助穷人。企业提供的资金可以交给专业化的社会组织来协助完成社会救助过程。社会组织作为实施社会救助的桥梁，能够有效联通资金提供者和救助需求者，提高社会救助效率和效果。所以一些企业选择捐钱、捐物给社会组织，委托它们对弱势群体提供现金或服务的社会救助。企业可以选择直接为脆弱性群体提供现金救助，例如选择捐款直接帮助贫困家庭的孩子上学等，还有一些直接为脆弱性群体提供相应的志愿者服务。企业还通过设计带有激励性的广告语倡导语与公众进行沟通，加强公众对社会救助的了解和关心，说服人们奉献自己的金钱、非货币资源或者亲身参与到救助帮扶脆弱性群体的活动中。在这一过程中，企业还可以与需要救助帮扶的脆弱性群体一起实现双赢，企业慈善捐赠的目的不是纯粹地做好事，而是把慈善捐赠与企业的营销战略结合起来以期促进企业产品销售，企业可以组织其员工、分销商、零售商等合作伙伴奉献他们的时间，为残疾人、老年人、贫困家庭等脆弱性群体提供服务，以期通过志愿服务提高企业声誉，树立良好的企业形象等。

社会组织具有亲和力强、灵活性大、资源广泛等优势，组织成员本身来自社会各界各个层次，与目标对象之间能够更为平等地交流与沟通，更能知晓脆弱性群体的真实需求。同时社会组织成员由于来自各行各业，有很多专业人士，在社会组织具体从事的领域更为专业，能够调动各种社会资源，以多种手段帮助目标对象走出生活困境。此外，群众参与群众自治的组织也便于群众监督。群众在信任了解组织的基础上更乐于提供辅助这些组织进行社会救助的各类资源。[1]

在消减贫困脆弱性的政策体系中，家庭或者个人也是重要的参与者。个人往往是民间慈善的积极参与者。许多人通过慈善募捐、志愿者服务等各种方式帮助贫困家庭，参与社会救助。尤其是一些具有经济实力的个人，其在参与慈善救助过程中对社会的贡献度巨大。即使是普通的个人也能够在社会救助过程中出钱、出力，贡献自己的力量，一方面能够直接地帮助贫困群体，另一方面也能营造良好的社会氛围和社会风尚。对脆弱性家庭进行脆弱性消减与帮扶离不开家庭和个人的基础作用。一般的家庭除了上述可以直接通过慈善捐赠的方式提供帮助以外，还可以通过自身功能的恢复对家庭成员中相对脆弱的群体给予更多的关注。根据联合国开发计划署的人类发展报告的分析，穷人、非正规就业人群、妇女、残疾人、儿童、老年人等都是家庭中相对脆弱的群体，这些群体在健康、教育和资源控制方面的能力有限，同时缺乏完善的风险缓解机制，在社会保障措施和医疗体系不够强大和全面的时候，这些群体充满不安定感，显得尤其脆弱。家庭可以通过调整家庭消费结构、增加教育投资、增加家庭收入来源等方式逐步恢复家庭功能，从而帮助这些脆弱性群体渡过难关。从目前的情况来看，可以做到的是，重点关注老年人的医疗支出，协助家庭满足儿童教育开支，鼓励儿童走出家庭，参与社会活动，增强自信心，给予残疾人更多的照顾和服务。此外，一些特殊的家庭，例如单亲家庭，由于只有

---

[1] 田俊乐：《我国城市社会救助中多元主体参与及协作问题研究——基于福利多元主义理论分析》，硕士学位论文，山西财经大学，2015年。

父亲或母亲一个人的收入维持家庭生计，使得经济来源更单一，抗外部风险能力更弱，极易因突发或内生原因陷入贫困，同时家长忙于奔波来维持生计，更是造成了对单亲儿童的忽视，也不利于儿童的成长。这些不仅仅需要依靠政府、市场和社会组织的帮助，还需要家庭的互助功能的发挥。

三 可持续原则

可持续性关乎制度的生命力，也关系到制度的有效性。可持续性主要体现在制度设计的形式与内容上，也就是如何进行制度的设计以及设计怎样的制度的问题。

在形式上，具体来说，可持续发展原则主要体现在尊重制度发展客观规律的同时，重视考虑中国的国情以及在发展进程中的重要变化，遵循从缩小不公平到实现公平的路径，在制度建设中采取渐进并持续发展的方式，循序渐进的设计和发展现行制度，使得这项制度在不同的社会历史发展时期有不同的制度设计与安排。实事求是，尊重发展的客观规律，能够根据具体社会问题的变迁进行动态的调整，而不是相反的抱残守缺。所以，在制度设计形式上的可持续性要求做到实事求是、动态调整、因地制宜和因时制宜。

在内容上，要求制度设计的目标和救助的具体内容等体现出可持续发展的原则。如从制度的目标来看，应从生存性目标向发展型目标发展，从单项制度向综合性体系发展，从兜底线保障向能力提升、行动改善发展。在具体的制度设计中，应当从被动补救转变为主动回应、预防相结合，从经济保障为主转向经济、服务、精神保障全面发展，并保持与经济发展水平相适应。[1] 每个人在生理、心理和智力方面都有很大差异，消减贫困脆弱性的制度设计应尽量发挥受助者的潜能，使其在社会支持下摆脱困境，缓解风险冲击，增强自身的自我发展能力，促进自我发展。[2] 具体如下：

1. 由收入保护到多维度保障

我们对贫困问题的认识，尤其是对贫困类型的区分，主要经历了从收入贫困、能力贫困、权利贫困的过程，研究贫困的视角，经历了从绝对贫困到社会排斥再到贫困脆弱性的过程，更加强调家庭遭遇的多维度困境。

---

[1] 郑功成等：《中国社会保障改革与发展战略——理念、目标与行动方案》，人民出版社2008年版，第24页。

[2] 冯英、聂文倩：《外国的社会救助》，中国社会出版社2008年版，第12页。

由此，贫困脆弱性的消减要突破收入保护的范畴，改变了过去主要从收入角度出发，以收入或资源占有量来界定贫困，而忽视考察造成贫困的非经济原因的缺陷。相应的，传统社会政策动用的主要手段是经济再分配，常常无视不同人群需要的差异，忽视目标群体无法实现的社会参与的要求，以及各种非物质的能力剥夺，采取的相应对策也是以解决收入匮乏问题、满足基本生存需要为主。在多维度视角下，将贫困脆弱性视为经济和社会功能受到限制的一种生存和生活状态，而不仅仅是没有收入或收入不足的问题。强调非收入因素对人的福利的作用，深化了人们对于社会需要、社会机会的认识，力图从增权或能力提升、社会融合等新的视角进行考察。[1] 更加关注社会关系（地位、权利）等非经济资源分配。从强调收入、财产到强调人的因素和强调人的地位与权利。这是在政策设计过程中可持续的重要体现。

2. 由被动应急到主动回应

消减贫困脆弱性政策设计的可持续性还体现在由被动应急型向主动回应型的转变。现行许多反贫困的制度设计是被动的应急型制度。这种制度关注于对贫困后果的事后补救，关注的是对贫困的"下游干预"，当贫困者陷入极端赤贫，生存难以为继的时候，给予一定的资金和物质帮助。事实证明这种制度的成本高、效率低。而按照风险管理的理论，在经济全球化的环境下消除贫困不仅代价高昂，也是很难实现的事情，因而只有预防贫困才能达到消除贫困的目的。[2] 因此，在新型的制度设计中应该贯彻贫困预防的理念，提倡贫困的"上游干预"，在上游消除贫困产生的条件和机制，切断贫困产生的链条。应该按照生命周期理论的观点，针对不同年龄阶段贫困群体的特点，采取不同的应对措施，预防贫困的发生，减少个体面临的贫困风险，防患于未然，将干预时机提前，形成对贫困群体的社会保护。"被动补救"模式总是在社会问题出现并一直蔓延到不得不解决的时刻政府才会被动地采取相应的治理措施，始终处于一种被动的状态。在新的制度理念下对社会问题的解决，政府的决策必须做到主动、积极，可以概括为"主动回应"模式。不是被动地等到社会问题的发生蔓延后采取措施，而是主动地发现社会问题的变化，分析社会问题的特征，及时

---

[1] 杨团：《社会政策研究范式的演化及其启示》，《中国社会科学》2002年第4期。
[2] 徐月宾、刘凤芹、张秀兰：《中国农村反贫困政策的反思——从社会救助向社会保护的转变》，《中国社会科学》2007年第3期。

做好事前预防和"上游干预"。这就要求政府的决策是积极和主动的，制度的设计也应该是具有前瞻性的。①

3. 由关注不平等到关注不确定性

此外，消减贫困脆弱性政策设计的可持续性还体现为对不平等的关注转向对不确定性的关注。不平等（Inequality）往往与贫困有关，同时与贫富差距紧密相连。不平等强调的是一种不公平感。社会不平等在各个领域都有体现，例如收入不平等、财富不平等、地位不平等、健康不平等以及其他各种不平等的表现形式等。一些不平等起源于国民收入初次分配的不公，因此许多解决措施寄希望于后期的国民收入再分配，即通过社会救助、社会福利等形式来帮助人们摆脱不平等，实现社会公平。而不确定性（Uncertainty）是一个出现在哲学、统计学、经济学、金融学、保险学、心理学和社会学的概念。不确定性就是指事先不能准确知道某个事件或某种决策的结果。或者说，只要事件或决策的可能结果不止一种，就会产生不确定性。在经济学中不确定性是指对于未来的收益和损失等经济状况的分布范围和状态不能确知。在任何一个社会中，人们对于不确定的、含糊的或前途未卜的情境，都会感到面对的是一种威胁，从而总是试图加以防止，以实现安全的生活环境。无论是兜底线的社会救助还是进行风险缓解、能力提升和行动改善的脆弱性消减政策，从本质上而言其实都是一种社会建设运动，其主要目的是帮助底层阶级摆脱贫困和脆弱性的状态，实现社会公平。当前的社会建设主要面向不平等的问题展开。因此，反贫困的主要和直接的受益者是社会的最底层。贝克等认为现代社会已经进入风险社会，全球化、高科技、高风险的社会特征增加了社会生活的不确定性。社会生活中充满着不可预测性，人们的生活缺乏安全感。因此，我们的社会建设在面向不平等及增进公平感的同时，应当比以往更加自觉地面向不确定和提升安全感，这是一个巨大的转变。不平等关注的是社会底层，而不确定性关注的是全体社会成员。② 消除不平等，促进社会公平的努力，其主导力量是政府，而消除不确定性，增强安全感的努力，其主导的力量应该还包括社会，正如前文所述，由政府主导到社会力量参与。

---

① 祝建华：《城市居民最低生活保障制度的评估与重构》，中国社会科学出版社 2011 年版，第 154—155 页。

② 王小章：《面向不平等和不确定性的社会建设》，《探索与争鸣》2015 年第 10 期。

四 协调性原则

美国"向贫困开战"计划之所以最后出现诸多问题,其中一个重要的原因就在于众多的项目计划彼此之间较为零碎和分散,不成系统,彼此之间相互隔离,不能形成合力,甚至存在相互矛盾与冲突的地方。每一种项目计划都在试图寻找自己的反贫困策略,很多时候都是单兵作战,缺乏通力协作。这样的弊端是显而易见的。一方面各个制度之间由于缺乏联系与协作,势必出现重叠、交叉与矛盾的地方,造成事实上的福利资源的浪费;另一方面,作为反贫困战略中的一部分,各个项目计划由于缺乏合力,彼此的最大效能无法得到最大程度的发挥,影响了制度的效率。此外,矛盾、零散、混乱的制度安排,只会让受助者无所适从,丧失对政府反贫困的信心,缺乏自我发展的动力,最终导致影响反贫困的效果。因此,这就提醒我们,在消减贫困脆弱性的各个制度之间,一定要做到协调与统一。各个制度之间需要加强彼此的联系与协作,理清彼此交叉、重叠、矛盾的地方,加强政策的衔接、对象的衔接、标准的衔接以及管理的衔接,充分发挥制度的合力,共同构建牢固的社会安全网。

根据前文提出的消减贫困脆弱性的政策目标,首先是要构建满足城市居民家庭基本生存需要的兜底保障体系,目前来看,最有可能也最适合担负这一职能的就是社会救助体系,要以社会救助体系为基础构建兜底保障的社会安全网,在这一制度设计过程中尤其要注意协调性原则,在制度衔接上必须保证最低生活保障制度的救助内容与其他专项救助制度不能有重叠和交叉。必须衔接整合各单项社会救助制度,使各单项社会救助制度互通、互联、互补,构成一个有机的制度体系。要注意衔接配合,形成合力,要求做到救助标准、制度建设、救助形式、管理体制、运行机制等的有机衔接,内容全面、标准科学、覆盖城乡、责任清晰、部分协调以及法制保障。

此外,其他有关风险缓解、能力提升以及行动改善的政策设计,也要遵循协调性原则,做到顶层协调性、内部协调性以及外部协调性。

顶层协调性,要求以宪法原则和精神为基础,必须以宪法为依据,在宪法指导下进行。现行《中华人民共和国宪法》第 45 条明确规定:"中华人民共和国公民在年老、疾病或者丧失劳动能力的情况下,有从国家和社会获得物质帮助的权利。国家发展为公民享受这些权利所需要的社会保险、社会救济和医疗卫生事业。"因此，以宪法为指导，是消减贫困脆弱性政策设计的顶层协调性的具体体现。

内部协调性，要求涉及风险缓解、能力提升以及行动改善的各项制度之间有效衔接，不交叉，不重叠，不矛盾，不对立，协调不同的职能部门，整合各种资源，促进制度的有效衔接，打破之前部门封闭、各自为营的做法，形成整体有序的制度框架，共同构成一个有序的制度体系。

外部协调性，要求制度设计与经济、社会发展的其他制度配套，协调统一。制度的设计要立足现实，不能滞后于经济的发展，也不能过于超前，明显超越国家财政的承受能力，造成事实上的巨大经济负担。此外，外部协调性还要协调多方资源。风险的防范、贫困的治理、脆弱性的消减，都需要多方力量的参与。因此，需要协调多方主体的力量参与整个脆弱性贫困的治理，帮助已经脱贫但是具有较强脆弱性的家庭应对社会风险的冲击，防止再次陷入贫困。

第七章

消减城市居民家庭贫困脆弱性的具体政策设计

现代社会是一个高风险社会。贫困脆弱性的度量能够帮助识别目前并非贫困而未来可能会陷入贫困以及那些无法脱离贫困的家庭或个人（即未来谁更脆弱）。脆弱性既是风险的产物也是个体抵御风险的能力和行动的产物，脆弱性的程度依赖于风险的特点和家庭抵御风险的机制。这些分析对于提高贫困对象识别效率以及有效实施反贫困政策干预具有重要意义。导致脆弱性的冲击的种类很多，最常见的大范围冲击有自然灾害、环境危机、经济波动、政策改变和种族冲突等；对于家庭和个人而言，疾病、失业、突发事故等冲击都可能导致家庭财富的损失和生活水平的下降。因此，在兜底保障的基础上，后期主要就在于如果帮助这些家庭消减贫困脆弱性，避免这些家庭由于各种各样的风险冲击，缺乏应对能力，无法采取合理的行动，从而导致返贫，即再次陷入贫困。部分城市居民收入水平低，极易受到社会风险的冲击和影响。要提高他们的抗风险能力，社会福利应超越收入再分配的旧思路，必须投资在具有促进人力资本、社会资本、劳动技能的社会项目上，并通过保障居民的合法权益等途径，消除居民参与的障碍，促进个人能力的提升。

第一节 事后补偿的应对型政策设计：社会救助兜底保障机制

消减城市居民家庭的贫困脆弱性需要综合性的制度设计，要秉持兜底性社会保护和预防性社会保护的理念，在兜底保障的基础上采取"上游干预"的策略，达到满足基本生存需要、缓解社会风险、提升家庭能力和改善家庭行动的具体目标，遵循政府主导、多元主体参与、可持续性以及协调性的原则，最终实现城市居民家庭贫困脆弱性的消减。我们认为，兜底性的社会政策设计是贫困脆弱性消减的前提与基础，在这一政策体系中起着极其重要的作用，综合来看，可以构建以社会救助为主的兜底保障机制，也就是进行以社会救助为主的社会安全网设计。

一 构建社会救助兜底保障机制的必要性

2010年，日本学者汤浅诚在《反贫困：逃出溜滑梯的社会》一书中提出我们现在所处的是一个"溜滑梯社会"。即"只要不小心踩滑了脚，就会毫无阻拦地一路跌到最底层甚至不知道什么地方去的社会结构"。[①]这在一定程度上提示着这是一个高风险的社会，高风险社会中许多人都随时有可能变得贫困或使得生活状况更糟糕，各种人群变得日趋脆弱。在这样的背景下，社会急需一道安全网来提供最基本的保障，社会救助的功能因此凸显出来。发挥社会救助的兜底作用就是给这样一个"溜滑梯社会"提供一张兜底安全网。中国的反贫困事业经过多年的发展，反贫困的基本机制已经建立，扶贫开发与社会救助等制度一起在反贫困促进社会发展方面发挥了重要的功能。如今，中国的反贫困已经进入深水区，由点到面，由面到片，农村脱贫攻坚已经取得全面的胜利。东部地区经济较为发达的浙江省，目前正处于巩固脱贫攻坚战胜利成果，逐步步入"后扶贫时代"的关键时期。而如何充分发挥社会救助的兜底保障作用，使其发挥"承上启下"作用，即防止绝对贫困现象的反弹及应对新形势下贫困的新变化与新趋势，尤其是贫困的立体性、多维度性，城乡居民生活的贫困脆弱性，社会生活的不确定性等。这是新时代对社会救助兜底保障作用提出的新要求，社会救助是社会安全的最后一张网，它兜起社会底线公平，直接面向生活在最底层的社会成员，满足他们的基本生活需要。

一直以来，尽管我们通过各种制度设计与政策安排推动反贫困事业的不断发展，也取得了很大的成绩，但在理论层面，有关反贫困的很多本原理论问题并没有完全解决，很多理论问题还停留在表层，深入的、系统性的还略为缺乏。需要从理论层面阐明"兜底保障"的内涵与外延，是对社

[①] ［日］篠上芳光：《进社会，就要换脑袋》，李静宜译，译林出版社2012年版，第216页。

会公平理论、需要理论以及反贫困的理论体系的进一步丰富与完善，构建社会救助的兜底保障体系，有助于保障人民群众的基本需求，实现生产生活的功能性恢复，回应新时代社会主要矛盾的变化；有助于社会安全网的建立和完善，促进社会公平、释放社会活力进而推动社会健康稳定发展；有利于实现由低保兜底到社会救助兜底的织密网目标，实现兜底保障的全民覆盖和可持续发展；有利于明确政府责任边界、提升兜底保障的效率与效度。

二 兜底保障的含义

（一）兜底保障的内涵

左停等研究者认为，"兜底"包括三个方面：在发展干预顺序上的兜底，即产业、劳务输出、易地搬迁、生态保护、教育发展以及低保兜底脱贫，如前几个措施不能帮助贫困人口脱贫，就通过低保兜底来解决；在贫困群体分类中的兜底，即认为没有劳动能力的群体是兜底的对象，认为"扶贫管有发展能力的群体，低保管没有能力的群体"；在"家庭—集体—国家"帮扶主体顺序上的兜底，即从对困难群体的帮助主体来讲，中国的基本制度设计应是"家庭—集体—国家"，即在家庭、集体经济等都无效时，由国家的低保政策予以救助。此外，一些研究对"兜底"内涵的理解局限在"标准"与"水平"的层次上，认为"兜底"就是所有的社会保障项目设定最基本的"标准"，保证最适度的"水平"。

本研究认为兜底应是确定社会底线位置并建立最后的社会安全网。即在"溜滑梯社会"中给予失落者一个缓冲，令其不至于一下子跌到底。这是一张严密且具有张力的安全网，能够兜住全体社会成员防止其下坠，还能够提供向上的作用力，帮助其脱困。简言之，所谓"兜底"保障，就是基于底线公平和需要与需要满足的理论，通过一系列的制度安排，构建社会安全网，保障公民最基本的生存与生活，使其不至于陷入贫困或重返贫困。

（二）兜底保障的外延

一些研究将"兜底"的外延笼统的理解为几乎所有社会保障制度的兜底，包括社会救助、社会保险和社会福利等，甚至从大民政的角度来理解"兜底"，医疗、养老等都在列。很显然，这是广义上的"兜底"。狭义上的"兜底"，即民政兜底保障作用，主要是指社会救助的兜底保障作用。需要明确的是，本研究的"兜底"的外延，主要限定于社会救助的兜底保障作用。

随着救助对象贫困内涵的多维化与复杂化，对兜底的理解应从过去单一、平面的考虑转变为对多维立体的兜底系统的讨论，即在原来通过低保实现生存兜底的基础上，辅以更加完善的专项救助制度，并通过专项救助实现恢复生产生活所需基本条件的兜底。主要包括医疗救助、教育救助、住房救助和就业救助，其中尤其要注意医疗救助的重要性，必要时将其与低保救助并重考虑。低保加专项救助的立体兜底框架共同保障社会领域中的生存权、健康权、受教育权、居住权、工作权以及资产形成权这六项公民权利的实现。此外，发挥社会救助的兜底保障作用，还要关注其他社会保障制度的建设，并以此形成合力。

三 兜底保障的总体目标

总的来说，社会救助兜底保障就是按照"兜底线、织密网、建机制"的要求建成一个救助层次全方位，保障对象广覆盖，内外制度有效整合，多主体共同参与，社会救助服务协同，可持续发展的兜底保障机制，形成经济、社会保驾护航的社会安全网。

（一）兜底线：构建社会安全网，坚持保障适度

社会救助是一项主要由政府财政承担筹资责任，旨在扶助贫困群体基本生活的非缴费型转移支付项目，是社会保护体系的重要组成部分。[1] 传统思维中，社会救助的运行基于选择性原则，仅将社会保护以拾遗补阙的方式提供给经过官僚体系挑选的人，大大降低了社会保护的普惠性，甚至造成受益者的社会羞辱。[2] 而将社会救助的运行视为安全网的运行在一定程度上能够有效缓解上述两个问题。构建一张严密的社会救助安全网，能够使所有公民拥有享受基本生活保障的权利，进而增强其可行能力。通过依托社会救助的各项制度建立起来的社会安全网，能够起到"兜底"保障的作用。

需要注意的是，这张社会安全网的保障水平是适度的，是最基本的标准，体现出"底线公平"的原则。社会安全网通过提供适度水平的救助资源，保障全体公民能够维持基本的生存和生活需要，这是"兜底线"的基本含义。

---

[1] 白晨、顾昕：《中国社会安全网的横向不平等——以城镇最低生活保障为例》，《中国行政管理》2018年第1期。

[2] 顾昕：《从社会安全网到社会风险管理：社会保护视野中社会救助的创新》，《社会科学研究》2015年第6期。

（二）织密网：通过制度整合，实现全面覆盖

在整个救助体系中实现各项制度整合，是"织密网"的关键。过去，人们往往把最后安全网限定于低保等单一制度，而实现制度层面的广覆盖需要将安全网的外延扩大到整个社会救助体系。现有的社会救助体系大体上由收入型贫困救助体系、支出型贫困救助体系和临时救助体系三部分构成，各子体系间界限分明、互相补充。[①] 其中临时救助体系的救助对象致贫原因较为特殊，往往是因各种突发性灾难造成，难以用程序化的方式避免，是安全网架构中非常特殊的一个部分。收入型救助的对象是低保户、特困人员，支出型救助的对象是低收入群体。应针对这两类群体的不同特点，在制度安排上可考虑对前者进行低保加专项救助的综合救助，对后者直接因致贫原因进行专项救助。除做好制度层面的广覆盖，在实践层面实现基于选择性原则的保障对象广覆盖和基于主动性原则的实际救助工作广覆盖更是社会安全网真正落实服务于民的关键。要求能够及时主动发现，利用信息化大数据等手段，找到其贫困原因并及时提供帮助。通过系列制度的整合，实现多维覆盖，"织"成保护全体公民的"安全网"，是"兜底"保障的基本目标之一。

（三）建机制：完善四个机制，优化救助成效

建机制是整个救助体系从理论走向现实的关键一步。四个主要机制包括：救助标准确立机制；对象选择（目标定位）机制；多元主体参与机制；有效的管理与工作机制。

首先，救助标准的确立应以罗尔斯最低投入水平最优原则，即"实现最优水平的基本需要满足所必需的最低水平的中间需要满足"实现保障适度。具体来说，就是在保基本的前提下提供发展所需的必要前提条件，实现"扶上马，再推一把"的救助效果。

其次，对象选择时应遵循目标定位原则，减少"错保""漏保"的发生，坚持在柔性逻辑下严格的选择性原则与适度弹性的结合，建立适当的"容错机制"。

再次，多元主体参与社会治理是目前政府功能性改革的大势所趋，也是实现"善治"的主要方式。实现社会救助成效优化，同样离不开多元

[①] 钟仁耀：《支出型贫困救助制度的顶层设计研究》，华人社会救助研讨会论文，南京，2016年。

主体的共同参与。多元主体参与体现在制度执行与决策层面，集思广益，发挥多元主体活力，最终实现双赢。

最后，有效的管理与工作机制穿插在其余各项机制的具体实施过程之中，是联系和沟通各项机制的桥梁和纽带。这是保障"兜底"保障作用有效实现的基础与前提。需要规范工作程序，建立专业化队伍，推动社会救助立法。

（四）可持续：制度良性协调，系统规范

概括而言，可持续主要体现在：一是制度发展的可持续。社会救助兜底保障作用，核心在于"兜底"，提倡保障适度的水平，这在一定程度上能够根据具体的中央与地方财政状况采取合理的兜底水平，而不至于陷入高水平、高负担的陷阱，从而维持制度的可持续性。此外，在推动社会救助兜底保障作用充分发挥的过程中建立起多种规范的机制，能够保证社会安全网中涉及的各项制度的规范化、法制化发展，从而实现制度发展的可持续性。二是制度效果的可持续。充分发挥社会救助的兜底保障作用能够很好地降低民众的社会紧张度，满足个体基本需要，实现底线公平。当社会中的个人需要都能得到一定程度满足时，整个社会的稳定程度也将上升，社会可持续性也随之增强。三是整个反贫困体系的可持续性。通过多项制度的有效整合，构建兜底"密网"的各项制度有机整合，互为补充，使得整个反贫困制度体系系统化、规范化，实现可持续。

四　构建社会救助兜底保障体系的路径

在高风险社会不确定性进一步增大，反贫困的趋势逐步变化，脆弱性逐步上升的背景下，需要按照"兜底线、织密网、建机制"的要求，回应新时代社会主要矛盾的变化，适应新形势下反贫困的新特点，遵循新社会发展形势对社会救助提出的新要求，进一步发挥社会救助的兜底保障作用。具体来说，就是依据底线公平、需要与需要满足理论，遵循保生存、促发展、重服务等理念，通过实现兜底保障的内外部制度整合，提升多元主体的参与，推进救助标准的规范化，完善兜底保障的城乡统筹，落实兜底保障的全覆盖综合系统，实现低保、医疗、教育、住房等各项制度的多层次兜底，成为社会力量广泛参与的兜底，成为标准逐步提高、逐步规范化的兜底，成为城乡一体化、城乡统筹的兜底，成为制度安排、保障对象、实际救助工作全覆盖的兜底，成为在保基本的基础上为发展奠定坚实基础的兜底。

(一) 实现兜底保障的内外部制度整合

在美国"向贫困开战"计划中各项目计划彼此之间较为零碎和分散的问题在造成事实上福利资源浪费的同时影响了制度的效率。此外，矛盾、零散、混乱的制度安排，只会让受助者无所适从，丧失对政府反贫困的信心，缺乏自我发展的动力，最终导致影响反贫困的效果。因此，制度之间要做到协调与统一，加强彼此的联系与协作，理清彼此交叉、重叠、矛盾的地方，加强政策的衔接、对象的衔接、标准的衔接以及管理的衔接，充分发挥制度的合力，共同构建牢固的社会安全网，促进反贫困战略目标的实现。

其一，在社会救助制度内部，打造分层次、分类别的梯度救助模式。分层次要求明确低保救助的基础性地位，并在此基础上实现其余各项专项救助与低保制度的"协作"。这有利于进一步发挥社会救助的兜底保障作用，真正按照致贫原因实现按需施救。[①] 进一步实现梯度救助，要求按照底线原则和紧要程度将医疗和教育排在首位，医疗更应排在优先考虑级。建议设置以实现四大专项救助为目标，打破专项救助壁垒的综合救助项目，实现一个项目提供多种救助的目的。例如浙江省的"焕新乐园"项目，既改造了儿童居住环境，又实现了教育救助的目标。此外，在内部制度设置时可增添对救助对象进行正常生产生活能力恢复救助的内容，实现保护性救助与发展性救助的结合。

其二，在社会救助制度外部，实现与其他反贫困制度有效衔接的救助格局。在打赢脱贫攻坚战后，目前"脱贫人口"中的相当部分只是靠社会救助的兜底保障才使得收入达到贫困线的水平，依然很脆弱，社会救助依然是一场"持久战"，应该在标准制定、对象识别、家庭经济核对等方面进行制度创新，加强与其他保障制度的协调与整合，发挥各自优势，互为补充，共同构建社会安全网，提高反贫困的绩效。

(二) 提升多元主体的参与广度与深度

《社会救助暂行办法》第五条中提出要"建立健全政府领导、民政部门牵头、有关部门配合、社会力量参与的社会救助工作协调机制"。在制

---

① 左停、贺莉、赵梦媛:《脱贫攻坚战略中低保兜底保障问题研究》，《南京农业大学学报》2017年第4期。

度上突破原有的公益慈善发展瓶颈，释放出现行体制对公益慈善组织全面接纳的信号，带来社会组织参与社会救助的热潮。同时，企业通过出资、出人、出力等多种方式参与到社会救助中，发挥了重要作用。个人通过媒体、网络、社区等方式不断获得就业信息，参与就业培训，还可获得专业社会组织提供的心理辅导等服务，在政府、企业、慈善组织等多管齐下的社会救助中重拾走出贫困的信心。

要形成社会救助兜底保障参与主体的多层次性，最重要的是要理顺政府与社会力量的关系。社会救助的多元主体能够协作的前提是法律地位平等。社会力量与政府的关系在一些西方发达国家可以用"平等合作伙伴关系"来指称。发展成熟的非政府组织拥有较强的独立性，与政府处于一种合作伙伴关系。两者在合作中实现竞争，提升彼此效率，共同承担为弱势群体供给救助资源的责任。中国的社会组织长期以来只承担政府"助手"的作用，后期两者关系虽逐渐朝着健康的方向发展，但总体并未有实质性改变。[①] 因而，"合作伙伴关系"目前并不适宜当前制度环境。以政府为主导、慈善组织为补充、多元主体参与的"大救助"模式将是中国未来一段时期内的必然选择。[②] 即形成"政府主导下的互动协作"，可将社会力量参与社会救助的方式归结为以下几种：

项目合作模式，强调社会力量各个主体以及社会力量与政府间的项目合作；"1+X"模式，即建立以政府为主导，社会力量主体参与社会救助的模式，要求政府以政策引导社会力量发展方向，搭建信息共享平台、促进救助供需对接，加强主体间的交流沟通、建立稳固合作关系，鼓励多方参与；"四位一体"政府社会协作模式，指政府、社会组织、企业（个人）、困难群众相互配合、协调、联动，多元主体协同参与。要推动平等合作机制、协调对话沟通机制、资源共享机制、购买服务机制等有利于多元合作形成的机制建设，社会力量自身强化社会救助能力，实现多渠道筹集资金也是该模式能够合理运行的关键。

（三）推进救助标准的标准化与规范化

兜底保障的标准要遵循"兜底线"的基本原则进行"保基本"的

[①] 刘丽娜：《我国农村社会救助中非政府组织参与路径研究》，硕士学位论文，西北大学，2011年。

[②] 孙远太：《政府救助与慈善救助衔接机制构建研究——基于整体性治理视角》，《中国行政管理》2015年第8期。

设计。

1. 以家庭为单位建立救助需要综合评估机制

1974年国际劳工组织使用基本需要（Basic Needs）这一概念，包括："第一，包括家庭私人消费的最低需要。第二，包括当地社区提供的一些基本服务。在任何情况下，基本需要都不应当仅仅等同于生理性的最低需要，它应当被置于民族自立的背景中，考虑到个人和人民的尊严，使他们没有障碍地自由把握自己的命运"。因此以家庭为单位建立救助需要综合评估机制应包含国际劳工组织的第一层次、第二层次的基本需要。此外，应以家庭收入、财产为主要指标，统筹考虑家庭成员因残、因病等增加的刚性支出因素，综合评估家庭贫困状况和救助需要，制定综合救助方案。以低保对象、特困人员、农村建档立卡贫困人口、留守儿童等数据，建立困难家庭基础信息数据库，并向社会开放。

2. 以保基本为原则设计救助标准制定调整方法

（1）基本生活需要的确定

必需食品消费支出的计算以中国营养学会所列的18—49岁成年人膳食能量推荐摄入量为参考依据，综合考虑轻体力活动男、女膳食能量推荐摄入量，建议以2200千卡作为测算城乡低保标准时的参考数据。以此为基础，进行"基本生活需要"测量指标的设计。具体分为日常生活、教育、医疗、住房、社会参与和就业六个维度，此外，还存在一些特殊情形与人群，如特困人员供养、受灾人员救助及临时救助等。表7-1所显示的指标在以家庭为分析单位时必须考虑家庭规模、家庭结构以及消费结构的因素，进行相应的加权；日常生活部分主要在生活消费支出法计算的基础上略有拓展；前6个维度（指标1—31部分），为所有的救助对象家庭共同的"基本生活需要"；各地方可根据实际情况在这六个维度的范围内对具体指标进行增减；所列指标均满足"保基本"的原则；特困人员供养、受灾人员救助、临时救助等都是一些特殊情况或特殊人群的部分基本需要。针对此类情形，需要在指标1—31的基础上进行相应的叠加。

（2）"1+X+Y"模式

救助标准的计算公式为：救助标准 = 1+X+Y。其中"1"是根据表7-1的前6个维度31个指标计算出的救助标准的基础和核心部分。每个地方政府都必须满足"1"；"X"是根据特殊情形或人群而定；"Y"则提供给地方政府相对灵活的操作空间，在"1"的基础上的扩充与提高。各地救助标准是"1"加上"X"与"Y"的结果,其中"X"与"Y"可为"0",一般只需完成规定的"1"部分的救助标准即可。"1"的制定权限为省一级政府。

"标准化基本需要"指标的"1"部分可允许各地根据实际情况有1—2项的增减。每个地方经济、社会发展的差异性导致"1"有高低之分。这31个指标可动态性调整。特殊情形、特殊人群的"X"部分要考虑到特困人员的供养和临时救助供养并不是每个地方都存在,也并不是每一个时间点都存在,存在一定的独特性。因此,对于此类人员的救助,需要单独列出来。其救助标准除了要满足指标1—31部分的"标准化基本需要"外,还要加上相应的特殊救助措施,其相应标准依然需要满足"保基本"的原则。部分经济发达地区在"保基本"的基础体现地方政府的自主性以及公众的接受程度,让贫困家庭充分分享当地经济社会发展成果,设立自由裁定的"Y"部分。可以在原有指标的标准上进一步提升,或是额外增加其他指标,并转换成货币价格的方式体现,部分地区还体现为社会救助服务。"Y"部分对各个地方不作硬性要求,不列入地方考核,但可作为地方政府及相关部门的奖励加分项目。但需要注意的是,地方在救助标准的动态调整过程中,只允许县(市、区)地方政府救助标准高于省政府调整幅度,不得低于省政府指定的动态调整幅度。

表 7-1　　　　　　　城乡贫困家庭基本生活需要测量表

维度	指标	备注
日常生活	1. 主食 2. 蔬菜 3. 禽蛋 4. 肉类 5. 食用油 6. 其他必要食品 7. 饮用水与生活用水 8. 生活用电 9. 煤(燃)气 10. 衣物	按照各地现行城乡低保标准进行核定,参照基本生活消费支出法的计算方法

续表

维度	指标	备注
日常生活	11. 北方城市冬季供暖	
	12. 夏季降温	
	13. 清洁费	
	14. 其他必需生活杂用品	必备的电器、家具等
	15. 报纸	每户一份报纸
	16. 有线电视	一个有线电视端口
	17. 公园 IC 卡	年卡
教育	18. 学龄前儿童幼儿园保育	减免、补助参考公办幼儿园标准
	19. 小学与初中在校学生义务教育	减免、补助参考公办中小学标准
	20. 高中及以上教育阶段	减免、补助参考所在学校标准
医疗	21. 参加城乡基本医疗保险	个人缴费部分补贴
	22. 经各类医保支付以后的医疗费用	基本医疗自负费用给予补助
	23. 常规体检	每年一次
住房	24. 人均 10 平方米住房	实物配租、租金补贴、公房租金减免
	25. 基本房屋修缮、危房改造等	设上限
社会参与	26. 基本通信	固定电话与手机等，设上限
	27. 公交 IC 卡	每天一个来回车次
	28. 社区活动	需要缴费的活动费用补贴，设上限
	29. 家庭旅游	两年一次，可选
就业	30. 有劳动能力的家庭至少确保 1 人就业	社保补贴、岗位补贴、培训补贴等
	31. 公益岗位安置	在社区、街道范围内安置公益岗位
特困供养	32. 基本生活条件	同指标 1—29 部分
	33. 疾病治疗	同医疗指标 21—23 部分
	34. 生活不能自理的日常照料	当地最低照护标准核定
	35. 丧葬	同当地条件及标准核定
受灾	36. 基本生活救助	同指标 1—29 部分
	37. 应急救助	食品、水、衣被、临时住所、防疫等
	38. 居民住房恢复重建补助对象	物资与资金救助
临时	39. 遭遇突发事件家庭	救助标准保障基本生活为原则
	40. 流浪乞讨人员	临时食宿、急病救治、协助返回等

（四）完善兜底保障的城乡、区域一体化统筹

城乡的二元格局的影响造成城市低保与农村低保发展的不均衡与不充分。城市低保与农村低保在政策演进过程中、救助对象、救助标准、管理体制、筹资方式、区域发展不均衡等方面均存在巨大差异。要充分发挥社会救助的兜底保障作用，破除二元格局，推动城乡一体化的城乡统筹是基础。

在救助对象的确定上，城市与农村的差异主要体现在具体实施层面。相对而言，城市低保救助对象的确定相对比较规范，而由于中国农村的复杂性以及农村基层社会的特点，再加上基层民政力量薄弱，经办能力不足等缺陷，导致农村低保对象的确定存在较大的溢出和漏出效应。[①] 这成为城乡统筹发展的巨大障碍。救助标准的差异主要体现在两个方面：救助标准的高低差异和制定救助标准的方法。一些经济落后地区往往参照国家公布的贫困线来制定最低生活保障标准，而且有的地区最低生活保障标准还要低于当地的贫困线。一些地区在实践中往往根据政府财政状况和上级财政补助的情况来确定当地救助标准，而不是根据当地居民实际生活需要状况来制定标准，无法很好地满足居民基本需要。

通过社会救助的城乡统筹发展，逐步实现制度制定、救助标准、保障对象、救助形式、管理体制及资金筹集的规范化运行，实现社会救助制度的法制化运行，推动社会救助立法。社会救助制度由城乡分立、地区分割，发展成为制度统一，标准区内城乡统一、区间标准有别，方法灵活的规范性制度，实现城乡一体化，并逐步实现救助标准区域趋同，实现区域一体化。推动社会救助兜底保障的城乡统筹发展，要求遵循专业化、法制化和一体化的理念。具体而言，在救助标准上统一观念，确立统一的制定原则，确立统一的救助标准制定依据，规范化救助标准制定的具体方法，逐步形成科学的、规范化的救助标准制定程序，同时要求有统一的救助标准制定机构。要求在救助对象的确定上，形成中央政府主导的统一的制度设计，有明确的制度规范，有统一的管理机构，由专业化和专职化的人员来实施。在管理体制上，建议实行垂直化的从中央到省（自治区、直辖市）、区县、社区（村）的四级管理体系。社会救助兜底保障的城乡统

[①] 祝建华、邓茜钰：《"宁漏勿错"与"宁错勿漏"：低保制度目标定位的两难及化解》，《学习与实践》2017年第9期。

筹，还需要推动专业化与专职化建设，推动城乡低保信息化建设的城乡一体化。要保障低保与其他专项制度不重叠、不交叉，充分发挥整个社会救助体系的"保基本"和"兜底"的功能。

（五）加快兜底方式的服务式救助改革

社会救助服务是兜底保障形式的拓展，是实现保障可持续性的有效手段，是指社会救助制度以提供社会服务的形式来满足特定群体的生活需求。之所以对其服务功能进行拓展，是因为社会救助制度的服务功能是现代救助对象需求差异化、多样化的应有之义，同时也是对现实贫困状况及贫困人口结构变化的回应。而救助服务体系的构建需要从建构目标、建构主体、服务模式、服务手段和服务内容五个方面来具体阐述。从构建目标来看，任何救助形式的着力点都应是帮助保障对象摆脱贫困，实现自助，即通过国家制度性社会救助采取现金给付保障贫困群体的温饱，解决生存问题；通过非制度性社会救助服务满足贫困群体的多样化救助需求，增加贫困群体的社会机会，更好地发挥个人能力，增加贫困群体获取体面生活的渠道；而现金给付与救助服务最终落实到个人的自立自助自强，从而实现个人脱贫。因此社会救助服务体系的建构目标应是"现金+服务+自助"。在建构主体上，服务体系的建构需要政府发挥主导作用。政府通过制定相关的救助标准、人员配备标准和日常运行费用标准等，在财政上确保提供这种救助服务的地方政府具有均等支付的能力，确保每个公民不分城乡、不分地区都能够得到救助，根据城乡的具体差别，采用不同的标准，确保全体公民都能得到可获得性、非歧视性和可接受性的社会救助服务。同时需要政府、社会及个人之间的有效合作，实现资源共用。政府拥有的制度性社会救助、社会组织进入社会救助的渠道、社会组织参与救助活动的许可权及其范围、办公场所和办公设施等硬件设施等"运作性资源"，社会力量拥有的专业化救助服务团队与工作技巧、优质救助服务、公信力与服务品牌、公众支持等部分"治理性资源"，[1] 这些资源可实现共享，共同实现社会救助服务的共建。

在服务模式上主要遵循救助范围由单因素贫困转向多维性贫困，救助标准由"保基本"上升到"助推发展"，救助理念由"贫困治理"向

---

[1] 杨琳琳：《我国社会救助服务体系构建的可能性与路径》，《西安财经学院学报》2018年第3期。

"贫困预防"甚至进一步实现"贫困管理"。在服务手段方面,引入信息化与数据管理,搭建专业社会工作介入社会救助的现实网络双平台。在服务内容上,依据工作形式分类为事务性和服务性:事务性工作主要是指基层经办最低生活保障、特困人员救助供养、医疗救助、临时救助等服务时的对象排查、家计调查、业务培训、政策宣传、绩效评价等工作;服务性工作主要是指对社会救助对象开展的照料护理、康复训练、送医陪护、社会融入、能力提升、心理疏导、资源链接等服务。应当由政府直接承担的行政管理性事务以及应当由政府直接提供、不适合社会力量承担的救助服务事项,不得向社会力量购买,防止政府行政管理职能虚化和公共资源闲置。

依据保障对象需求分为生活型、照护型和支持型服务项目。

(1) 生活型服务是为贫困家庭提供的专项救助服务,其目的是保障低保家庭、贫困老年家庭、单亲家庭、失独家庭等家庭的基本生活。服务内容主要包括基本家庭服务、老年照顾、看护、日间照料等服务。

(2) 照护型服务主要包括:一是为残疾人、病患、老年人等其他失能人群提供的护理和康复服务,通过提供医学上的康复和护理服务为其提供生活所需的照料,满足基本需求;二是为孤儿、缺乏监护人的儿童及流浪儿童提供的庇护型服务,主要包括收养、教育、日常照料等,保证其拥有正常的生活。

(3) 支持型服务主要包括两类服务项目:一是为失业者、贫困职工和就业危机家庭提供的就业扶持服务,提供就业信息、就业培训、职业介绍等,增强这部分群体的可行能力与就业竞争能力,促使其自立自强;二是为行为失范家庭、社区矫正人员等其他行为越轨人员提供的专项服务,委托专业社会工作者提供心理咨询、心理辅导、行为矫治服务促进其回归正常社会生活。[①]

总之,在为谋生而服务、为工作福利而服务的阶段后,现代社会救助服务已迈入扩张时期,即为能力建设而服务。而该种服务也正是实现社会救助长期化、可持续化的重要举措。浙江目前已有的社会救助服务多集中在"为谋生而服务",即将对穷人的实物、金钱资助演变为提供服务和技

[①] 杨琳琳:《我国社会救助服务体系构建的可能性与路径》,《西安财经学院学报》2018年第3期。

能培训，实现由"输血"到"造血"的转变，帮助家庭提高独立自助能力；为无助者提供预防再度发生贫困危机的服务；激励受助者逐渐摆脱资助；促使贫困者自立自强。① 此外，浙江也已开展部分第二阶段救助服务，如帮助贫困家庭进行家政活动、托管儿童、照料老人等，使家庭劳动力人口能够安心工作等。② 为进一步发挥社会救助的兜底保障作用，需要创新多种形式，通过社会救助服务的供给，来满足公民的多种需要，从而实现贫困家庭需要与需要满足的有效对应。

（六）落实兜底保障的全覆盖综合系统

1. 实现基于选择性原则的保障对象全覆盖

制定资格标准的尝试，最初发端于普遍性和选择性的区分。普遍性指福利是人人都可以享有的基本权利，选择性指福利是根据个人需求（通常是收入调查）来决定的。③ 而"价值判断的天平究竟应该倾向选择性福利还是普遍性福利"这一两难困境一直是每个意图建立和完善社会保障体制的国家和政府所要考虑的问题。④

选择性原则是社会救助制度最基本的原则之一，"全覆盖"并不等同于"普遍性"。之所以把选择性原则作为社会救助体系的构建原则，主要目的在于尽可能在制度的设计与运行中体现公平与效率的统一。资源终归是有限的，既然普遍性的平均主义造成的是集体的短缺，那还不如将有限的福利资源集中起来，解决一部分"最需要"的人的"最需要"解决的问题。"最需要"的人是指对这项救助有着最强烈的制度诉求的群体，其所面临的问题与其他的群体相比更迫切需要解决。"最需要"的问题主要是指最急需解决的问题。社会救助主要针对那些"基本生活需要"不能满足的群体所作的制度安排。这项制度的设计原则一定是在选择性基础之上的。因此需要制定一定的准入标准，设立接受援助的"门槛"。除了设立"准入机制"以外，还需要设立"退出机制"，保证所援助群体的动态调整性。这样的制度设计能实现效率与公平的有效统一。

---

① 张暄：《国外城市社区救助》，中国社会出版社2005年版，第19页。

② 林闽钢：《现代社会服务》，山东人民出版社2014年版，第170—171页。

③ Neil Gilbert、Paul Terrell：《社会福利政策导论》，黄晨熹译，华东理工大学出版社2003年版，第121页。

④ 杨荣珍、孙然：《社会保障福利模式比较研究：选择性与普遍性》，《中国劳动》2007年版第11期。

社会系统中的每一个人都有可能陷入"相对贫困"的境况。所以,这种在选择性原则基础上的社会救助兜底机制,要求能够及时发现新出现的或之前遗漏的救助对象,在每个人"触网"或即将"触网"时做出预警。这种"全覆盖"意义的实现更多的是指一种受救助权层面的覆盖,即每个人都拥有享有受助的权利,都可以得到受助的机会。

2. 实现基于主动性原则的救助全覆盖

"建机制"的要求,不仅需要好的制度设计,也需要好的政策执行。要充分发挥社会救助的兜底保障作用,应加强救助执行队伍的专业化与专职化建设。通过政府购买服务,实行"社会救助专员"制度。可以这样设计:县级人民政府通过向社会公开招聘的方式,招聘一些具有一定文化程度(高中或大专以上)的社会人员,由县民政局组织专门的社会救助工作培训。招聘的名额根据辖区社区(村)的具体数量而定,一般一个社区(村)配备2—3名专职工作人员。这些招聘的人员经过培训以后,驻扎在社区(村),其日常的工作就是专门从事低保救助工作,包括接受委托受理申请、调查核实收入等,人员的管理与考核由县民政局负责,工资可以参照社工待遇,由县财政统一发放。社区(村)只是提供办公场所,社区(村)也可派出1个对当地情况相对熟悉的工作人员协助"社会救助专员"开展工作。专业化的队伍建设是社会救助兜底保障工作全覆盖的基础。

此外,还需要改进工作方法。结合"最多跑一次"理念,借助大数据以及信息化系统等,简化工作程序,提高工作效率。在进行保障对象目标定位时,通过大数据查询资格,主动发现符合要求的对象,随后再通过电话邮件等方式通知对象有关资格认证的相关事宜,避免因对象自身不清楚申报资格情况而造成的漏保行为;在进行具体申报相关事宜时,通过健全"委托人代办"制度,让熟悉业务和流程的中间人员代替保障对象本身去提交材料以及与相关部门进行往来,此举不仅方便了保障对象本身,还可以避免因保障对象对流程的生疏造成的申报资料不全、沟通不畅等问题。

通过建设专业化队伍,借助互联网+大数据等信息化手段,改进工作方法,实现主动发现,主动干预,能够有效地保障社会救助兜底保障的工作全覆盖。

(七)推动社会救助兜底保障的信息化建设

发挥社会救助的兜底保障作用,信息化建设必不可少。如今的信息化建设有三个大方向：一是大数据，其关键是实现准确预测；二是可视化，其目的是将变量间的关系清晰呈现；三是平台建设，起作用是实现多方协作，达成共赢。

实现主动干预和预防的前提是准确预测，即通过对家庭贫困脆弱性的测量来预测家庭陷入贫困的可能。而通过大数据取得的脆弱性标准具有较高程度的科学性与准确性，弊端在于数据的搜集与处理较为烦琐。以县为单位，该县家庭贫困脆弱性标准的获得要求有记录以来的所有贫困家庭各项贫困指标的具体数据，并在此基础上设立基年标准去除CPI、GDP等客观因素的影响得到处理后的数据，再通过相应大数据分析软件得到最终结果。考虑到部分数据的缺失、不可避免的误差等因素，在实践时还需对得到的结果进行微调。为增加可操作性，可将一些地区差异较小的指标制定直接归属于省级或市级单位制定，以减少工作的烦琐性。

在实现可视化方面，主要是指在部分非保密性数据公开时，政府在直接提供原有数据的基础上可通过图表、动画等多媒体方式进行数据的再处理，以增加原始数据的可阅读性和可理解性。这不仅有利于群众对信息的获取也将有利于增加群众对政府工作的理解和支持。此外，不仅是数据，在相关制度、要求的公示上也可采用该方法，以减少群众因阅读不仔细而造成的政策漏读与误解。

平台建设则为多方协作提供了有效途径。在政府内部，一个打通全局、高速便捷的平台直接为政府各部门与相关合作单位间的沟通搭建桥梁。建立城乡一体化的社会救助信息化系统，加快城乡社会救助信息化建设的城乡一体化，进一步推进全国居民家庭经济状况核对信息系统的建设工作，建立覆盖城乡的统一的社会救助网络。通过全国社会救助信息网络建设，充分利用现代信息技术，对城乡困难群众的信息进行及时准确的收集，提高城乡社会救助管理工作的效率，减少工作失误。可以设想，随着信息化建设的推进，不仅能够实现具体日常事务的"一门受理"，同时还会顺应当前"最多跑一次"改革的要求，理顺体制，整合力量，协调发展。政府与社会力量之间的平台建设也十分关键。社会力量是目前在救助项目中实现资源整合的桥梁，也是沟通政府和低保对象之间的直接桥梁。该信息平台的建立，可以将社会组织本身以及低保对象自身的诉求直接反映给政府。且该平台的权限范围与之前内部平台不同，其权限应面向整个社会开放，由此，不论是社会爱心人士抑或是政府救助部门相关人员，都可以直接看到其中的诉求，为其寻找解决问题的方法。需要注意的是，政府需要安排专门人员定时在平台上回答困惑并链接相应资源，其模式可以是救助部门人员轮班进行，如两周一次。而具体的平台运行可以直接交由相应社会力量负责。

总结来看，社会救助兜底保障机制作为事后补偿的应对型政策设计是当前政府部门能够做且正在做的最有可能取得实效的制度安排，在满足城市居民家庭基本生存需要层面发挥了重要的作用。社会救助兜底保障机制不仅仅定位为满足贫困脆弱性消减的政策设计的兜底性社会保护政策，而且作为社会安全网，能够保障全体社会成员在遭遇社会风险冲击时能够有一个基本的保障，实际上也起到了预防性的作用。社会救助兜底保障过程中的教育、医疗等措施，尤其是一些针对儿童和青少年的教育救助和帮扶政策，还起到了人力资本投资的作用，也充分体现了"上游干预"的政策设计理念。从这个角度而言，社会救助兜底保障，兜的是全体公民基本生存需要的底，保障的是全体公民缓解社会风险、提升发展能力和改善家庭行动的基础，不仅仅能够应对收入低下的贫困脆弱性，还是应对变动性的贫困脆弱性的前提与基础。这一政策体系的构建应该作为当前最为重要的制度安排加以实现。

第二节 风险缓解与能力提升的政策设计：家庭子女补贴制度

一 建立家庭子女补贴制度的必要性

本研究的实证调查显示，城市居民家庭面临的社会风险冲击是多维度的和全方位的，不仅如此，这些风险冲击还伴随家庭的整个生命周期。城市居民家庭的贫困脆弱性也由此区分为低收入的脆弱性和变动性的脆弱性。低收入的脆弱性主要来自收入的低下，从反贫困的理论视角来看，造成家庭收入低下的原因也是多维度的，先天缺陷、能力不足、应对失当等因素不仅不能缓解家庭面临的风险，甚至可能成为新的风险来源，例如，导致家庭基本生存需要得不到满足，还可能导致贫困的代际传递。而变动性的脆弱性则主要是由于风险冲击导致收入的不稳定性，造成这种不稳定性的原因则可能来自家庭成员知识老化、技能缺失等，不仅不能缓解家庭面临的风险，反而可能构成新的风险冲击因素，从而进一步加剧了城市居民家庭的贫困脆弱性。尽管我们试图构建社会救助的兜底保障机制，能够起到满足城市居民家庭基本生存需要的作用，也在一定程度上能够发挥预防保障的作用，但很显然，仅仅依靠兜底线的社会救助机制是难以很好地消减城市居民家庭的贫困脆弱性的，还需要一些基于风险缓解、能力提升的政策设计，帮助家庭保障和加大人力资本投资，提升家庭教育资本，进行知识技能的有效更新，增强家庭的社会资本。在这一层面，国内外有很多有益的探索和良好的政策设计可以借鉴，这些政策主要关注家庭成员中较为弱势的、脆弱性程度较高的群体，比如儿童群体、老年人群体以及妇女群体等。本研究无意进行面面俱到的政策演示，这里选择针对家庭中子女的政策设计进行分析探讨。之所以选择家庭中的子女作为政策的目标对象，主要是基于这种目标对象的政策设计能够很好地体现"上游干预"和"预防性"社会保护的政策理念，能够很好地实现人力资本投资、风险缓解和能力提升的目标。

其中，儿童贫困（Child Poverty）是一个核心概念。儿童贫困意味着儿童在成长过程中缺乏接近资源的机会，而这些资源对他们的成长和摆脱贫困来说恰恰是至关重要的。这些资源主要包括经济、社会、文化、物质、环境和政治等资源。儿童贫困也不仅仅是因家庭经济困窘而不能享有适当的物质生活，同时，还包括人力资本发展机会的匮乏、家庭社会网络资源的贫乏、表达自己要求和希望的权利缺乏以及参与权利的缺失等。在相关研究中，我们发现，中国城市居民家庭，尤其是有儿童的低保家庭，具有负担重、需求受限、保障水平低的基本特征，削弱了其家庭的脱贫能力。[①] 儿童在家庭脱贫中具有举足轻重的地位，目前还没有专门针对儿童的救助政策，贫困有可能在家庭中形成代际传递，家庭的贫困脆弱性有可能进一步加深。国外的子女补贴制度为中国缓解城市居民家庭的贫困脆弱性提供了一个有益的制度借鉴。

---

① 有关这部分的研究过程及结果可参见：林闽钢、祝建华：《我国城市低保家庭脆弱性的比较分析》，《社会保障研究》2011年第6期；祝建华：《城市贫困家庭贫困代际传递的影响因素及政策干预》，《团结》2014年第3期；祝建华：《贫困代际传递过程中的教育因素分析》，《教育发展研究》2016年第3期；祝建华：《缓解城市低保家庭贫困代际传递的政策研究》，浙江大学出版社2015年版。

二 国外子女津贴制度及其作用

1942年,贝弗里奇在《贝弗里奇报告——社会保险和相关服务》的第六部分对子女补贴进行了详细的讨论,即直接为被抚养子女提供生活费,生活费补贴发给负责抚养该子女的成人。子女补贴是非缴费待遇,完全从税收中支付。设立子女补贴是扭转英国出生率低的一种手段,社会承担起照顾子女的责任,子女补贴应当由国家财政出资,子女补贴现金待遇由社会保障部负责管理。[①]

子女补贴在不同国家有不同的体现形式,一些国家称之为儿童津贴,由于子女补贴多是针对家庭而发放的,所以有些时候又被称为家庭津贴(补贴)。国际劳工局在2000年世界劳动报告中对各国的子女补贴制度进行了概括与总结。

(一)由雇主和工人在社会保障制度内缴费所支付的津贴。这种津贴制度是以"挣儿养家者"模式为基础的。主要代表性国家和地区包括欧洲、地中海国家以及法语系国家和拉丁美洲国家。主要政策目标在于减少有孩子和无孩子的家庭之间的生活标准的差别,并使孩子们在生活中享有平等的机会。这种政策可以帮助家庭抚养孩子到一定的年龄,尤其是主张通过费用补贴的方式,帮助这些家庭的孩子完成中学甚至更高的教育,在促进子女教育、避免青少年过早进入劳动力市场、消除童工劳动方面具有非常重要的作用。

(二)全国或地区性家庭和儿童津贴计划。多数工业化国家都提供全民家庭津贴,并考虑子女的数量和年龄。这些津贴的资金一般来自直接的公共开支,有时是以税收入减免为基础。所有的发展中国家对建立儿童津贴的兴趣都在提高,因为儿童津贴可以提供一种激励,根据各个地方和地区的不同情况提高入学率和参加率,尽管效果还不足以扩大到全国范围。这种激励机制可采用提供学生午餐的方式,提供其他实物(书本、校服和交通)及减免学费,向家庭和儿童提供现金资助(奖学金或在儿童停止从事工作时提供补充性收入)。

(三)针对特定儿童或家庭的儿童津贴。在大多数中东欧国家,儿童

[①] [英]贝弗里奇:《贝弗里奇报告——社会保险和相关服务》,劳动和社会保障部社会保险研究所译,中国劳动社会保障出版社2008年版,第146—150页。

贫困增长率比其他任何人口群体的贫困增长率都要高。这些国家通常提供的范围明确的儿童津贴,针对特定的低于某一年龄的儿童群体。同时把这种津贴与家计调查相联系,以此来提高津贴发放的针对性并降低总的支出水平。以家庭家计调查为基础的家庭补贴通过一定的方式发放给那些收入微薄的家庭。近年来有些国家,如加拿大、新西兰、英国和美国推出了家庭税额减免津贴,以鼓励需要抚养子女的低收入父母留在工作岗位上。最后,几乎所有的国家都通过向单独生活的和有抚养子女义务的父母提供最低社会保障费的方式来加强家庭救助的机制。在过去的几年中,实行目标化补贴方式的趋势进一步加强,有些国家已经采取通过家计调查的方式发放家庭子女补贴,而这在以前是全民性质的。① 正如尼尔·吉尔伯特所言,子女补贴在分配之际是普遍性的,而在消费之际则是选择性的。② 通过目标定位的方法来确定家庭子女补贴的对象,涉及非常复杂的技术性问题,而在实际的操作中也由很多难以解决的问题。③ 一些研究者结合具体的社会保障制度,对目标定位过程中的家计调查方法进行了改进。④

世界各国实施子女补贴制度的目的大致有:维持生活;鼓励生育;促进儿童发展。各个国家日益重视儿童的发展,尤其对贫困家庭的儿童投以更多的关注,期望通过子女补贴的方式,帮助贫困家庭的父母解决由于经济困难而无力满足子女的基本生存与生活需求的问题。通过对这些子女家庭提供帮助,促使儿童能够接受正常的教育,提高各个地区儿童的入学率,甚至在家庭中起到促进性别平等的作用。从儿童权利与发展的角度而言,实施子女补贴制度,亦是保障儿童生存与发展的权利,发挥国家主导责任的体现。

从世界各国所实施的手段来看,免除学费、实物补贴以及现金救助这三种儿童津贴方式可以对儿童入学率和接受教育起促进作用。免除学费的

---

① 国际劳工局:《2000年世界劳动报告》,中国劳动社会保障出版社2001年版,第109—114页。

② Neil Gilbert、Paul Terrell:《社会福利政策导论》,黄晨熹译,华东理工大学出版社2003年版,第130页。

③ 祝建华:《城市居民最低生活保障制度的评估与重构》,中国社会科学出版社2011年版,第145—146页。

④ 祝建华:《城市低保制度目标定位过程中的家计调查及方法改进》,《浙江工业大学学报》2011年第1期。

做法最典型的，如非洲的乌干达，有效地提升了儿童的入学率。实物补贴的方式包括很多，例如，学校午餐、书本费、校服费、稿纸铅笔费、交通费、住宿费和辅导费等。尤其值得注意的是提供学校午餐的做法，近年来在中国的西部地区得以大力推行，由最初的非政府组织的推动，到政府部门的介入和主导，逐步形成制度化的操作模式。[①] 当然，其效果还有待后期的进一步检验。而现金补贴通常会和实物补贴结合起来实施，支付的对象可以是儿童，例如，通过奖学金等形式发给入学的儿童，也可以支付给家庭，尤其是贫困家庭，帮助这些家庭提高收入，维持基本的生存和生活需要，避免因为经济困难导致儿童的失学。

儿童早期最重要的事情就是教育。教育，或者说人力资本投资，对儿童的成长以及后期参与社会竞争有着至关重要的作用。因此很多国家的子女补贴的直接作用就是通过各种形式来提高儿童的入学率，促进儿童更好地接受教育，避免在社会竞争中处于先天不足的境地，这在各国反贫困，尤其是消减贫困脆弱性的过程中，发挥着巨大的作用。

三 国外家庭子女津贴制度对中国的借鉴意义

从世界各国的家庭子女津贴制度的实践来看，一些国家在制度设计的理念、原则以及具体制度架构上，都进行了有益的探索，具有鲜明的特色，值得我国借鉴。

（一）面向家庭的制度设计

从大多数国家缓解贫困代际传递的制度设计来看，基本贯穿一个原则：面向家庭。通过提升家庭的经济、抚养能力来帮助儿童摆脱贫困的风险，避免陷入贫困代际传递。例如，德国在儿童福利上强调父母教养儿童

[①] 2011年10月26日，国务院决定启动实施农村义务教育学生营养改善计划，中央每年拨款160亿元，按照每生每天3元的标准为农村义务教育阶段学生提供营养膳食补助。政策惠及680个县市的2600万在校学生。见新华网报道《中央拨款营养午餐计划 确保每一分钱都吃到孩子嘴里》。http：//news.xinhuanet.com/edu/2011-11/18/c_122298821.htm。2011年11月23日，国务院办公厅以国办发〔2011〕54号印发《关于实施农村义务教育学生营养改善计划的意见》，2012年6月，教育部等十五部门印发《农村义务教育学生营养改善计划实施细则》等五个配套文件，包括：1. 农村义务教育学生营养改善计划实施细则；2. 农村义务教育学生营养改善计划食品安全保障管理暂行办法；3. 农村义务教育学校食堂管理暂行办法；4. 农村义务教育学生营养改善计划实名制学生信息管理暂行办法；5. 农村义务教育学生营养改善计划信息公开公示暂行办法。

的权利和义务及家庭对儿童的重要性。政府在儿童福利上所扮演的是辅助性角色，决不能轻易取代父母或家庭。俄罗斯则是为了鼓励生育，促进人口增长，更是以各种子女补贴的方式作用于家庭，国家补贴第一个孩子以后的各项费用成为很多国家通行的做法。之所以要重视家庭的作用，其中原因之一在于儿童生存与发展的特殊性，青少年社会化的主要环境之一就是家庭，家庭对青少年的成长与发展起到至关重要、不可替代的作用。家庭经济、文化环境的好坏，直接影响到儿童的健康成长。儿童早期接受的教育均来自家庭，儿童成长所需要的主要资源也是来自家庭。影响贫困代际传递的家庭因素包括父母素质与父母受教育程度、性别与营养投资、基因遗传与疾病等，为阻断贫困代际传递，必须实施积极的教育反贫困战略，提升贫困群体的社会资本。因此，贫困代际传递制度一般都是面向家庭的制度设计，通过改善家庭状况，提升家庭抵御社会风险的能力，帮助家庭采取合适的抵御风险的行动，保障儿童的成长与发展，防止贫困的代际传递。

（二）有效的分类补贴

从国外有关子女津贴的制度设计来看，有效的分类管理、分类补贴的做法值得借鉴。如瑞典的制度设计，包括父母保险、单亲儿童津贴、残疾儿童津贴、教育补贴和健康照料等，甚至对受虐儿童及犯罪少年的强制性保证进行了规范，还通过立法的形式，规范学前儿童与学龄儿童的托育服务。也就是说，尽管这些子女津贴制度是面向家庭的政策设计，但是解决的问题核心依然是根据儿童在生存与发展过程中所面临的问题进行分类管理的，根据儿童面临的不同问题，实施不同的制度设计，也就有了不同的子女补贴类型。这充分贯彻了社会政策是对公民需要满足的原则，根据不同的需求类型制定相应的分类补贴措施，具有极强的针对性，提高了制度的效率。如日本，主要是通过儿童津贴的方式对家庭进行支持，会根据不同的学龄期儿童、不同收入家庭的儿童、不同家庭结构的儿童以及不同身体状况的儿童提供不同标准的补贴，以稳定家庭的经济生活，为儿童提供一个良好的教育成长环境。

而我国城市家庭的类型非常复杂，包括一般常态家庭、老年人家庭、病残家庭、因学致贫家庭、失业家庭、归正人员家庭、临时贫困家庭、传统"三无"人员、综合型需求家庭以及其他的一些诸如孤儿家庭等家庭类型。这些家庭类型的致贫原因各不相同，贫困脆弱性程度也存在差异，青少年子女成长与发展的环境及面临的困难各不相同，如果采取过于刚性的制度设计，就会使得制度失去效率，必须采取分类补贴、分类管理与个案管理相结合的方式，保持制度的弹性，提高制度的效率。尤其在消减城市居民家庭贫困脆弱性的政策设计上，更是要贯彻这一原则与要求，这一要求的提出，实际上也是提高目标定位的瞄准率的体现，在一定程度上也能够节省有限的福利资源。

（三）生存与发展并举的原则

在各个国家缓解贫困传递的政策设计中，不仅仅体现出生存的原则，而且还体现出促进发展的原则。在具体的制度安排中，不仅有满足家庭基本生存需要的生活补贴、疾病补贴以及健康补贴制度，还有促进家庭发展的教育补贴等，如澳大利亚的附带儿童养护项目等。这些子女补贴项目，不仅能够保证贫困家庭子女的生存，同时还能在一定程度上满足其发展的需要。生活补贴、疾病及健康补贴是为满足生存需要，而教育补贴等，则更加注重人力资本的投资，使得贫困家庭的子女能够接受正常的教育，能够增强参与社会竞争的人力资本，从而促进其后期的发展。

四 家庭子女补贴制度的具体设计

（一）子女补贴的主要内容

1. 基本补贴金

根据生命周期理论，城市居民家庭面临的风险冲击长期伴随，且在一些关键节点上产生的破坏性后果尤其突出，使得家庭的脆弱性陡增，极大地改变了家庭的生活。因此，要设立基本补贴金，针对家庭生命周期不同阶段，不同对象进行补贴。主要可以包括：子女生育补贴、子女抚养补贴、单亲家庭补贴、学龄期的子女助学补贴、残疾人子女补贴、青年子女就业培训津贴等。

国家统计局的数据显示，在"全面二孩"政策实施的第一年，即2016年，全国出生人口为1786万人，出生率为12.95‰，自然增长率为5.86‰。但到了2017年，全年出生人口为1723万人，出生率为12.43‰，自然增长率为5.32‰，三项指标均较2016年有所下滑。从"双独二孩"、"单独二孩"到"全面二孩"，经过十几年循序渐进的调整，生育孩子的权利正逐步回归家庭。但"全面二孩"政策实施两年多来，人口出生率、自然增长率虽有上升,但并没有起到十分明显的提振作用。① 多地生育政策积极调整:延长产假发放补贴,甚至允许生三孩。中央将制定计划生育扶助保障补助国家基础标准。② 因此,可以设立子女生育补贴,子女生育补贴的目标对象可以是刚刚出生的子女以及家庭中的父母,根据家庭生育小孩的数量实行累进制发放,例如,一个小孩每个月发放 1 千元,2 个小孩每个月每个小孩发放 1500 元,3 个小孩每个月每个小孩发放 2 千元等等,以此类推,层层累进。领取的时间限制为小孩出生后的一年之内,即 12 个月,其目的一方面在于鼓励生育,另一方面也是为了年轻的父母免于经济压力,安心在家抚养小孩。

相应的,还需要设立子女抚养补贴。同样也是根据家庭小孩的数量采取累进制的方式补贴。子女抚养补贴的年限较长,一般可以领取到子女成年,即子女 18 岁之前,如果符合条件都可以按月领取,主要是为了缓解家庭抚养小孩可能带来的经济压力。

近些年来,中国的离婚率不断上升,社会中出现了很多单亲家庭,尤其是女性单亲家庭。这些家庭中的父亲或母亲一方面要外出就业,获取家庭生活的基本收入,另一方面还需要抚养小孩。但很显然,这两者之间在很大程度上会产生冲突,很多单亲家庭因此脆弱性指数很高。可以单独设立单亲家庭补贴,可以采取有条件现金转移支付的形式发放,要求单亲家庭中的父母领取补贴以后,要保证绝大部分比例,比如 50%—60%用于子女的抚育,包括给予子女足够的营养、提供子女上学的费用等。单亲家庭补贴最终还是作用于家庭中的子女。

同样的,另一类特殊家庭也需要设立特殊津贴,就是残疾人子女家庭。根据残疾人的评级标准以及家庭中残疾子女的数量发放残疾人子女照顾津贴,以缓解家庭中的成年人照顾残疾人的压力,消减家庭的脆弱性。

在子女学龄期可以设立子女助学津贴,专门补贴贫困家庭子女上学的相关费用。这种补贴要与当前的教育救助以及学校的助学金等救助金区分开来,教育救助以及助学金等主要是为了救助学生上学的学杂费等,而子女助学津贴主要是为补贴困难家庭中的子女在上学期间的生活费用支出,

---

① 薛宇飞:《多地生育政策积极调整:延长产假发放补贴,甚至允许生三孩》,澎湃新闻网,https://www.thepaper.cn/newsDetail_forward_2339176,2018 年 8 月 11 日。

② 新京报记者:《中央将制定计划生育扶助保障补助国家基础标准》,凤凰网,http://news.ifeng.com/a/20180813/59792127_0.shtml,2018 年 8 月 13 日。

其标准参考学校所在地的最低生活保障标准。

此外,还可以设立青年子女就业培训津贴。这主要针对那些已经步入成年但尚未成家的青年子女在就业过程中进行各类教育培训所需要的各种费用,或者是为失业的单身青年进行再培训的费用,其中主要以失业青年为主。这与澳大利亚的"职业、教育与培训"计划、"寻找工作补贴"和"重新开始津贴"计划相类似,目的在于保证那些正在寻找职业的失业者或为了谋求改善就业机会而正在接受教育、培训或安置的失业者得到足够的收入,以便维持他们自己和家庭成员的生活,使他们参加或重新参加就业得到鼓励和支持。这个计划明显地提高了单身家长的就业和培训机会,从而也间接地为儿童提供了资助。①

2. 临时补贴金

实证调查发现,家庭生命周期中会遇到很多突发的关键生命事件,可能会导致居民家庭突然陷入贫困或贫困恶化,这些关键生命事件有一些属于突发性的事件,例如,突发性的自然灾害,包括地震、洪涝、台风、飓风等,也包括突发疾病、各种事故等突发性的冲击导致家庭突然陷入贫困的状况。借助民政部门的核查系统和核查体系,给这些家庭提供临时性生活补贴。值得注意的是,这种临时性补贴金与当前社会救助体系中的临时救助有很大类似,但也有一定的区别。临时救助的主要目的在于"救急难"。所谓"救急难"是指对遭受各种急难情形致使基本生活暂时出现严重困难的居民救助和帮扶的工作机制。2014年,在《社会救助暂行办法》中提出全面建立临时救助制度,对遭遇突发事件、意外伤害、重大疾病或其他特殊原因导致生活陷入困境,其他社会救助暂时无法覆盖或救助之后基本生活仍有严重困难的家庭或个人,给予应急、过渡性救助,做到兜底线、救急难。临时救助针对的是整个贫困家庭。临时补贴金因为是属于家庭子女补贴制度的范畴,其主要目标对象还是家庭中的青年子女,可以将年龄限定为0—25岁,领取的年限为半年。

(二) 家庭子女补贴制度的标准

无论是基本补贴金还是临时补贴金,其支付标准均为满足城市居民家庭基本生活需要的各个维度的最低标准。在确定"基本生活需要"的时

---

① 北京师范大学儿童福利研究中心:《澳大利亚的儿童福利制度》,《社会福利》2011年第3期。

候，其基本单位为个人，即家庭中的未成年子女及部分已经成年但未成家的青年子女。对其"基本生活"的界定，可以在维持基本生存需要的基础上，加上必要的教育、交通、住房、医疗需要，其中基本生存需要是前提和基础。也就是说，"基本生活"在保障家庭中子女的基本生存的前提下，还应该保障居民能够过上"有尊严"的生活。一个人必须能够维持基本生存（吃饭、穿衣等），拥有健康的身体（或为恢复健康身体所需要的必需品），能够完成一般的学校教育，能够有居住的地方，能够参与就业。具体而言，可以采用倒推法来测量"基本生活需要"。即根据当地的经济、社会发展水平，根据不同年龄段的儿童、青少年的特点，考虑到学龄前期、学龄期的差异性，据此来确定家庭子女补贴的基础性标准。

值得注意的是，在确立每一个家庭的子女补贴金额时，还需要考虑一个非常重要的指标，就是根据民政部门以及其他统计部门的数据，结合大数据的信息等，进行综合测度家庭的贫困脆弱性指数。根据前文的研究，以贫困脆弱性指数超过 0.5 为临界值，超过这一临界值的家庭都被认为是脆弱性家庭。因此，在实施家庭子女补贴制度时，除了需要考虑前面的生育、上学、单亲、残疾、失业以及突发事件等因素以外，还需要将这些家庭的脆弱性指数加权以后作为系数与基础性标准相乘，得到最后的补贴标准。

（三）子女补贴的形式

家庭子女补贴制度依然是基于家计调查为核心的一项生活援助制度，因此，现金补贴依然是救助的主要形式。现金补贴能够给予城市居民家庭最大的选择权，能够让这些脆弱性家庭根据自己自身的需要购买相应的物质产品，甚至是社会服务，最大限度地提高援助的效率。

在家计调查非常不准确而且成本高昂的发展中国家，非现金型社会救助往往更具有优越性。实物补贴较多的是以费用减免的方式来体现。由于城市居民家庭的需要具有多层次性，除了基本生存以外，住房、医疗、教育等领域都有可能存在巨大的需求。在有 0—25 岁子女的城市家庭的生活中，有些领域涉及的金额较大，如果给予现金补贴，可能会导致城市居民家庭的非理性消费行为，从而浪费国家福利资源。例如，在住房方面可以实行实物配租的方式或者提供廉租房的方式，在医疗、教育等方面需要的满足上，可在维持基本生活需要的基本原则前提下，给予一定额度的减免。

此外，社会服务也是家庭子女补贴制度可以考虑的一种制度供给形式。所谓社会服务功能，是指家庭子女补贴制度以提供社会服务的形式来满足特定群体的生活需求。例如，提供子女的上学和放学接送以及晚托班服务，能够很好地解决一些家庭子女托育服务的需求。给残疾人子女家庭提供额外的照顾，帮助家庭其他成员得以暂时休息调整的"喘息服务"等，都是可以考虑的形式。社会服务的供给既能满足目标对象的差异化需求，又是预防性社会保护理念的具体实践。

第三节 行动改善的缓冲型政策设计：助推机制的构建

行文至此，我们已经对消减城市居民家庭贫困脆弱性事后补偿的应对型政策、风险缓解与能力提升的政策进行了初步的设计，根据确立的贫困脆弱性消减的政策目标，还需要构建一个行动改善的机制，使之与之前的兜底保障、风险缓解、能力提升政策一起，形成一个完整的政策体系，共同完成贫困脆弱性消减的目标。

一 构建助推机制的必要性

"助推"（Nudge）一词在英文中的原意为"用肘轻推以引起某人的注意"。"助推"意在提醒你在选择时可能会犯的错误，助你"一臂"之力。颁布法令禁止食用垃圾食品不算"助推"，把鲜脆欲滴的新鲜水果以低廉的价格方便地呈现在人们眼前，让人们主动选择健康食物，才是"助推"。[①]

泰勒等将人们在选择时的背景环境称为"选择架构"（Choice Architecture），而"助推"则指任何不采用禁止或是明显的经济刺激方式，却能影响人们行为向可预见方向发展的选择架构导向。这也就是说，"助推"旨在影响人们的选择，而不是强制人们必须选择，因而，典型的助推只是对选择架构的改变，而人们在选择时必须有充分的自由而且能轻而

[①] ［美］理查德·泰勒、卡斯·桑斯坦：《助推：如何做出有关健康、财富与幸福的更优决策》，刘宁译，中信出版集团2015年版，第4—5页。

易举地接受这种改变的影响①。

助推理论的理论源头为行为经济学,认为弗里德曼主义坚守的自由市场中的"理性经济人"假设仅仅是"假设",因为"现实中的平头百姓根本不是什么经济人,而是社会人"。与经济人不同,社会人在决策时并非总是基于精确的计算而做出对自己最为有利的选择,因为信息、认知能力和自我控制等因素的限制,人在日常决策领域经常表现出"可得性偏见"、"小概率事件误导"、"风险偏好"、"风险厌恶"和"现状偏见"等特征。②卡斯·桑斯坦提出,在公共领域人们的选择不是在真空中发生的,而总是在一定的背景环境之下进行的,即选择架构无处不在。在面临选择时,人们不可避免地受到无法消除的选择架构的影响,也就是说,人们的主观能动性(Human Agency)在现实中是受到限制的,同时,由于人类头脑固有的思维特征,即人们理性与自控能力的有限性,人们常常会做出错误决策。还有,人类的犯错倾向会导致行为化的市场失灵,而这类市场失灵有可能会伤害人类自己,甚至带来负外部性,危害社会。③

二 家庭行动的典型误区

(一)可得性偏见

很多人在面临台风(飓风)、洪水、干旱等自然灾害风险,下岗、失业等政策性、结构性风险冲击时究竟会采取什么样的方式来缓解这些风险,究竟采取什么样的行动,实际上是受到可得性偏见的影响的。所谓可得性偏见,是指人们会根据相关例子获得的难易程度来对一些风险的可能性进行判断,如果能够轻而易举的回忆起有关的例子,他们就会对这种风险更为在意,这种可得性和突出性在人们做出判断时能够起到非常大的作用,包括最近发生的事件或者比较早发生的事件会对我们的行为产生更大的影响。但是,这种可得性与突出性很容易形成偏见,得到一种错误的认识,比如,如果经常看到他杀行为,较少看到自杀行为,可能会错误的认

---

① [美]理查德·泰勒、卡斯·桑斯坦:《助推:如何做出有关健康、财富与幸福的更优决策》,刘宁译,中信出版集团2015年版,第10—11页。

② [美]理查德·泰勒、卡斯·桑斯坦:《助推:如何做出有关健康、财富与幸福的更优决策》,刘宁译,中信出版集团2015年版,第26—39页。

③ Sunstein C. R., "Nudges, Agency, and Abstraction: A Reply to Critics." *Review of Philosophy & Psychology*, Vol. 6, No. 3, 2015, pp. 511-529.

为每年死于他杀的人多于自杀的人。①

"可得性偏见"能够提高我们对高风险行为的认知,也能够促使人们采取一些预防性的行为和措施。例如,人们是否会购买自然灾害保险在很大程度上取决于最近的经历。在我国东部沿海地区,如果刚刚经历过台风的袭击,可能会大量购买自然灾害险。但是,这种认知往往是比较短视的,而且取决于一些风险冲击对做出决策的个体而言是否感同身受。有着类似的经历或身临其境做出的行为选择未必就是理性的和客观的,这就是可得性偏见可能会对家庭决策产生的影响。

(二) 小概率事件误导

一些看起来有规律的事件最后很有可能被证实其实只是一个小概率事件,是一种偶发事件,并不会必然导致某些后果,但往往这种小概率事件会给人的决策造成误导,让很多人误以为这是一件大概率事件,从而做出错误的决策。比如,运动场上的"手热效应"其实并不存在,连续得分的运动员下一次投篮的命中率并不会提高,这是一件小概率事件,但往往很多人会认为这就是大概率事件,"手热效应"是存在的,所以传球的时候更倾向于传给有"手热效应"的运动员,期望更多的得分,但结果往往事与愿违,这就是一种错误的行为抉择。

同样的,在家庭行为决策方面也是一样,如果刚好认识的某两个家庭购买股票投资失败,损失惨重,很有可能会让人误认为这是一个大概率事件,会不会是金融危机的到来,从而做出错误的判断而大量抛售股票,实际上在经济形势良好、投资环境良好、资本机制健全的社会中,偶尔一两个人偶尔一两次投资股票失误很有可能就是一个小概率事件。家庭在面临风险冲击,比如健康、资本投资、教育、住房、失业等领域的风险冲击时,要避免受到小概率事件的误导而做出错误的行为抉择。

(三) 风险偏好

过度自信可能会导致家庭成员表现出不切实际的乐观,从而会偏向于采取一些冒险的行为。这事实上是一种风险偏好的表现。风险偏好是个体对风险的一种态度,风险态度则是人对于风险采取的态度或者说对于不确定性认知所选择的回应方式,而在风险冲击下的行为选择是基于不同风险

---

① [美] 理查德·泰勒、卡斯·桑斯坦:《助推:如何做出有关健康、财富与幸福的更优决策》,刘宁译,中信出版集团 2015 年版,第 26 页。

态度决定的。尽管风险厌恶是绝对的,但风险也可能带来收益,而人对收益的追求也是绝对的,当损失和收益发生冲突,不同的评价和权衡就表现出了不同的风险态度,不同的风险态度决定了人们面对风险时的不同选择。风险偏好者认为确定性收入小于不确定性收入,视风险为机遇和契机、乐观主义、偏好不确定性、喜欢高波动、低估风险。风险偏好者主动追求风险,喜欢收益的波动性胜于收益的稳定性的态度,选择资产的原则是当预期受益相同时,选择风险大的,因为这会给他们带来更大的收益。这种情况尤其表现在医疗健康领域,例如,喜欢抽烟的人知道吸烟的危害,但是不太相信自己会比那些不吸烟的人更容易患肺癌和心脏性疾病,这就是他们过于高估了自己的能力,所以无法采取有效的预防措施。一些股票投资者同样如此,很多人醉心于日常股市数据和行情的分析,且非常自信,尤其在借助大的市场环境小有获利的情况下,对自己规避风险的能力过度自信,因此在面对金融市场风险波动的时候,很难积极主动地采取预防性的措施来避免、减少自己的损失。这种行为取向最后导致的后果就是家庭资产的损失,最后导致贫困脆弱性的增大。

但过度自信或风险偏好并非一无是处,在家庭子女教育问题上,对于风险偏好的家庭由于视风险为契机和机会,按照风险理论不会让儿童辍学,会继续提供教育,因为对于他们而言,让儿童辍学打工的收入要小于儿童接受教育后的收入,而研究证明这种风险性会随着大学毕业后工作年限的延长而逐渐降低,说明教育支出并非完全意义上的消费性支出,之后会带来丰厚的受益,教育仍然是家庭抵御和防范风险的有效手段之一,[1]也就是说部分风险偏好家庭的行为选择降低了家庭的贫困脆弱性。

(四) 风险厌恶

实际上,绝大多数人对风险的态度都属于风险厌恶的类型。风险厌恶者认为确定性收入大于不确定性收入,视风险为危险、悲观主义、偏好确定性、喜欢低波动性、高估风险的损失。按照前文的观点,本研究中的风险是狭义上的风险,也就是说,风险意味着可能的损失,而人对损失的厌恶是绝对的,所以人对风险的厌恶也是绝对的。而厌恶风险的人们在相同的成本下更倾向于做出低风险的选择,人本质上都是追求确定性和安全感

---

[1] 王增文、邓大松:《农村家庭风险测度及风险抵御和防范机制研究——兼论农村社会保障制度抵御风险的有效性》,《中国软科学》2015年第7期。

的，在风险相同的情况下，一定会选择预期收益高的，在预期收益相同的情况下，一定会选择风险低的。相比一个具有更高预期收益的事件，更愿意接受另外一个更保险但预期收益更低的事件，但这一回报率具有更高可测性。很多研究文献认为贫穷的人比富有的人更为厌恶风险。[①]

对于风险厌恶的家庭，孩子辍学外出打工能够在短时间内得到回报，改善家庭状况，对于一个处于贫困的家庭是一个巨大的诱惑，风险低、收益回报快、预见性强，而上学的结果是高风险而收益未知，这无疑使得风险厌恶的家庭选择让儿童辍学来回避风险，降低了人力资本的投资和储量。但在当前的知识经济的大背景下，不仅对学历的要求越来越高，对知识的依赖也达到了一个新的高度，没有相对应的知识储备和教育培训很难获得一个体面的工作，反而使得贫困家庭的失学儿童从事着低薪金高风险的工作，当家庭未来的收入支柱现阶段处于辍学状态而去从事工作，也就意味着在将来他的收入还是会处于一个低水平的状态，在未来面对冲击性事件时，还是没有足够的措施和防备去抵御，与贫困家庭风险厌恶的初衷相违背，这种行为提高了家庭在未来的贫困脆弱性，处于一个高贫困脆弱性状态中。由于风险厌恶趋向的家庭收入水平低，风险管理和响应能力差，没有足够的资本和能力去抵御、消除风险，面对风险冲击时往往采取减少营养摄入、中断孩子教育等措施应对风险，或为规避风险而选择虽然回报较低但相对稳定、风险较小的生产活动方式，他们采取了孩子失学的行为，但是子女辍学降低了穷人的人力资本，也永久地降低了他们构建未来美好生活的能力，而减少营养摄入导致体质下降甚至患上某种疾病，至少暂时降低了其劳动能力进而是赚取收入的能力，进一步的削弱了家庭面对风险冲击时候的能力。这些方式反而降低了家庭的面对风险的响应能力，使得抵御风险的储备更加不足。而且风险厌恶会导致消费的限制，因为要预防以后的风险，家庭采取一系列节省开支的做法，总体上不利于经济的发展，弱化脱贫的宏观环境，反过来更加加剧了他们自身的贫困脆弱性，选择低风险但低回报的行动会进一步降低这些家庭抵御风险的能力，长期处于较低的收入水平，难以摆脱贫困，脆弱性后果由此形成。

（五）现状偏见

总体而言，很多人不管生活形态如何变化，在很大程度上倾向于保持

[①] 张琳琬、吴卫星：《风险态度与居民财富——来自中国微观调查的新探究》，《金融研究》2016年第4期。

现状。这种倾向于保持现状的做法，原因很多，有一些是来自人的惰性，有一些则是一种惯性行为选择。一些研究表明，很多人在年轻的时候参加的养老保险计划，其对资产的分配方式在他们结婚以后依然保持不变，很多人无暇或者没有想到去改变这个现状。在中国的一些城市当中，很多单位进行改制，处于半开工的状态，职工上班也是工作一天、休息一天。单位的效益不好，收入自然要比以前减少很多，但是你会发现，很多人并没有因为这种状况而主动地离开单位，自谋生路，还是照旧地接受单位的安排去上班，"做一天和尚撞一天钟"，一直熬到退休年龄，开始领取退休金为止。此前的生活状态极其堪忧，但没有人想到去改变，觉得大家都这样，熬一熬，就能挺过去。这就是一种典型的"现状偏见"的表现。这种状态在体制内的人员中尤其常见。尤其是近几年来，在机关事业单位工作的员工的待遇并不高，甚至由于各种各样的原因，取消了很多以前有的福利待遇，日常工作又非常的庞杂且没有挑战性，无疑消磨了很多人的积极性。但事实的情况是并没有很多体制内的人主动离职，反而继续地在体制内煎熬着，安于现状。这可以解读为风险厌恶的表现，也可以认为这就是"现状偏见"的表现。这样的家庭一旦遭受巨大的风险冲击，很有可能会导致家庭资产的剧增剧减，贫困脆弱性急剧上升。

正是由于人的行为选择会受到诸多因素的影响而发生偏移，从而形成并不最佳甚至很差的行为选择，不仅没有缓解风险冲击，反而进一步加剧了风险冲击带来的损失性后果。因此，需要通过构建合理的助推机制来改善人的行为选择和具体行动。

三　主要助推工具及行动改善

个体在决策时可能会出现可得性偏见、小概率事件误导、风险偏好、风险厌恶、现状偏见等可能导致不良行为选择的问题，但助推理论认为，如果能够及时地发现这些特征并加以充分利用，不仅不会导致错误决策，反而会对决策者的行为给予引导，朝着期望的方向发展。常用的助推工具有以下几类：设计默认选项、推送关键信息、发送失误预警、采取简化策略、明确行为动机、进行绩效评估与反馈等。①

（一）设计默认选项

默认选项有些类似于安装电脑程序时的默认设置，对很多人来讲，遵

---

① 句华：《助推理论与政府购买公共服务政策创新》，《西南大学学报》2017年第2期。

循默认选项去做犯错误的概率可能要低，甚至部分人会认为默认选项会是一种最好的设置。基于此，政府、社会组织或其他的志愿者可以帮助城市居民家庭在面临各种风险冲击时，设置一些默认选项，让这些家庭自己去选择这些默认的做法。例如，当家庭收入降低无法维持生存需要的时候，就会有一个兜底的制度性的社会救助体系立刻跟进，也就是说，在这些家庭衣食难以为继的时候，他们默认能够向政府寻求救助，也就不会自行采取一些节衣缩食或者让小孩子辍学的行为抉择，因为一些默认选项能够帮助其渡过难关。在日常生活中一些比较重要的领域，例如，医疗健康领域，更是如此。通过多种渠道提供给城市居民家庭以默认的选择，每年固定的时候都鼓励家庭成员去定期体检，及时发现健康问题并做好健康预防，久而久之，这种定期体检的默认选项就成为城市居民家庭应对健康风险的有效手段，及时主动地做好预防措施，贫困脆弱性自然会消减很多。

（二）推送关键信息

无论是风险偏好，还是风险厌恶者，在做出错误的判断的时候，很大一部分原因来自信息的不对称。尤其是在自媒体时代，微信、微博传播的速度非常快，信息量非常巨大，但信息爆炸并不意味着知识爆炸，海量信息当中其实并没有太多科学的知识性内容，很多信息都是无效、虚假甚至有害的信息。很多家庭之所以陷入危机，在很大程度上就是由于对这些信息的筛选、判断不准确的缘故，从而做出了错误的决策行为。例如，老年人群体是相对比较脆弱的群体，他们更关心自己的身体健康，因而也试图获取更多的有关身体健康的信息，但是在自媒体时代，他们的这种努力如果没有合理的引导，可能会出现问题，因此，很多老年人身上发生因为保健品等问题上当受骗的事情，这无疑对本已很脆弱的老年群体火上浇油，进一步加深了其贫困脆弱性。所以，如何推送关键有效的信息，通过助推的方式合理引导就成为重中之重。从政府层面，可以加强对制定的各项制度本身及其宣扬精神的宣传。例如，在居民小区里面通过醒目的标语时刻提醒居民，政府有哪些帮扶的惠民政策，提升群众对制度的认知和认可程度，自觉选择配合、支持制度。此外，还可以通过提升救助对象人力资本和改善其发展环境等柔性手段，使受助对象在不自觉的情况下走向基本能力恢复的正确道路，最终缓解贫困。从包括社会组织在内的各种社会力量来讲，也可以通过志愿者行动、媒体宣讲等多种信息及时有效地给居民推送有效信息，尤其要善于利用互联网时代的信息优势，通过微信、微博、电视、广播等多种媒体，及时发布信息、更新信息、澄清信息，让城市居民能够得到有效的信息，从而在风险来临之时能够做出最优的抉择。

（三）发送失误预警

风险偏好者由于过度自信，对自己的判断过度乐观而不能客观地分析形势，对可能到来的风险视而不见，没有及时地进行化解，从而做出错误的判断和决策，最后导致整个家庭生活状况的下降，贫困脆弱性加深。例如，一般的城市居民家庭可能会选择投资理财，在银行利率偏低、投资收益不高、股市行情低迷、风险太大的情况下，有一些家庭可能会被一些金融投资机构高收益、高回报的宣传所吸引，例如，P2P理财近几年来吸引了非常多的个体投资者。这种理财方式就是通过互联网理财，即个人对个人，又称点对点网络借贷，以公司为中介机构，把借贷双方对接起来实现各自的借贷需求。借款方可以是无抵押贷款或有抵押贷款，而中介一般是以收取双方或单方的手续费为盈利目的或者以赚取一定息差为盈利目的的新型理财模式。这种理财方式是"看起来美好，吃起来并不香"的方式，风险极大。2018年，全国就陆陆续续出现了众多的P2P平台"爆雷"的事件，大量的投资无法兑现，大量的机构负责人跑路，成千上万的投资者卷入其中，血本无归。如果能够建立一个良好的机制，及时地给这些家庭发布投资风险预警，可能最后的情况会好很多。其他的诸如建立家庭成员健康档案，通过定期体检，家庭医生预约上门等制度，及时地给城市居民家庭发布健康预警信息，让每个人都能够及时地做好健康预防措施，及时地调整生活方式或采取有针对性的预防和治疗措施，防止重大疾病的发生，从而避免给家庭带来巨大的灾难性后果。从这个层面来讲，及时地发布预警信息非常关键，这有助于家庭成员做好预判，采取合理的规避风险的行动。

（四）采取简化策略

人们做出更佳选择的概率基本上取决于可选择项目的复杂性，随着选择范围的扩大，人们越来越倾向于使用简化策略。[①] 简化策略简单地讲就是从众多的可供选择的信息中筛选出最为关键的信息作为反向淘汰的标准，或选择最为类似的人的选择作为对比，只要没有达到这个最重要的指

---

① ［美］理查德·泰勒、卡斯·桑斯坦：《助推：如何做出有关健康、财富与幸福的更优决策》，刘宁译，中信出版集团2015年版，第105页。

标，则这个选择就不能成为人们的抉择，只要是众多人的选择，那么做出同样的选择的风险往往是最低的。近些年来，网购行为日益频繁，消费者在购物的时候会有几个步骤，首先是根据自己最看重的标准进行商品的筛选，也就是在众多的信息中选择一条或几条自己觉得最为重要的作为反向淘汰的标准，比如商品的价格、款式、运输方式等，如果符合这个标准的商品就进入下一个选择的流程；接着，就是根据购物网站和软件提供的评论的功能，翻看其他消费者对这个商品的评论，进行权衡分析，其实这就是寻找相似者的过程；最后就是完成购物。在消减城市居民家庭贫困脆弱性的过程中同样可以参考这一策略。例如，政府通过政策宣讲，将复杂的工作程序简化，提炼出最为关键的信息给普通居民，让居民根据这些关键信息作出判断和抉择。此外，还可以发挥文艺宣传的作用，通过一些小品、歌剧、话剧等形式，宣讲类似的诸如反贫困的典型案例，引起共鸣，让那些脆弱性群体看到类似的他人是如何做出抉择的，他们也会模仿采取相同的行为选择，这就是助推的作用的体现。

（五）明确行为动机

家庭中的行为主体在做出决策时，一般会有很明确的动机，但并不是每一个人都能够很明确地知晓自己的动机，尤其是在做出决策的时候。这是助推理论的另一个应用，社区、社会组织以及志愿者，可以通过多种引导的方式，让家庭在做出决策的时候能够看到自己的动机，理解自己做出的决策可能会对将来的生活产生影响。举例来说，很多经济条件并不好的家庭往往住在比较偏远的地方，交通不是很方便，出行存在一定的困难。现在的汽车的价格可能不是特别的高，一般的家庭也能够承担得起购买一辆汽车或二手车的费用。从这个家庭的资产分配来看，他们可能会做出购买汽车的决策，虽然能够支付购买汽车的费用，但这笔费用对这个家庭来讲也是一笔非常大的支出和开销，对家庭的资产结构会产生很大的影响。很多家庭在做出购买汽车时的动机很简单，就是为了出行方便，但需要注意的是，他们没有注意到这笔消费可能对自身家庭生活产生的影响，没有注意到购买汽车可能还要缴纳保险、汽油的费用，还有一些必要的维修的费用，实际上可能会产生额外的一笔支出。其实，解决出行的方式有很多种，尤其在交通日益拥堵的情况下，购买汽车并不是一种最佳选择，相反，选择公共交通工具出行可能更好。但在这个时刻，他们可能会高估了公共交通工具出行的成本，比如，每次坐出租车的发票会让个体觉得打车很贵，很不合算，而选择坐自己的汽车就没有这种感觉，但实际上坐自己的汽车的费用支出很多时候并不比坐出租车低。

社区、社会组织以及一些志愿者其实可以通过引导的方式，让这些家庭明确自己决策时的动机是否理性。例如，通过手机的自媒体推送一些相关信息，通过社区的一些展示牌等，发布一些购买汽车可能会给环境和家庭带来的负担的信息，并以清晰明了的方式呈现出来，可能会在一定程度上改变很多家庭的资产分配策略。这种改变其实对一般的家庭，尤其对低收入的家庭而言至关重要，通过这种方式能够让家庭避免产生不必要的支出，优化家庭的资产分配，提高抵御风险能力，降低贫困脆弱性。

（六）进行绩效评估与反馈

个体生活的环境大致可以分为几种类型：家庭私人环境、社区环境、工作环境以及公共环境。家庭的私人环境，家庭内部的私人决策，公共部门很难直接参与进来；家庭所在的社区，这是个体与社会接触的最直接的环境之一。在中国，社区实际上承担了大量的政府的管理与治理的职能，换言之，借助社区的工作，可能完成很多对家庭决策有直接影响的行动改善计划，例如宣传、讲座、走访、提供案例参考、直接提供信息咨询、发动群众进行帮扶等等，这也是政府的很多项目能够以社区为载体推行开来的重要原因。如果在社区实际执行政府的决策时，能够及时地提供绩效反馈，可能会极大地改善家庭的决策行动。例如，很多低收入家庭由于有污名感的存在而不愿意去申请低保救助，[①] 从而使得自身的实际生活水平极其低下而影响了正常的生存和生活。如果社区及时地通过多种形式公布低保救助带来的实际效果和功能，让低收入家庭能够认识到社会救助政策的实际意义所在，慢慢降低乃至消除污名感，主动的申请救助来改善家庭生存和生活状态。同样的，在工作单位可以通过工作绩效考核及时反馈员工的不足，并提供帮助员工提升技能的提升方案供其选择，将有效地促进个体主动提升自身能力，增强竞争力，从而消减贫困脆弱性。在公共环境，也可以采取这种助推的方式，公共场所的公益广告牌，公共空间的媒体宣传，都可以及时地公布政府相关政策的绩效评估结果，引导个体对政策的认知，促进行动的改善。实际上，很多个体和家庭之所以不能做出合理的

---

① 祝建华：《城市居民最低生活保障制度的评估与重构》，中国社会科学出版社2011年版，第133—144页。

行动决策，主要的原因还是来自信息沟通不畅，信息不对称，缺乏对政府政策的合理认知，如果能够进行绩效评估并及时地提供反馈，不仅会让公众的参与感大幅度增加，也会进一步加强其认知，进而改善其行为决策。这也是我们在进行贫困脆弱性的消减政策设计的研究之前，需要对现行的城市低保制度、农村低保制度以及其他的社会救助制度进行评估的重要原因，这些构成了后期帮助家庭改善行动的前提与基础，两者紧密关联。

实际上，典型的助推工具还有很多，要根据不同的目标和不同的社会场景采取不同的助推策略，很多时候甚至是众多助推策略的综合运用。与此同时，助推需要多元主体的参与，需要政府、社区、社会组织、家庭和个体的协同行动，才能帮助城市居民家庭做出正确的行为选择，或者改善其行为，消减其贫困脆弱性。

第八章

结论与研究展望

第一节 研究主要结论

本章将对研究进行总结，主要结论如下：

1. 有关贫困脆弱性的含义众多，不同学科、不同领域、不同时期有不同的定义。本研究沿袭世界银行的概念，认为贫困脆弱性是由于风险或冲击家庭或个人未来生活水平降到贫困线以下的概率或可能性。贫困脆弱性是一个前瞻性概念，与风险、不确定性等概念紧密相关，通常是在收入或消费基础上对未来生活状态的预测与判断，强调运用多种社会风险防范与补偿的制度安排，构建前瞻性的综合、动态的回应体系，提倡上游干预与社会保护，消减贫困脆弱性。

2. 众多研究者提出了很多有关贫困脆弱性的研究框架，尤其以世界银行的"风险冲击—风险响应—后果"的框架应用最为广泛，此外，还有风险、风险管理的选择以及福利丧失的后果的框架，前者强调风险的响应能力，后者强调风险响应的行为选择。本研究在综合前人研究的基础上，提出"风险—能力—行动—后果"的分析框架，强调高度不确定性的风险社会中家庭遭受的风险冲击，面临风险冲击时家庭拥有的抵御风险的能力，以及为应对风险或预防风险所采取的行动，最后形成未来的贫困脆弱性的后果。在这一分析框架中，强调抵御风险能力的分析，强调预防和应对风险的行动分析。"风险冲击—应对能力—应对行动—脆弱性后果"的分析框架给贫困脆弱性的研究提供了一个较为理想的类型，较为全面地再现了贫困脆弱性形成的内部机理。

3. 消减贫困脆弱性的基础是对贫困脆弱性的测量。贫困脆弱性不能被直接观测，但是可以通过面板数据或者截面数据进行测度，这已经在众多的研究中被证明。众多的学科都有一定的尝试，由于学科特点不同，测量的方式多种多样。在贫困脆弱性的测量中，目前来看，计量经济学领域以及统计学领域对贫困脆弱性进行测量的研究比较多，通过一定的模型，如多元线性模型、回归系数等，对家庭的贫困脆弱性进行测量，判断未来家庭收入低于贫困线以下的概率。其中以预期贫困的脆弱性（VEP）、低期望效用脆弱性（VEU）、风险暴露脆弱性（VER）最为典型，本研究对贫困脆弱性的测量延续的是预期贫困的脆弱性（VEP）的测量方法。通过运用现有的有关风险冲击因素的变量对收入进行回归，得到未来收入的表达式，由此得到未来收入低于某一值（一般为贫困线）的概率，这一概率就被称为脆弱线。

4. 本研究用了两组数据进行脆弱性的测量，一组数据为"中国家庭追踪调查"（CFPS）2014年与2016年的数据，另一组为研究者于2013年在全国进行的有关"贫困脆弱性"的抽样调查截面数据。

每一个家庭都有一个脆弱性指数，换言之，每一个家庭都有可能是脆弱的。但这种结论对于实际的政策研究没有意义，需要给出一定的标准，找出需要进行政策干预的脆弱性家庭。按照目前通行的研究，选取的脆弱性指数临界值为0.5，也就是说，脆弱性指数高于0.5的均被认为是脆弱的，这些家庭均为贫困脆弱性家庭，两种数据结果显示，中国城市居民家庭的贫困脆弱性发生率在50%左右，且较多地集中在0.7—0.9这个高脆弱线的区间。调查再次验证了贫困的家庭不一定脆弱，脆弱的家庭不一定贫困的结论。

脆弱性指数反映的是城市居民家庭陷入贫困线以下的概率与可能性，指数越高，其脆弱性也就越高，这是贫困脆弱性在深度层面的表现。脆弱率体现的是一种范围，是贫困脆弱性在广度层面的表现。脆弱率越高，说明陷入贫困线以下的家庭越多。贫困脆弱性指数与脆弱率的排序有时一致，有时会出现不同的差异性。

调查结果提示，在消减城市居民家庭贫困脆弱性的制度安排中，尤其要重点关注如何消除家庭生活的不确定性因素，注意收入变动性的脆弱性。在高风险社会中尤其要关注那些中产阶层的居民家庭，要重点关注那些中年人家庭，这些家庭的收入、资产等各方面均不差，但面临的压力往往是最大的，其脆弱性指数也是最高的。包括社会救助制度在内的社会保障制度目前发挥了重要的兜底保障作用，在消减城市居民家庭贫困脆弱性过程中发挥了重要作用,因此,一些接受了政府有效救助和帮扶的贫困家庭的脆弱性指数反而更低,这进一步提醒决策者,为整个社会构建一个兜底保障的社会安全网尤其重要。

5. 本研究还通过多元线性回归的方法对影响城市居民家庭的因素进行了统计分析,研究结果显示,影响城市居民家庭贫困脆弱性的因素众多,主要包括户主文化程度、消费支出、家庭资产(包括住房、金融等在内)、所在地区、婚姻状况、就业状态、重要事件、应对风险行动、经济来源、社会保障、社会关系等。从影响因素的分析来看,城市居民家庭的贫困脆弱性可以分为两大类型,即收入低下脆弱性和变动性脆弱性。收入低下脆弱性的家庭的平均收入低于贫困线,基本上属于贫困家庭。变动性脆弱性的家庭的平均收入不一定比贫困线低,其脆弱性主要是基于收入的变动和不稳定的因素,尤其要注意对收入变动性脆弱性的分析。

文化程度与城市居民家庭的贫困脆弱性呈现反向关系,文化程度越高的家庭,贫困脆弱性越低,提升家庭的人力资本是消减城市居民家庭贫困脆弱性的重要途径;家庭资产能够增强家庭抵御风险的能力,但家庭资产的高变动性可能会提升家庭的贫困脆弱性,部分家庭资产还可能成为风险冲击的构成要素,在一定程度上反而会加深家庭的贫困脆弱性;在经济不景气的时期,许多家庭可能会呈现出"高消费、低收入"的状态。因此,如何合理的引导消费,也是消减城市居民家庭贫困脆弱性的重要途径之一。东部地区相对于西部地区和中部地区而言,这个地区的城市居民家庭的贫困脆弱性要更高。贫困脆弱性不仅仅由收入决定,高收入未必低脆弱性,很多经济发达地区的生存压力和生活压力非常大,无形中大幅度增加了生活在其中的城市居民家庭的社会风险,提升了其贫困脆弱性。家庭规模、婚姻状况的因素实际上与家庭负担有关,家庭规模越大,家庭负担越重,已婚家庭的家庭负担要重于未婚家庭。因此家庭规模大、已婚家庭的贫困脆弱性相对于其他类型的家庭要高。

关键生命事件是导致家庭收入变动的重要因素,一些关键事件甚至可能会导致家庭立刻陷入贫困。因此,关键生命事件是影响城市居民家庭贫困脆弱性的重要因素。应对风险的行动也是影响城市居民家庭贫困脆弱性的重要因素。一些行动能够改善家庭生存与生活环境,提升收入,而一些行动则会对家庭可能面临的社会风险实施早期干预,提前预防,从而消减这些家庭的贫困脆弱性。决策者要通过合理的"助推"机制,引导家庭采取合理的早期干预行动和后期应对行动，来消减贫困脆弱性。

就业状态也是影响城市居民家庭贫困脆弱性的重要因素。有工作的人更容易失去工作，虽然不贫困，但是其脆弱性可能会更高。这是一种变动性脆弱性，其收入可能在贫困线之上，但由于在高风险社会中可能出现收入的不稳定性而导致贫困脆弱性提升。与这一问题相关的还有家庭的经济来源对贫困脆弱性的影响。如果经济来源不稳定，其脆弱性也可能会更高。因此，如何通过各种措施来促进家庭收入的稳定性，是消减变动性脆弱性的重要途径。

社会保障体现的是来自政府的正式社会支持，数据分析显示出接受政府正式的社会支持（如社会救助等）以及拥有家人、亲戚、朋友资助的非正式支持（如生病照顾等）的家庭，其贫困脆弱性要更低，再次彰显了政府的正式社会支持的重要性。

6. 本研究还将城市居民家庭分为常态家庭、低保家庭以及退保家庭，对这三类家庭的贫困脆弱性进行了对比分析。

城市居民家庭的收入来源存在显著性差异，救济金是低保家庭重要的收入来源，低保家庭得到来自政府部门正式的社会支持比较多。不管是哪一类家庭，饮食支出依然占据了城市居民家庭的首要地位，说明中国城市居民家庭的生活质量还有待进一步提高。低保家庭因为身体病残而无业的比例要明显高于其他家庭，其在失业以后寻找工作的时候面临的困难也与其他类型家庭存在显著性差异，知识技能老化、身体病残成为其主要障碍因素。低保家庭失业以后依赖救济金的比例要明显高于其他类型家庭，社区以及政府的正式支持起到非常重要的作用。

家庭的互助功能不容忽视。可以采取多种引导措施进一步强化家庭的互帮互助的功能，通过社会救助等正式的制度安排进一步增强这些家庭的正式社会支持，从而构建一个完整的社会支持网络帮助这些家庭消减其贫困脆弱性。

城市居民家庭在医疗层面的脆弱性尤其值得关注，如何提高这些家庭应对医疗风险的能力，消减医疗层面脆弱性是值得思考的问题之一。无论是贫困家庭还是一般的常态家庭，在面临疾病风险的冲击时，同样的显得应对无力，贫困脆弱性程度都很高，而对于贫困家庭而言，选择不出去工作而照顾病人，可能会导致恶性循环，减少工作导致收入锐减，收入锐减又看不起病，如此循环往复，其脆弱性更值得关注。

住房对城市居民家庭的重要性不言而喻。住房不仅能够起到居住的功能，还是一种资产投资，对有些家庭而言，拥有住房或者政府给予住房支持能够降低其贫困脆弱性，对有些家庭而言，一些有高额贷款的住房也可能成为风险冲击的构成要素，反而会加深家庭的贫困脆弱性。

教育对不同类型家庭的影响不仅仅在于人力资本投资的区别，更重要的是教育支出也呈现出一定的差异，教育支出的增加也会成为一种负担，成为贫困脆弱性的重要影响因素。城市居民家庭目前面临的主要压力还是来自基本生活、医疗、教育等领域，要帮助城市居民家庭摆脱贫困，消减贫困脆弱性，需要综合性配套制度，进行制度的组合设计。

一些关键生命事件是城市居民家庭生命历程中重要的事件，会在一定程度上导致这些家庭致贫或生活改善，从而间接对子女的未来产生影响，使得其贫困代际传递呈现阶段性特征，这提醒政策的设计者，对城市贫困家庭的政策干预，需要考虑这些关键生命事件的影响，依据生命周期理论，制定相应的专项制度，增强这些家庭应对社会风险的能力，帮助这些家庭采取正确的行动，从而避免陷入社会排斥，导致贫困脆弱性的加深。

7. 基于实证研究和理论分析，本研究认为城市居民家庭贫困脆弱性的消减是一项综合性的系统工程，需要多元主体的参与，尤其需要政府主导的政策设计的干预。本研究提出了消减城市居民家庭贫困脆弱性的政策设计的理念、目标与原则。

消减贫困脆弱性的政策设计要遵循"上游干预"的政策理念，针对社会发展过程中可能出现的问题，进行有效的公共政策设计，提前预防，提前干预。"上游干预"的理念强调的是以预防为主，提倡在生命周期的关键生命事件节点的提前介入，通过降低家庭生活的不确定性，消除风险因素的方式来消减家庭的贫困脆弱性，避免家庭陷入贫困或贫困恶化。这一理念是指导国家、市场以及社会在进行相关的政策设计与制度安排时应该贯彻的主要理念之一。

消减贫困脆弱性的政策设计要遵循社会保护的理念，主要包括"兜底线"的社会保护和"预防性"的社会保护。"兜底线"的社会保护强调的是对公民提供最低限度的社会保护，通俗而言就是构建社会安全网，防止全体公民因为各种风险冲击而落在贫困线以下，以满足基本生存需要为基本目标，这是一种事后补偿的应对型策略；基于"预防性"的社会保护理念可体现为通过风险管理预防风险冲击，通过投资性策略增强家庭能力，通过助推来改善行动。

贫困脆弱性消减的政策目标在于通过兜底性策略来满足城市居民家庭基本生存需要，通过兜底性和预防性策略来缓解风险、提升能力和行动改善，最终实现城市居民家庭贫困脆弱性的消减。

消减贫困脆弱性的政策设计要遵循政府主导原则、多元主体参与原则、可持续原则以及协调性原则。

城市居民家庭的贫困脆弱性可以分为两大类型，即收入低下脆弱性和变动性脆弱性。收入低下脆弱性的家庭的平均收入低于贫困线，基本上属于贫困家庭，要消减其贫困脆弱性，进行兜底线的收入保护是最为必要的措施之一，除此之外需要其他的上游干预和社会保护策略的跟进。变动性脆弱性的家庭的平均收入不一定比贫困线低，其脆弱性主要是基于收入的变动和不稳定的因素，要消减这类家庭的贫困脆弱性，进行预防性和投资性的策略，降低社会风险，提升其能力，甚至改善其行动是必要的措施之一。

8. 消减贫困脆弱性的具体政策设计思路。

可以构建社会救助兜底保障机制进行事后补偿的应对型政策设计：要求建成一个救助层次全方位，保障对象广覆盖，内外制度有效整合，多主体共同参与，社会救助服务协同，可持续发展的兜底保障机制，形成经济、社会保驾护航的社会安全网。实现兜底保障的内外部制度整合；提升多元主体的参与广度与深度；推进救助标准的标准化与规范化；完善兜底保障的城乡、区域一体化统筹；加快兜底方式的服务式救助改革；落实兜底保障的全覆盖综合系统；推动社会救助兜底保障的信息化建设。

通过家庭子女补贴制度进行风险缓解与能力提升的政策设计，仅仅依靠兜底线的社会救助机制，是难以很好地消减城市居民家庭的贫困脆弱性的。还需要一些基于风险缓解、能力提升的政策设计，帮助家庭保障和加大人力资本投资，提升家庭教育资本，进行知识技能的有效更新，增强家庭的社会资本。在这一层面，国内外有很多有益的探索和良好的政策设计可以借鉴，家庭子女补贴制度能够很好地体现"上游干预"和"预防性"社会保护的政策理念，能够很好地实现人力资本投资、风险缓解和能力提升的目标。家庭子女补贴制度要遵循面向家庭、有效分类、生存与发展并举的原则，建立基本补贴金和临时补贴金，根据家庭子女的数量等具体情况有所差异，遵循保基本和适度促进发展的补贴标准，供给形式可以是现金，也可以是社会服务。

通过助推机制的构建进行行动改善的缓冲型政策设计：除了兜底保障、风险缓解和能力提升以外，还需要行动改善。助推机制是进行行动改善的有效机制，一般家庭在决策过程中可能会存在可得性偏见、小概率事件误导、风险偏好、风险厌恶和现状偏见等典型误区，可以运用设计默认选项、推送关键信息、发送失误预警、采取简化策略、明确行为动机、进行绩效评估与反馈等助推工具进行家庭行动改善，从而消减贫困脆弱性。

第二节 研究不足及展望

一 研究的数据问题

贫困脆弱性本质上是对未来状况的判断与预测，与贫困相比，更难实际测度，其中最为重要的原因之一来自数据。本研究虽然采用了 CFPS 的家庭追踪调查数据以及 2013 年的截面调查数据，进行了综合分析，但缺陷依然明显。CFPS 的家庭追踪调查数据虽然是追踪调查，但从 2010 年正式开始的调查来看，每一年的调查问卷都有较大差异，涉及贫困脆弱性测度的某些重要项目在某些年度甚至是缺失的，这就不利于贫困脆弱性的测量。当然，这并非指数据本身质量不好，而是由于这种大规模的全国性调查的数据在当初调查设计的时候并不是按照贫困脆弱性主题进行设计的，其中必然会存在较大差距。这可能是所有二次数据分析的一个通病，数据采集的设计者是一群人，他们在进行数据采集的调查设计的时候，除了尽可能采集一般的信息以外，大部分问卷设计在很大程度上带有设计者自己的研究假设，这就导致在数据采集时的研究设计并不能与具体的利用该数据进行二次分析的一些研究的主题紧密吻合，研究者能够做的只能是在现有数据基础上尽可能地找到与研究主题相关的有用的信息与资料，这中间会存在一定的偏差。至于这种偏差在多大程度上会影响最后的研究结果，还没有详细的评估，实际上也很难去评估。这实际上陷入一个悖论，力量相对薄弱的单个研究者去进行大规模的追踪调查数据的采集是一件几乎不可能完成的任务，跨年度、跨区域的大规模追踪调查所需要的人力、物力、财力等，不是一般的研究者能够承受的，这必须要一些实力强大、有足够支持的机构或组织承担，但很多机构进行实际的数据采集时，是不可能考虑到众多研究者的具体研究主题与假设的，实际上这也是不现实的。如何在两者之间找到一个平衡点是值得思考的问题。当然，现在很多大型调查机构所进行的数据采集质量越来越高，也越来越能给许多研究提供一些基础性的数据，这是值得提倡的。从本研究来看，贫困脆弱性的测度实际上对数据的要求更高，最佳的数据当然是跨年度的追踪调查数据，而且时间跨度越长越好。尽管本研究试图追踪数据与截面数据的对比来弥补其中的部分不足，但缺陷依然明显。

因此，在后期的研究中，如何得到质量较高的长期的追踪调查数据是需要学术界和实务界共同推进的重要事项，如何将有关贫困脆弱性的研究假设合理地加入到数据的采集过程中也是值得思考的问题，如何有效地避免二次数据与实际研究之间的误差也是后期研究中值得思考的问题之一。

二 有关收入的测量问题

这实际上还是一个数据问题，之所以单独提出来是由于收入测量在贫困脆弱性测度中占据极其重要的地位。收入测量的信度与效度问题一直以来是很多实证调查很难解决的问题。根据研究者多年的调查研究经验来看，收入也是最难获取准确信息的指标之一。在实际的调查过程中，一般的人会倾向于认为收入与消费支出等这些项目都是个人隐私中极为重要的部分，不能过度暴露，是一个敏感性问题。尤其对进行数据采集的访问员来讲，这是陌生人对陌生人的互动，这种规避心理更为突出。一些收入较高的人会刻意隐瞒自己的收入，而一些收入偏低的人出于在陌生人面前自尊心的因素，会刻意地抬高自己的收入，而有一些被调查者则是根本就不清楚或难以计算自己的收入，等等。各种因素只有一种结果，就是收入测度的不精确性，效度与信度都有可能偏低。本研究需要对每一个样本家庭的脆弱性指数进行计算，这对收入的精确度的要求更高。从实际收集的数据来看，存在着不少漏答、弃答的情况，也存在一些乱填的情况，这些都有可能影响到有关收入与消费信息的准确性。

在后期的研究中如何创造良好的调查互动氛围，增强被访者对访问员的信任度，通过问卷设计的改良、调查过程的控制来提高收入测度的精确性可能是贫困脆弱性研究需要重点解决的问题之一。当然，随着研究的深入，对贫困脆弱性的测量，还可以通过增加其他的多维度指标来弥补单一指标的缺陷，或通过贫困脆弱性分析框架的调整来提高脆弱性测度的精确性。

三 贫困脆弱性的精准识别

贫困脆弱性消减的前提与基础是脆弱性的精准测度与识别。贫困脆弱性虽然是基于现有收入等指标对未来状态的预测，但同贫困类似，也可以区分出不同的类型。根据不同的分类标准，贫困可以区分为绝对贫困与相对贫困，可以分为收入贫困、能力贫困和权利贫困。贫困还可以从单一维度与多维度进行理解，可以单纯认为是收入贫困，也可以从教育、医疗、住房、就业等多维度进行解释。贫困脆弱性也应该可以根据不同的标准区分为不同的类型，也应该可以从不同的维度对贫困脆弱性进行解释。很遗憾，这是本研究的一大局限，尽管本研究对贫困脆弱性进行了测度，并大致区分了两种类型的贫困脆弱性，即收入低下的贫困脆弱性和收入变动性的贫困脆弱性。区分的主要标准依然是收入，没有加入其他的综合性指标。本研究对贫困脆弱性的影响因素进行了分析，也归纳了不同的影响因素，有收入、医疗、教育、资产、能力、关键生命事件、行动等层面，但由于数据的局限，没有进一步地进行深入分析，进行贫困脆弱性的类型区分，将这些家庭概括归纳，进行类别化处理，也没有进一步的根据贫困脆弱性的不同类型与特点区分出不同类型的贫困脆弱性家庭。

实际上，正如本研究的影响因素分析所显示，影响家庭贫困脆弱性的因素是多种多样的，不同的家庭可能导致其脆弱的因素存在较大差异。有一些是能力不足，有一些是行动不善，有一些是风险冲击过大。从风险冲击来看，也存在不同类型的风险冲击，有来自收入层面的冲击，有来自住房、教育和医疗的压力，也有可能来自宏观的经济环境和金融危机的冲击，还有一些则是一些突发事件等。后期的研究如果能够根据风险冲击的来源，导致能力不足的具体原因，区分不良行动的不同后果，进行精准的贫困脆弱性分类和识别，将会进一步推动这个领域的深入研究。这里可以预见的是，贫困脆弱性除了可以分为收入低下的脆弱性和收入变动性的脆弱性以外，还可以分为能力不足的脆弱性、风险冲击过度的脆弱性以及行动不善的脆弱性等类型，这是后期可以进一步挖掘的地方。

四 影响贫困脆弱性的路径分析

本研究利用CFPS的调查数据和2013年研究者自行采集的截面数据，进行多元线性回归分析，对影响贫困脆弱性的因素进行了梳理，也得出了一些具体的影响模型，总结了部分影响因素。但不足之处在于，可能是由于数据本身的原因，抑或是由于指标选取的问题，回归方程的解释力均只有百分之四十多，不到50%。这说明还有大量的因素没有进入模型，还有大量的影响因素没有找到。此外，虽然进行了影响因素的分析，也通过详析模式进行了影响因素的分组别交互分类统计，概括出城市居民家庭在生存、就业、医疗、教育、资产、关键生命事件等维度上的脆弱性表现，但其中的具体影响路径并不清晰。本研究没有进一步的进行挖掘，例如，借用数据进行路径分析，分析其中的一些核心指标对贫困脆弱性的具体影响机制和路径是什么，各种类型的风险冲击是如何作用于每一个家庭的，其中的内在机理是什么，等等，诸多问题有待进一步的深入研究。从这个角度而言，本研究只是提供了一个入门的导向性分析，后期如果数据允许，可以更进一步地挖掘。

五 如何应对新的风险冲击值得关注

信息化技术迅速发展，互联网的大量应用极大地改变了人们的生活，社会中也出现了很多新业态，例如依托互联网生存的各种网商、微商及其相关的依附性行业。在全球化、高科技的背景下人们就业与生活方式的深度变革，在给人们带来极大便利的同时，也带来了新的风险冲击。此外，在城乡一体化的大背景下，如何消除城市与农村的二元结构差距，促进一体化发展，实现基本公共服务均等化发展等，也是当前研究面临的新课题。人工智能技术的应用，会不会对公民的就业产生巨大影响，以及这种影响会带来什么样的风险，会不会进一步加深部分群体的贫困脆弱性，这些也需要实证研究进一步的验证。在全面建成小康社会的背景下，如何适应社会主要矛盾的变化，调整研究的视角与框架也是后期贫困脆弱性研究需要重点思考的地方。

六 消减贫困脆弱性的机制有待进一步深入

本研究最后的重心在贫困脆弱性的消减，根据实证研究的结果和理论分析，提出了进行消减贫困脆弱性政策设计的具体理念、目标、原则以及三种代表性的具体政策设计思路。从内容上来看，应该是较为全面的，也较好地回应了前面提出的"风险冲击—应对能力—应对行动—脆弱性后果"的四维分析框架。但从具体的政策设计来看，还不够具体，显得较为粗放，许多细节问题没有进行较为详细的思考。本研究提出了兜底性的社会救助兜底保障机制、风险缓解和能力提升的家庭子女补贴制度以及行动改善的助推机制的构建，但具体的制度细节需要斟酌，大部分只是提出了一个初步的制度设计框架，且没有进行详细的制度评估。这些都有待后期研究的进一步改善。此外，本研究提出的消减贫困脆弱性的政策设计，虽然也强调多元主体的参与，强调政府、社会组织、企业、家庭和个人在兜底保障、风险缓解、能力提升和行动改善过程中的作用，但较多的强调的依然是政府的社会政策设计，强调的是制度安排，后期的研究可以多关注其他主体，例如社会组织、家庭和个人在社会项目设计、家庭功能恢复、家庭互助等方面的兜底、防范、干预机制的构建。

总结来看，未来对贫困脆弱性的研究，可以在研究内容与主题、研究方法以及研究学科上再进一步突破。在研究内容上，可以关注多维度的贫困脆弱性的研究，关注主动型消减贫困脆弱性的政策设计，关注不确定性社会中不断涌现出来的各种新型社会风险的冲击，例如，互联网技术、人工智能技术的应用对城市居民家庭生活的影响，在全球化背景下不同类型国家和地区贫困脆弱性的根本性差异，不同的国家、地区如何在协作应对一些共同的风险冲击，例如全球气候变化的冲击，如何实现贫困脆弱性的全球协同治理等，这些都是可能进一步拓展的研究内容和主题。在研究方法上，尤其是对贫困脆弱性的测度，除了传统的定量数据的分析方法以外，还可以借助定性的分析方法进行分析，尤其类似个体的脆弱性体验等一些相关主题需要定性分析方法进行深入的挖掘。在进行行动改善策略的设计时，还可以借助实验研究的方法来推动行动改善的设计。从研究学科来看，目前主流的研究较为集中在计量经济学领域，借助复杂的计量模型进行计算和测度，在社会学、公共管理学科领域的研究还是显得相对薄弱。本研究虽然试图突破这一点，试图在消减贫困脆弱性的公共政策设计上给予更多的关注，但最后的测量方法还是借助的计量经济学的模型进行的计算。所以，在研究学科上，社会学、公共管理等学科需要进一步加强，尤其是有关行动改善的助推机制的构建，需要行为经济学的进一步参与。实际上，本研究的一大创新之一就是将"行动"维度加入到贫困脆弱性的分析框架中，在进行具体政策设计时也进行了行动改善的助推机制的初步规划，但这一领域需要行为科学的进一步参与。可以预见，跨学科、跨领域的综合性研究将进一步推动这个领域的研究进展。

附录 I　调查问卷

问卷编号：_____

地区编号：_____

城市居民家庭生活状况调查问卷

居民同志：

　　您好！我们是××大学政治与公共管理学院的研究人员，为了了解城市居民的生活状况和需求，为国家制定有关政策提供科学依据和合理化建议，我们特地组织了这次城市居民生活状况调查，希望能得到您的支持和协助。

　　本次调查严格按照《统计法》的要求进行，不用填写姓名，所有回答只用于统计分析，您只需根据自己的实际情况，在每个问题所给出的几个答案中选择合适的答案打"√"，或者在_____中填写（最右边横线为编码之用，请勿填写）。

　　衷心感谢您的支持和帮助！

　　祝您全家生活幸福！

××大学政治与公共管理学院

2013 年 7 月

单位地址：浙江省杭州市××区××路×号

单位电话：0571-8529××××

联系人：×××教授

邮政编码：31××××

一 个人及家庭特征

A1. 您的性别：1. 男　　　　2. 女　　　　　　　　　　____

A2. 您的年龄：____岁　　　　　　　　　　　　　　　　____

A3. 您的文化程度　　　　　　　　　　　　　　　　　　____
1. 小学及以下　2. 初中　3. 高中（或中专）　4. 大专
5. 本科　6. 硕士及以上

A4. 您的婚姻状况：　　　　　　　　　　　　　　　　　____
1. 未婚　2. 已婚　3. 离婚未再婚　4. 离婚后再婚
5. 丧偶未再婚　6. 丧偶后再婚

A5. 您的常住户口所在地是？　　　　　　　　　　　　　____
1. 在本居住地址　2. 本市/县/县级市　3. 本省/自治区/直辖市
4. 外省/自治区/直辖市

A6. 您目前的身体健康状况是：　　　　　　　　　　　　____
1. 很健康　2. 比较健康　3. 一般　4. 比较不健康　5. 很不健康

A7. 您当前或离退休前的职业是？　　　　　　　　　　　____
1. 国家机关、党群组织、企业、事业单位负责人
2. 专业技术人员　3. 办事人员和有关人员
4. 商业、服务业人员　5. 农、林、牧、渔、水利业生产人员
6. 生产、运输设备操作人员及有关人员　7. 军人
8. 个体经营者　9. 学生和待升学人员
10. 待业、无业人员（含下岗）　11. 其他（请注明）____

A8. 过去三个月中您的主要就业状况是？　　　　　　　　____
1. 全职就业　2. 临时性就业（非稳定工作）
3. 个体经营　4. 离退休（不在职）
5. 无业（失业/下岗）　6. 身体良好一直无业
7. 身体病残无业　8. 学生
9. 劳改释放人员无业　10. 其他（请注明）____

A9. 您的民族：1. 汉族　　　　2. 少数民族　　　　　　____

A10. 您家有几口人：____口人，总共是几代人：____代人（指户口在一起）？　　　　　　　　　　　　　　　　　　　　____

其中60岁及以上的老年人有____人，18岁及以下的儿童有____人，
　　　　　　　　　　　　　　　　　　　　　　　　　　____

有慢性病患者____人，重病患者____人，被确诊为残疾者有____人。

（访问员接着问：具体是哪些人？根据回答，依次询问接下来的几个问题）

关系	性别	年龄	文化程度	婚姻状况	常住户口所在地	健康状况	职业	就业状况

与您的关系是：
1. 夫妻关系　2. 亲生父母　3. 养父母　4. 继父母
5. 姻亲父母　6. 亲生子女　7. 养子女　8. 继子女
9. 姻亲子女　10. 祖/外祖父母　11. 孙/外孙子女
12. 同胞兄弟/姐妹　13. 姻亲兄弟/姐妹
14. 其他亲戚　15. 其他非亲戚

二　就业状况

B1. 您有过失业、下岗的经历吗？____
1. 没有（跳到 B8 题）　　2. 1 次　　3. 2 次　　4. 3 次及以上
B2. 您最近一次失业的主要原因是什么？____
1. 单位破产、亏损等　2. 企业重组　3. 违纪被开除
4. 病、残、年纪大等身体原因　5. 技术或业务能力跟不上
6. 收入低　7. 工作环境差　8. 人际关系不好
9. 与单位/雇主纠纷　10. 家庭特殊困难
11. 不想或不需工作　12. 其他（请注明）____
B3. 在您失业期间，家庭生活的主要变化体现在以下哪些方面？（可多选）____
1. 节衣缩食　2. 很少甚至不出去旅游　3. 与亲朋往来减少
4. 小孩辍学　5. 很少甚至不开汽车

6. 减少甚至是停止孩子的课外培训

7. 变卖值钱的物品 8. 减少甚至停止娱乐活动

9. 外出寻找新工作机会 10. 其他（请注明）____

B4. 在没有工作的期间，您主要的生活来源是什么？

1. 下岗生活费 2. 失业救济金 3. 社会救济 4. 储蓄

5. 依靠家庭其他成员 6. 亲友救济 7. 借债 8. 其他（请注明）____

B5. 失业期间，您得到下列哪些人或组织提供的物质、就业培训、再就业等帮助？（可多选）

1. 同学 2. 同事 3. 邻居 4. 朋友 5. 父母

6. 兄弟姐妹 7. 子女 8 其他亲戚 9. 社区

10. 街道 11. 区及区级以上政府 12. 工作单位

13. 其他企业 14. 民间组织 15 其他（请注明）____

16. 无任何帮助

B6. 失业后，您是否找过工作？

1 找过 2. 没有找过（跳至 B8 题）

B7. 如果找过，在找工作的过程中遇到过什么样的困难？

1. 工作能力不够 2. 得不到足够的工作信息 3. 技术老化

4. 年龄太大 5. 学历不够 6. 招聘单位歧视

7. 身体病残 8 其他（请注明）____

B8. 与三年前相比，您本人或家庭在下列各方面有什么变化？

	上升了	差不多	下降了	不好说或不适用
收入状况				
工作条件				
家庭资产				
家庭生活状况				

B9. 在您看来，三年后您本人或家庭在下列各方面有什么变化？

	将会上升	差不多	将会下降	不好说或不适用
收入状况				
工作条件				

续表

	将会上升	差不多	将会下降	不好说或不适用
家庭资产				
家庭生活状况				

三 医疗健康

C1. 在最近的一年中，你们家看病大概一共花了____元？

C2. 在过去的三年里，您有没有做过任何健康体检？

1. 有，并且是定期体检　2. 有，但是不定期　3. 没有体检过

C3. 您或您的家人生病了是否有因为经济困难而未能就医的情况？

1. 有　　2. 没有

C4. 请问您家的医疗费用的主要来源是？

1. 公费医疗　2. 缴纳的医疗保险　3. 医疗救助

4. 自己买的商业保险　5. 自己的储蓄

6. 子女或其他家庭成员　7. 借的

8. 其他（请注明）____

C5. 为了给家人看病，您家一般是怎么做的？（可多选）

1. 从存款中支出医疗费用　2. 向亲戚朋友借钱　3. 向银行贷款

4. 追回欠款　5. 变卖家中值钱东西　6. 接受亲友捐赠

7. 接受社会捐赠　8. 小孩子辍学　9. 外出打工

10. 寻求单位帮助　11. 寻求媒体帮助

12. 寻求社区街道等帮助　13. 拖欠医疗费用

14. 借高利贷　15. 日常支出医疗费

16. 其他（请注明）____

C6. 您家是否有人因为要照顾病人而不能出去工作？

1. 是　　2. 否

C7. 您认为您家庭中成员可能患病的最主要的原因在于：

1. 运气不好，无法控制　2. 没有足够的疾病预防服务

3. 居住场所卫生条件差　4. 缺乏营养

5. 先天体质差　6. 有某种疾病的遗传史

7. 其他因素（请注明）____

C8. 您会采取哪些措施来避免家庭成员患上疾病或受伤？（可多选）____

1. 不在高风险环境中活动　2. 保障营养　3. 保障休息
4. 普及卫生知识　5. 培养卫生习惯　6. 加强体育锻炼
7. 改善居住和饮水条件　8. 其他（请注明）____

四　社会关系

D1. 您或您家人生活遇到困难（包括一些生活小事），谁提供的帮助比较多？（选三项排序）

第一____　　第二____　　第三____
1. 同学　2. 同事　3. 邻居　4. 朋友　5. 父母
6. 兄弟姐妹　7. 子女　8. 其他亲戚　9. 社区
10. 街道　11. 区及区级以上政府　12. 工作单位
13. 其他企业　14. 民间组织　15. 其他（请注明）____

D2. 你们家与隔壁（或对门）邻居平常的互动情况是？____
1. 经常串门、聊天和娱乐　2. 只是见面打个招呼
3. 基本没有说过话　4. 根本就不认识

D3. 您有最要好的朋友吗？____
1. 有→有几个？____个　2. 没有（跳至 D5 题）

D4. 您觉得好朋友对您最重要的帮助是在哪一个方面？____
1. 工作方面　2. 生活方面　3. 人际关系方面　4. 精神情感方面
5. 经济方面　6. 教育学习方面　7. 其他方面（请注明）____

D5. 对于您所在的社区居委会举办的一些活动，您是否参加？____
1. 经常参加　2. 偶尔参加

3. 不参加→
> 您不参加或不愿意参加社区活动，原因是：____
> 1. 活动没意思　2. 没时间参加
> 3. 和大家的关系不好
> 4. 年龄和身体原因
> 5. 自我性格　6. 社区未通知等
> 7. 其他____

五 经济状况

E1. 你们家目前的经济来源主要靠什么？　　　____
1. 固定工资收入　2. 经营收入　3. 下岗津贴　4. 救济金
5. 打零工收入　6. 退休金　7. 亲朋资助　8. 家庭积蓄
9. 贷款或借债　10. 其他（请注明）____

E2. 去年您全家的总收入（包括工资、奖金、补贴等）是多少？____元

E3. 最近的1个月你们全家总消费支出大概是多少钱？____元

E4. 请问您全家共欠多少外债（包括贷款、借款等，没有填0）____元？

E5. 请根据费用大小选出2012年最主要的三项支出项目：____
第一位支出____　第二位支出____　第三位支出____
1. 住房支出　2. 饮食支出　3. 穿着支出　4. 交通费
5. 投资支出　6. 教育支出　7. 医疗支出　8. 人情往来
9. 还债　10. 娱乐支出　11. 其他（请注明）____

E6. 根据您的实际情况，未来五年你们家的消费主要会集中在：（请选三项）____
1. 住房消费　2. 自身教育　3. 子女教育　4. 结婚消费
5. 生活消费　6. 医疗消费　7. 人情往来　8. 赡养父母
9. 其他（请注明）____

E7. 你们家目前居住的房屋的具体性质是？　　　____
1. 租住单位房　2. 租住公房　3. 租住私房　4. 廉租住房
5. 拆迁安置房　6. 安居房　7. 经济适用住房
8. 自有私房（继承与自建）　9. 已购商品房（含二手房）
10. 已购房（包括房改房及部分/有限居住产权等）
11. 集体宿舍　12. 朋友、亲戚借住　13. 其他（请注明）____

E8. 目前所住房子的面积多大：____平方米。

六 教育状况

F1. 最近两年内，你们家中是否有人辍学？　　　____

1. 没有　2. 有→　| 辍学最主要的原因是？____
　　　　　　　　| 1. 家庭困难　2. 成绩不好
　　　　　　　　| 3. 突发变故　4. 其他（请注明）____

F2. 下列哪些组织机构给你们家提供过教育方面的资助？____

1. 社区　2. 街道办事处　3. 区级和区级以上政府

4. 工作单位　5. 非政府组织　6. 学校

7 其他（请注明）____

8. 没有任何单位和组织的帮助

（F3—F5 题没有孩子的或不适用的跳过）

F3. 您全家 2012 年一年的总的教育费用支出大致是____元？

F4. 您是否会通过花钱（或购买学区房）等形式为孩子选择好的幼儿园、学校就读？____

1. 会　2. 不会，觉得没有必要　3. 不会，经济困难

4. 不会，政策规定就近入学

F5. 您觉得在孩子的成长过程中，您的家庭对孩子不好的影响主要是什么？____

1. 父母太忙，照顾不周

2. 经济困难，教育投入不足

3. 父母文化程度低，无力辅导

4. 住房环境拥挤，无法提供好的学习环境

5. 家庭突发变故，对孩子心理打击严重

6. 缺少同辈伙伴，交往能力不足

7. 过于宠爱，溺爱导致不良后果

8. 家庭条件太优越，孩子无法自立

9. 其他（请注明）____

F6. 以下几种情况，您的情况属于哪种？

	非常大	比较大	一般	比较小	非常小	没有或不适用
知识、技能老化的程度						
继续学习的期望						
继续学习的可能性						
父母文化程度对子女的影响						

续表

	非常大	比较大	一般	比较小	非常小	没有或不适用
家庭的教育负担						
家庭成员失学的风险						
谋生的压力对教育的影响						
获取优质教育的能力						
自己或孩子的教育投入						

七 社会保障

G1. 你们家领取低保金的情况是？ ____

1. 正在领取低保金 2. 已经退保

3. 从来没有领取过低保金（跳至 G5 题）

G2. 你们家领取低保金大约有几年了？ ____年

G3. 近两年内有没有出现退出领取低保金以后，又重新开始领取低保金的情况？ ____

1. 没有

2. 有→ 是什么原因导致这种情况出现的？ ____
1. 家中出现重病人 2. 家中出现残疾人 3. 子女上学
4. 下岗失业 5. 离婚 6. 突发灾害 7. 失去劳动能力
8. 其他（请注明） ____

G4. 您认为获得低保救助资格，对你们家最大的帮助是什么？（勾最先回答的两项） ____

1. 生活有基本衣食保障 2. 缓解重病的照顾压力

3. 缓解残疾的照顾压力 4. 子女教育负担减轻

5. 改善了住房环境 6. 医疗费用负担减轻

7. 能腾出时间照顾孩子 8. 没有什么帮助

9. 其他（请注明） ____

G5. 你们家目前最大的困难是什么？ ____

1. 成员失业，没有工作 2. 重病人需要照顾

3. 残疾人需要照顾 4. 教育负担重

5. 收入低，吃饭成问题 6. 单亲家庭无法照顾小孩

7. 养老压力大　8. 住房拥挤

9. 医疗费用负担重　10. 工作不稳定

11. 生活消费支出高　12. 其他（请注明）____

G6. 您认为目前对贫困家庭的救助，谁应该承担其主要的责任？____

1. 中央政府　2. 地方政府　3. 民间组织　4. 贫困家庭

5. 企业　6. 其他（请注明）____

G7. 您觉得当前中国社会中哪些方面最迫切需要改善？（可多选）____

1. 教育问题　2. 住房问题　3. 社会治安　4. 交通状况

5. 市场物价　6. 贫困救助　7. 医疗问题　8. 养老问题

9. 就业问题　10. 环境问题　11. 食品安全

12. 其他（请注明）____

G8. 总的来说，对于以下各方面的生活状况，您是否觉得满意？

	非常满意	比较满意	一般	比较不满意	非常不满意	不适用或不清楚
家庭经济状况						
家庭消费水平						
人际关系						
个人健康状况						
住房状况						
所居住的社区环境						
工作状况						
发展机会						
子女教育状况						
医疗保障制度						
教育保障						
基本生活保障（低保、困难救助等）						
住房保障（廉租房、经济适用房等）						
养老保障						
就业保障						
总体社会保障状况						

续表

	非常满意	比较满意	一般	比较不满意	非常不满意	不适用或不清楚
目前的总体生活状况						

G9. 对于以下有关当前社会生活的各种说法，您个人的看法是：

	非常赞同	比较赞同	一般	不太赞同	完全不赞同
现代社会生活中充满了各种风险					
城市化过程中的城市拆迁改变了很多人的生活					
未来充满了未知和不可控的因素					
财富与贫困，都是可以传递的					
穷人要付出更多的努力才能改变现状					
撤村建居改变了很多人的生活					
父母的教育状况对子女的未来有重要的影响					
子女接受良好的教育决定了其未来的生活					
家庭要重视人力资本的投资（自己及孩子的教育）					
工作是保障正常生活的必要保证					
良好的社会关系是一个家庭非常重要的资源					
健康的身体是个人与家庭幸福的保证					
政府对各个家庭有着重要的支持作用					
良好的经济状况是家庭美好生活的保障					
各种社会保障政策是家庭良性成长的重要保证					
各种社会组织应该发挥更大的作用帮助贫困家庭					
一些企业应该承担更多的社会责任					
在社会上现在很难找到自己所信赖的朋友					
我觉得前途很渺茫，对自己将来没什么信心					

续表

	非常赞同	比较赞同	一般	不太赞同	完全不赞同
当遇到困难时，总能得到很多人或组织的帮助					
当前社会不公平、不公正现象非常普遍					

G10. 请问您近五年以来是否经历过下面这些事件？（访问员根据具体情况已知的不用问，可以观察的直接观察，拿不准的就询问，"经历过"的在后面的空格划"√"）

1 分居		11 家庭添丁		21 迁居	
2 离婚		12 好友去世		22 坐牢	
3 丧偶		13 家庭成员去世		23 离退休	
4 复婚		14 失业		24 配偶外出工作	
5 结婚		15 自己或家人患重病住院		25 配偶停止工作	
6 职业变化（调动、升迁）		16 儿女结婚		26 有人开始读书	
7 购买住房		17 生意上发生重大变化		27 家庭成员辍学	
8 卖出房屋		18 收入大量增加或锐减		28 家庭成员毕业	
9 自然灾害		19 工伤事故		29 撤村建居	
10 意外伤残		20 老人搬出		30 城市拆迁	

调查到此结束，再次感谢您的支持和配合！

附录Ⅱ 个案访谈资料的编码

本研究的个案资料分为两大类，一类是个案访谈的资料，包括对居民家庭户主的访谈和对民政工作人员的访谈，另外一类就是有关城市居民家庭的个案资料，主要来自部分人员的访谈以及有关材料的记录。因此，有关个案资料的编码分为两种：对访谈对象的编码和对城市居民家庭个案的编码。具体如下。

1. 访谈对象的编码：

（1）地名编码。以四个城市名称的第一个汉语拼音字母代表这个城市，分别为杭州——H，衢州——Q，长沙——C，桂——G。

（2）访谈对象编码。城市低保救助对象用 D 表示，退保家庭用 T 表示，一般常态家庭用 N 表示，民政工作人员中，民政局干部用 A 表示，街道干部用 S 表示，社区干部用 C 表示。

（3）性别编码。男性用 M 表示，女性用 F 表示。

（4）最后用数字来表示每个城市第几个访谈对象。

例如，访谈对象为第 2 个杭州的男性城市常态家庭对象，表示为 H-N-M-2；访谈对象为杭州市民政局女性工作人员，第二个访谈者，表示为 H-A-F-2。

2. 城市居民家庭个案编码：

（1）地名编码。以四个城市名称的第一个汉语拼音字母代表这个城市，分别为杭州——H，衢州——Q，长沙——C，桂——G。

（2）用数字来表示每个城市第几个城市居民家庭个案。

例如，杭州市第 1 个低保家庭的个案资料，表示为 H-1。

附录Ⅲ　贫困脆弱性计算部分程序代码

1. 程序是在 MATLAB 上运行的。
2. 程序1用在数据预处理阶段，将2014年和2016年的成人数据根据家庭号对应到相应家庭的家庭数据表后面，得到两年分别的数据总表；再将2016年数据中的2014年家庭号与2014年数据中的家庭号相连，从而得到同一家庭两年的数据总表。
3. 程序2用在脆弱性指数计算阶段，将收入值代入，求得对应家庭的脆弱性指数。

程序1：

```
%处理2014年的数据，将2014年两表对应合并
A=xlsread（'成人数据',1,'A2：N37148'）；
B=xlsread（'家庭问卷数据',1,'A2：A13947'）；
B1=zeros（13946,11）；
for i=1：13946
b1=zeros（1,37147）；
for j=1：37147
if A（j,1）==B（i）
b1（j）=A（j,3）；
end
end
maxValPos=find（b1==max（b1））；
if length（maxValPos）>1
maxValPos=maxValPos（1）；
end
B1（i,:）=A（maxValPos,[4：14]）；
end
```

```
xlswrite（'家庭问卷数据.xlsx'，B1，1，'AG2：AQ13947'）；
%清空工作区数据以便进行2016年的数据处理
clear；
%处理2016年的数据，将2016年两表对应合并
A=xlsread（'成人数据'，2，'A2：N33297'）；
B=xlsread（'家庭问卷数据'，2，'B2：B14034'）；
B1=zeros（14033，11）；
for i=1：14033
b1=zeros（1，33296）；
for j=1：33296
if A（j，1）==B（i）
b1（j）=A（j，3）；
end
end
maxValPos=find（b1==max（b1））；
if length（maxValPos）>1
maxValPos=maxValPos（1）；
end
B1（i，:）=A（maxValPos，[4：14]）；
end
xlswrite（'家庭问卷数据.xlsx'，B1，2，'AH2：AR14034'）；
%清空工作区数据以便整合两张表
clear；
%将两张表整合在一起
A2014=xlsread（'家庭问卷数据'，1，'A2：AQ13947'）；
A2016=xlsread（'家庭问卷数据'，2，'A2：AR14034'）；
B=zeros（14033，86）；
for i=1：14033
for j=1：13946
if A2016（i，1）==A2014（j，1）
B（i，[1：2：85]）=A2014（j,:）；
B（i，[2：2：86]）=A2016（i，2：44）；
```

```
end
end
end
B [all (B = = 0, 2),:] = [ ];
xlswrite ('家庭问卷数据（整合）', B);
```

程序2：

```
%利用公式，计算得到2014年与2016年平均收入对应的脆弱性指数
x = xlsread ('计算数据', 1,'B2：B1682');
n = length (x);
t = log (x);
mu1 = mean (t);
var1 = var (t);
V1 = zeros (n, 1);
syms u;
f1 = exp [ - (u-mu1) .^2./ (2 * var1^2) ];
for i = 1：n
V1 (i) = int [f1, u, -inf, t (i) ] / [ (2 * pi) ^ (1/2) * var1];
end
xlswrite ('计算数据.xlsx', V1, 1,'C2：C1682');
%利用公式，计算得到2013年收入对应的脆弱性指数
x = xlsread ('计算数据', 1,'B2：B1124');
n = length (x);
t = log (x);
mu1 = mean (t);
var1 = var (t);
V1 = zeros (n, 1);
syms u;
f1 = exp [ - (u-mu1) .^2./ (2 * var1^2) ];
for i = 1：n
V1 (i) = int [f1, u, -inf, t (i) ] / [ (2 * pi) ^ (1/2) * var1];
end
xlswrite ('计算数据.xlsx', V1, 1,'C2：C1124');
```

参考文献

一 中文文献

（一）著作

Neil Gilbert，Paul Terrell：《社会福利政策导论》，黄晨熹等译，华东理工大学出版社2003年版。

贝弗里奇：《贝弗里奇报告——社会保险和相关服务》，劳动和社会保障部社会保险研究所译，中国劳动社会保障出版社2008年版。

陈健生：《生态脆弱地区农民慢性贫困研究——基于600个国家扶贫重点县的监测证据》，经济科学出版社2009年版。

冯英、聂文倩：《外国的社会救助》，中国社会出版社2008年版。

郭丛斌：《教育与代际流动》，北京大学出版社2009年版。

郭劲光：《脆弱性贫困：问题反思测度与拓展》，中国社会科学出版社2011年版。

郭志刚：《社会统计分析方法——SPSS软件应用》，中国人民大学出版社1999年版。

卡尔·波兰尼：《大转型》，冯钢、刘阳译，浙江人民出版社2007年版。

卡斯·桑斯坦：《为什么助推》，马冬梅译，中信出版集团2015年版。

莱恩·多亚尔、伊恩·高夫：《人的需要理论》，汪淳波、张宝莹译，商务印书馆2008年版。

李丽：《中国城乡居民家庭贫困脆弱性研究》，经济科学出版社2012年版。

李沛良：《社会研究的统计应用》，社会科学文献出版社2001年版。

理查德·泰勒、卡斯·桑斯坦：《助推：如何做出有关健康、财富与幸福的更优决策》，刘宁译，中信出版集团 2015 年版。

林闽钢：《现代社会服务》，山东人民出版社 2014 年版。

马克思：《马克思恩格斯全集（第 3 卷）》，中共中央马克思恩格斯列宁斯大林著作编译局译，人民出版社 1982 版。

聂凤英、Amit Wadhwa、王蔚菁等：《中国贫困县食物安全与脆弱性分析——基于西部六县的调查》，中国农业科学技术出版社 2011 年版。

沙琳：《需要和权利资格：转型期中国社会政策研究的新视角》，中国劳动社会保障出版社 2007 年版。

邰秀军、李树茁：《中国农户贫困脆弱性的测度研究》，社会科学文献出版社 2012 年版。

陶鹏：《基于脆弱性视角的灾害管理整合研究》，社会科学文献出版社 2013 年版。

篠上芳光：《进社会，就要换脑袋》，李静宜译，译林出版社 2012 年版。

徐汉明、盛晓春：《家庭治疗——理论与实践》，人民卫生出版社 2010 版。

张炜熙：《区域脆弱性与系统恢复机制》，经济科学出版社 2011 年版。

张暄：《国外城市社区救助》，中国社会出版社 2005 年版。

郑功成等：《中国社会保障改革与发展战略——理念、目标与行动方案》，人民出版社 2008 年版。

祝建华：《城市居民最低生活保障制度的评估与重构》，中国社会科学出版社 2011 年版。

祝建华：《缓解城市低保家庭贫困代际传递的政策研究》，浙江大学出版社 2015 年版。

（二）期刊论文

白晨、顾昕：《中国社会安全网的横向不平等——以城镇最低生活保障为例》，《中国行政管理》2018 年第 1 期。

北京师范大学儿童福利研究中心：《澳大利亚的儿童福利制度》，《社会福利》2011 年第 3 期。

蔡生菊：《脆弱性贫困与农村妇女贫困问题——基于甘肃省的实证调查》，《天水行政学院学报》2017 年第 1 期。

常华荣、于敏:《走出农村脆弱性贫困的几点建议》,《吉林农业》2010年第10期。

陈振明、赵会:《由边缘到中心:欧盟社会保护政策的兴起》,《马克思主义与现实》2015年第1期。

程玲:《艾滋病人群贫困的生产、传递与遏制——基于脆弱性视角的分析》,《江汉论坛》2012年第6期。

樊丽明、解垩:《公共转移支付减少了贫困脆弱性吗?》,《经济研究》2014年第8期。

冯娇、周立华、陈勇:《贫困脆弱性研究进展》,《中国沙漠》2017第6期。

顾昕:《从社会安全网到社会风险管理:社会保护视野中社会救助的创新》,《社会科学研究》2015年第6期。

胡洁怡、岳经纶:《农村贫困脆弱性及其社会支持网络研究》,《行政论坛》2016年第3期。

胡永和、蒋永穆:《基于脆弱性上升的中国城镇贫困现象解析》,《经济体制改革》2009年第4期。

黄承伟、王小林、徐丽萍:《贫困脆弱性:概念框架和测量方法》,《农业技术经济》2010年第8期。

黄潇:《健康在多大程度上引致贫困脆弱性——基于CHNS农村数据的经验分析》,《统计与信息论坛》2013年第9期。

霍增辉、吴海涛:《贫困脆弱性研究综述:评估方法与决定因素》,《农业经济与科技》2015年第11期。

姜江、马建勇、许吟隆:《农业灾害脆弱性与农村贫困灰色关联分析——以宁夏地区为例》,《安徽农业科学》2012年第9期。

蒋丽丽:《贫困脆弱性理论与政策研究新进展》,《经济学动态》2017年第6期。

解垩:《中国老年家庭的经济脆弱性与贫困》,《人口与发展》2014年第2期。

久毛措:《基于贫困脆弱性与可持续生计的我国藏区扶贫开发的长效性思考》,《中国藏学》2017年第2期。

句华:《助推理论与政府购买公共服务政策创新》,《西南大学学报》2017年第2期。

李伯华、窦银娣、杨振、田亚平：《社会关系网络变迁对农户贫困脆弱性的影响——以湖北省长岗村为例的实证研究》，《农村经济》2011年第3期。

李鹤、张平宇：《全球变化背景下脆弱性研究进展与应用展望》，《地理科学进展》2011年第7期。

李继刚：《西藏农牧民脆弱性贫困与减贫政策》，《青海师范大学学报》2015年第6期。

李丽、白雪梅：《我国城乡居民家庭贫困脆弱性的测度与分解——基于CHNS微观数据的实证研究》，《数量经济技术经济研究》2010年第8期。

李丽、刘永久：《基于脆弱性视角的扶贫政策研究》，《财政研究》2010年第9期。

李齐云、席华：《新农保对家庭贫困脆弱性的影响——基于中国家庭追踪调查数据的研究》，《上海经济研究》2015年第7期。

李小云、董强、饶小龙、赵丽霞：《农户脆弱性分析方法及其本土化应用》，《中国农村经济》2007年第4期。

联合国开发计划署UNDP：《促进人类持续进步，降低脆弱性，增强抗逆力》2014年人类发展报告，2014年版。

林洪涛、孙浩进：《黑龙江省农村贫困地区农民的脆弱性风险及对策》，《东北农业大学学报》2006第1期。

林闽钢、祝建华：《我国城市低保家庭脆弱性的比较分析》，《社会保障研究》2011第6期。

刘精明、杨江华：《关注贫困儿童的教育公平问题》，《华中师范大学学报》2007年第2期。

刘璐婵、林闽钢：《全球化下社会保护的兴起与政策定位》，《广西经济管理干部学院学报》2011第2期。

卢迈：《儿童早期发展与反贫困》，载王梦奎《反贫困与中国儿童发展》，中国发展出版社2013年版。

罗绒战堆、陈健生：《精准扶贫视阈下农村的脆弱性、贫困动态及其治理——基于西藏农村社区案例分析》，《财经科学》2017年第1期。

聂荣、张志国：《中国农村贫困脆弱性动态演化分析》，《西北农林科技大学学报》2014年第6期。

宁夏:《市场转型条件下社会风险及其应对:一个研究综述》,《湖北师范学院学报》2009年第2期。

潘泽江:《湘粤桂边瑶区农户的贫困脆弱性:测度与治理》,《城市发展研究》2012第2期。

彭新万、程贤敏:《脆弱性与农村长期贫困的形成及其破解》,《江西社会科学》2015年第9期。

任义科、张生太、杜巍:《农民工生计脆弱性制度分析及其政策建议》,《中国行政管理》2011年第2期。

闫欣:《建立国家社会保护底线》,《中国社会保障》2014年第1期。

史威琳:《城市低保家庭儿童社会保护制度分析》,《北京社会科学》2011年第1期。

宋立志:《贫困脆弱性研究文献综述》,《经济研究导刊》2013年第25期。

孙凤:《中国居民的不确定性分析》,《南开经济研究》2002年第2期。

孙梦瑶、聂凤英:《贫困地区农户食物安全脆弱性研究》,《中国食品与营养》2017年第8期。

孙远太:《政府救助与慈善救助衔接机制构建研究——基于整体性治理视角》,《中国行政管理》2015年第8期。

邰秀军、罗丞、李树苗、李聪:《外出务工对贫困脆弱性的影响:来自西部山区农户的证据》,《世界经济文汇》2009年第6期。

檀学文、李成贵:《贫困的经济脆弱性与减贫战略述评》,《中国农村观察》2010年第5期。

唐丽霞、李小云、左停:《社会排斥、脆弱性和可持续生计:贫困的三种分析框架及比较》,《贵州社会科学》2010年第12期。

唐小兵、周国华:《基于主成分分析的县域贫困脆弱性评价——基于2016年湖南省贫困县的调研》,《中南林业科技大学学报》2017年第3期。

陶鹏、童星:《灾害社会科学:基于脆弱性视角的整合范式》,《南京社会科学》2011年第11期。

万广华、刘飞、章元:《资产视角下的贫困脆弱性分解:基于中国农户面板数据的经验分析》,《中国农村经济》2014年第4期。

万广华、章元、史清华:《如何更准确地预测贫困脆弱性:基于中国农户面板数据的比较研究》，《农业技术经济》2011年第9期。

万广华、章元：《我们能够在多大程度上准确预测贫困脆弱性？》，《数量经济技术经济研究》2009年第6期。

王国敏、张宁、杨永清：《贫困脆弱性解构与精准脱贫制度重构——基于西部农村地区》，《社会科学研究》2017年第5期。

王琨、吴卫星：《婚姻对家庭风险资产选择的影响》，《南开经济研究》2014年第3期。

王小章：《面向不平等和不确定性的社会建设》，《探索与争鸣》2015年第10期。

王增文、邓大松：《农村家庭风险测度及风险抵御和防范机制研究——兼论农村社会保障制度抵御风险的有效性》，《中国软科学》2015年第7期。

吴昊：《返乡农民工家庭的贫困风险与策略应对——基于"脆弱性—生计资本"框架的分析》，《湖北师范学院学报》2016年第1期。

武拉平、郭俊芳、赵泽林、吕明霞：《山西农村贫困脆弱性的分解和原因研究》，《山西大学学报》2012年第6期。

徐超、李林木：《城乡低保是否有助于未来减贫——基于贫困脆弱性的实证分析》，《财贸经济》2017年第5期。

徐伟、章元、万广华：《社会网络与贫困脆弱性——基于中国农村数据的实证分析》，《学海》2011年第4期。

徐月宾、刘凤芹、张秀兰：《中国农村反贫困政策的反思——从社会救助向社会保护的转变》，《中国社会科学》2007年第3期。

许启发、王侠英、蒋翠侠：《城乡居民贫困脆弱性综合评价：来自安徽省的经验证据》，《经济问题》2017年第8期。

杨琳琳：《我国社会救助服务体系构建的可能性与路径》，《西安财经学院学报》2018年第3期。

杨荣珍、孙然：《社会保障福利模式比较研究：选择性与普遍性》，《中国劳动》2007第11期。

杨团：《社会政策研究范式的演化及其启示》，《中国社会科学》2002年第4期。

叶初升、赵锐、李慧：《经济转型中的贫困脆弱性：测度、分解与比较——中俄经济转型绩效的一种微观评价》，《经济社会体制比较》2014

年第 1 期。

张琳琬、吴卫星:《风险态度与居民财富——来自中国微观调查的新探究》,《金融研究》2016 年第 4 期。

张倩、孟慧新:《气候变化影响下的社会脆弱性与贫困:国外研究综述》,《中国农业大学学报》2014 年第 2 期。

张沁、陈昌文:《西部农村家庭的需求压力及其货币化贫困》,《乐山师范学院学报》2008 年第 3 期。

张松文:《西部农村地区脆弱性贫困的金融支持研究》,《大庆社会科学》2016 年第 1 期。

章晓懿、沈崴奕:《医疗救助对低收入家庭贫困脆弱性的缓解作用研究》,《东岳论丛》2014 年第 8 期。

赵会、陈旭清:《社会保护政策:新时期贫困问题治理的新视角》,《安徽师范大学学报》2017 年第 5 期。

邹薇、方迎风:《健康冲击、"能力"投资与贫困脆弱性:基于中国数据的实证分析》,《社会科学研究》2013 年第 4 期。

邹薇、郑浩:《我国家户贫困脆弱性的测度与分解——一个新的分析思路》,《社会科学研究》2014 年第 5 期。

左停、贺莉、赵梦媛:《脱贫攻坚战略中低保兜底保障问题研究》,《南京农业大学学报》2017 第 4 期。

祝建华、颜桂珍:《我国城市新贫困群体的就业特征分析》,《中州学刊》2007 年第 3 期。

祝建华:《城市低保制度目标定位过程中的家计调查及方法改进》,《浙江工业大学学报》2011 年第 1 期。

祝建华:《城市贫困家庭贫困代际传递的影响因素及政策干预》,《团结》2014 年第 3 期。

祝建华:《贫困代际传递过程中的教育因素分析》,《教育发展研究》2016 年第 3 期。

祝建华、邓茜钰:《"宁漏勿错"与"宁错勿漏":低保制度目标定位的两难及化解》,《学习与实践》2017 年第 9 期。

(三) 学位论文

崔新新:《中国农村居民家庭贫困脆弱性研究——基于消费、健康维度》,硕士学位论文,山东工商学院,2017 年。

郭艳丽：《我国非营利组织参与社会救助问题研究》，硕士学位论文，山东财经大学，2012年。

黄伟：《风险冲击、脆弱性与农户贫困关系研究》，硕士学位论文，华中农业大学，2008年。

黄小琳：《贫困脆弱性度量及其影响因素研究——以红河哈尼族彝族自治州农户数据为例》，硕士学位论文，云南财经大学，2010年。

李丽：《中国城乡居民家庭贫困脆弱性研究》，博士学位论文，东北财经大学，2010年。

刘飞：《资产视角下的贫困脆弱性种分解方法及应用》，硕士学位论文，复旦大学，2013年。

刘红丽：《我国农村居民家庭脆弱性测度——基于CHNS微观数据的实证研究》，硕士学位论文，山西财经大学，2011年。

刘丽娜：《我国农村社会救助中非政府组织参与路径研究》，硕士学位论文，西北大学，2011年。

刘伟：《健康风险对农户贫困脆弱性的影响及对策研究》，硕士学位论文，西北农林科技大学，2014年。

罗宇翔：《脆弱性、风险承担网络与农村贫困研究》，硕士学位论文，中南大学，2013年。

饶丹：《我国通货膨胀对农村贫困脆弱性的影响研究》，硕士学位论文，重庆大学，2012年。

任军营：《豫西山区农户贫困脆弱性测度研究》，硕士学位论文，西北农林科技大学，2014年。

谭丽荣：《中国沿海地区风暴潮灾害综合脆弱性评估》，博士学位论文，华东师范大学，2012年。

田俊乐：《我国城市社会救助中多元主体参与及协作问题研究——基于福利多元主义理论分析》，硕士学位论文，山西财经大学，2015年。

张国培：《和谐视角下的民族地区农户贫困脆弱性研究——以西南民族地区为例》，硕士学位论文，四川农业大学，2011年。

赵培红：《民族地区农村贫困的脆弱性分析及其治理》，硕士学位论文，中央民族大学，2009年。

郑晓召：《基于异质性和协同性风险对我国农村贫困脆弱性的研究——使用多层线性模型的实证分析》，硕士学位论文，东北财经大学，

2015年。

二 外文文献

Alderman H., Paxson C. H., *Do the Poor Insure? A Synthesis of the Literature on Risk and Consumption in Developing Countries*, Palgrave Macmillan UK, 1994.

Amit Kundu, "Effectiveness of Microfinance Under SGSY Scheme to Reduce Poverty and Vulnerability of Rural Households: A Natural Experiment", *The IUP Journal of Financial Economics*, Vol. 9, No. 3, 2011.

Angelillo N., "Vulnerability to Poverty in China: a Subjective Poverty Line Approach", *Journal of Chinese Economic & Business Studies*, Vol. 12, No. 4, 2014.

Cafiero, R. Vakis, "Risk and Vulnerability Considerations in Poverty Analysis: Recent Advance and Future Directions", The World Bank, No. 5, 2006.

Carter, M. R., and Barrett, C. B., "The Economics of Poverty Traps and Persistent Poverty: An asset-based Approach", *Journal of Development Studies*, Vol. 42, No. 2, 2006.

Cesar Calvo, "Vulnerability to Multidimensional Poverty: Peru, 1998 – 2002", *World Development*, Vol. 36, No. 6, 2008.

Chambers, R., *Vulnerability, Coping and Policy*, IDS Bulletin, 1989.

Chaudhuri, S., "Assessing Vulnerability to Poverty: Concepts, Empirical Methods and Illustrative Examples", *Columbia University Department of Economics, Discussion Paper*, No. 6, 2003.

Cutter, S. L., Boruff B., Shirley W. L., "Social Vulnerability to Environmental Hazards", *Social Science Quarterly*, Vol. 84, No. 2, 2003.

Dercon Stefan, Pramila Krishnan, "Vulnerability, Seasonality and Poverty in Ethiopia", *Journal of Development Studies*, Vol. 36, No. 6, 2000.

Dutta, I. et al, "On Measuring Vulnerability to Poverty", *Social Choice and Welfare*, Vol. 37, No. 4, 2011.

Echevin D., "Characterizing Poverty and Vulnerability in Rural Haiti: a Multilevel Decomposition Approach", *Journal of Agricultural Economics*,

Vol. 65, No. 1, 2014.

Emmanuel Skoufias, Agnes R. Quisumbing, "Consumption Insurance and Vulnerability to Poverty: A Synthesis of the Evidence from Bangladesh, Ethiopia, Mali, Mexico and Russia", *The European Journal of Development Research*, Vol. 17, No. 1, 2005.

Hoddinott, J., Quisumbing, A., "Methods for Microeconometric Risk and Vulnerability Assessments", *Social Protection Discussion Paper* 0324, The World Bank, Washington, D. C., 2003.

Holzmann, Robert and Jorgensen, Steen, "Social Risk Management: A New Conceptual Framework for Social Protection, and Beyond", *International Tax and Public Finance*, No. 8, 2001.

Isabel Gunther, Kenneth Harttgen, "Estimating Households Vulnerability to Idiosyncratic and Covariate Shocks: A Novel Method Applied in Madagascar", *World Development*, Vol. 37, No. 7, 2009.

Jacoby, H., E. Skoufias, "Risk, Finacial Markets, and Human Capital in a Developing Country", *Review of Economic Studies*, Vol. 64, No.2, 1997.

Jadotte E., "Vulnerability to Poverty: A Microeconometric Approach and Application to the Republic of Haiti", *Working Papers Wpdea*1004, Department of Applied Economics at Universitat Autonoma of Barcelona, 2010.

Ligon, E. & L. Schechter, "Measuring Vulnerability", *The Economic Journal*, No. 2, 2002.

McCulloch N. and M. Calandrino, "Vulnerability and Chronic Poverty in Rural Sichuan", *World Development*. Vol. 31, No. 3, 2003.

Milcher, Susanne, "Household Vulnerability Estimates of Roma in Southeast Europe", *Cambridge Journal of Economics*, Vol. 34, No. 4, 2010.

Mitchell J., Devine N., Jagger K., "A conceptual Model of Natural Hazards", *Geographical Review*, Vol. 79, No. 4, 1989.

Moser, C., "The Asset Vulnerability Framework: Reassessing Urban Poverty Reduction Strategies", *World Development*, Vol. 26, No. 1, 1998.

Mozaffar Qizilbash, "A Note on the Measurement Poverty and Vulnerability in South African Context", *Journal of International Development*, No.12, 2002.

Pritcheet, L., A. Suryahadi and S. Sumarto, "Quantifying Vulnerability to Poverty: a Proposed Measure, Applied to Indonisia", *Policy Research Working Paper No.* 2437, The World Bank, Washington, D. C., 2000.

Rosenzweig, M., and Wolpin, H., "Credit Market Constraints, Consumption Smoothing, and the Accumulation of Durable Production Assets in Low-income Countries: Investment in Bullocks in India", *Journal of Political Economy*, Vol. 101, No. 2, 1993.

Stephan Klasen, Hermann Waibel, "Vulnerability to Poverty in South-East Asia: Drivers, Measurement, Responses and Policy Issues", *World Development*, No. 71, 2014.

Stephan Klasen, Hermann Waibel, *Vulnerability to Poverty: Theory, Measurement and Determinants, with Case Studies from Thailand Vietnam*, Palgrave Macmillan, 2013.

Sunstein C. R., "Nudges, Agency, and Abstraction: A Reply to Critics", *Review of Philosophy & Psychology*, Vol. 6, No. 3, 2015.

Thitiwan Sricharoen, "A Quantitative Assessment on Vulnerability to Poverty and Risk Management of Rural Farm Household in Northeastern of Thailand", *International Journal of Trade, Economics and Finance*, Vol. 2, No. 4, 2011.

Timmermann P., "Vulnerability, Resilience and the Collapse of Society: A Review of Models and Possible Climatic Applications", *Environmental Monograph*, Vol. 21, No. 3, 1981.

Watts, M., G. B. Hans, "The Space of Vulnerability: the Causal Structure of Hunger and Famine", *Progress in Human Geography*, Vol. 17, No. 1, 1993.

Zhang, Y. and G., Wan, "An Empirical Analysis of Household Vulnerability in Rural China", *Journal of the Asia Pacific Economy*, Vol. 11, No. 2, 2006.

Zimmerman, F. J., and Carter, M. R., "Asset Smoothing, Consumption Smoothing and the Reproduction of Inequality under Risk and Subsistence Constraints", *Journal of Development Economics*, Vol. 71, No. 2, 2003.

后　　记

2020年一场突发的新冠肺炎疫情让全世界人民都陷入了极大的恐慌之中，人类在面临这种风险冲击时依然显得力不从心，人类的脆弱性跃然纸上，这也进一步凸显了研究贫困脆弱性这一主题的重要意义。回忆起本书系统成文的2018年，跻身新的"四大火炉"之一的杭州，夏天总是如此的炙热难耐，唯有台风过境，略有凉爽。6月的Metoo事件持续发酵和曝光，7月震惊全国的疫苗造假事件余波未了，8月的杭州黄龙体育馆，挤满了来自四面八方因为P2P爆雷来维权的群众。另一边，中美贸易战正刀光剑影，中东难民继续潮涌，欧洲为应对危机四处奔走。台风、金融风险、少子化、老龄化等，一系列关键词无不昭示着这不是一个安定的社会。放眼世界，全球化、高科技、高风险依然是其主要特征。恐怖主义、环境污染、气候变化等传统与非传统的安全威胁，南北差距、贫富差距进一步拉大，世界走向何处？恐怕是摆在人类面前的又一个不确定性的问题。

提笔之余，偶然看到一个段子，中国人见面打招呼：底层人士见面就问，住的地方没事吧？中层人士见面就问，孩子没事吧？高端人士见面就问，你没事吧？讲的其实是中国各阶层的焦虑与风险。低收入人群、农民工等为寻得一席之地而憨焦虑，中层阶层为孩子教育烦恼，而所谓的高层人士，则可能担心因为腐败而被审查入狱。真的是天有不测风云，人有旦夕祸福，谁也不能确保明天会怎样，每个人都是脆弱的，国人的焦虑和不确定感从来没有这么强烈过。

言归正传，不得不说，贫困脆弱性是个很难研究但很有意义和挑战性的主题。从选题、设计、立项、调查、研究、撰写、成文，整个过程走来，不说惊心动魄，可也是一波三折，心力交瘁，宾馆闭关多次，次次连续十几天足不出户，这些年正是"为生民立命"的矢志不渝，是我一直盘踞在贫困研究领域耕耘不已的动力。项目正式立项后，又碰到出国访学，在美国耶鲁大学彷徨探索的一年多时间，适应语言难关，旁听进修课程，试图融入这个号称全世界最发达国家的社会生活，本书的写作一度停顿，好在文献收集与整理一直未停。前期论文的撰写，主要围绕相关制度的评估展开，尤其是有关城市低保制度的评估，我一直认为这是目前为止消减贫困脆弱性最为坚实有效的基础和前提，所以，前期论文围绕这个制度展开了系列讨论，部分成果构成了本书最后的政策设计中第一个政策体系的基础，即"兜底线"的社会救助兜底保障机制的基础。中期研究，试图从儿童贫困、教育发展等角度，分析贫困代际传递给家庭带来的风险，试图从缓解贫困代际传递的应对措施中，找到帮助居民家庭人力资本投资、能力提升、风险缓解的政策思路，有关家庭子女补贴制度如何构建的论文形成了本书最后政策设计的第二部分的主体内容，即风险缓解与能力提升的家庭子女补贴制度的设计。值得一提的是，在耶鲁大学访学期间，有幸与 2015 年诺贝尔经济学奖获得者，普林斯顿大学的安格斯·迪顿（Angus Stewart Deaton）教授邮件往来和当面请教，从而引发了我对行为经济学部分理论的兴趣，助推的理论进入我的研究视野，这也构成了本书最后有关行动改善部分设计的思路来源。

研究过程中曾被脆弱性的测量折磨良久，写作一度停顿。目前来看，脆弱性的实证测量，绕不开计量经济学的计量模型，很遗憾，我虽对社会学研究方法略知一二，但计量模型却是一大短板。曾通过邮件专门请教山西师范大学的邰秀军教授，他对贫困脆弱性问题有着较深的研究，还趁着他来杭州出差的机会，当面请教，受益匪浅；也仔细学习过山东工商学院李丽教授的著作，更是有醍醐灌顶之效；曾在学术会议上同江西财经大学的张仲芳教授进行过短暂的讨论。最后，有关计量模型的编程与计算，专门请教了学校理学院数学系的学生黄静，在她的协助下完成了数据的处理和贫困脆弱性指数的计算。一路走来，坎坷万千，感慨颇多。

"明者因时而变，知者随事而制"，磕磕碰碰中，今日终于成书，却没有丝毫轻松之感。不变的是初衷，在这里，要感谢衢州市柯城区荷花街道朝晖社区的程霞主任、傅彩燕等，衢州是我多次进行实地调查的地方，每次都得到了她们热心的帮助。感谢杭州市西湖区灵隐街道东山弄、黄龙、玉泉社区，留下街道茶市街、小和山、屏峰、留下社区，文新街道星洲、竞舟、南都、香樟、古荡街道莲花、古南、古北、古东社区，杭州市下城区朝晖街道黎园、河东、大木桥、应家桥社区，东新街道三塘苑、东新园、杭氧社区，杭州市拱墅区大关街道翠玉、南苑、德胜社区，湖墅街道霞湾巷社区；衢州市柯城区信安街道斗潭、书院社区，荷花街道朝晖、荷西苑社区，府山街道府山、县学街社区；长沙市岳麓区岳麓街道五星村社区，橘子洲街道岳南、石门楼、阳光、麓荫园、新民路社区，含浦街道学士社区，长沙市天心区青园街道井湾子社区，长沙市长沙县泉塘街道星港社区；桂林秀峰区秀峰街道、丽君街道以及七星区、象山区、叠彩区、雁山区等各个街道和社区近1300多名接受我们调查的城市居民，感谢相关的街道和社区的工作人员的鼎力协助。

浙江工业大学2011级、2012级本科生以及2012级、2013级研究生为问卷调查、个案访谈、数据录入与整理付出了艰辛的劳动。感谢我的挚友兼同学广西师范大学的肖富群教授，中南大学的董海军教授，在他们的鼎力协助下完成了桂林与长沙的调查。尤其要感谢浙江工业大学理学院黄静同学，在她的协助下完成了贫困脆弱性指数的计算。本书的一些内容曾经在提交民政部和浙江省民政厅的研究报告中首次发表，一些内容零零散散见于这几年围绕这个主题展开的相关研究论文。

感谢这些年家人的默默付出。

感谢国家社科基金项目的支持。

唯有登高，才能望远。

祝建华

2020年12月28日于杭州西子湖畔